Francia
n Sebastián
NAVARRA
Pamplona
ño
Huesca
CATALUÑA
Lleida
Zaragoza
Barcelona
Tarragona
Ebro
ARAGÓN
MENORCA
MALLORCA
Palma de
Mallorca
BALEARES
Cuenca
Buñol
Valencia
Montserrat
IBIZA
FORMENTERA
Júcar
Albacete
COMUNIDAD
VALENCIANA
Alicante
Mar Mediterráneo
Murcia
REGIÓN DE
MURCIA
Cartagena
Almería
ISLAS CANARIAS
LANZAROTE
Santa Cruz
de Tenerife
LA PALMA
TENERIFE
Las Palmas
FUERTEVENTURA
lilla
GOMERA
HIERRO
GRAN CANARIA

Línea amarilla 2

Autorinnen und Autoren: Peter Bade, Prisdorf; Margit Dietz, Bielefeld; Evangelina García Martín, München; Mechthild Honer-Henkel, München; Christel Hörner-Steim, Stuttgart; Javier Navarro González, Erlangen; Christiane Peck, Tübingen; María Victoria Rojas Riether, München; Emilio Rincón Cabello, Mainz; Matthias Ruiz Holst, Berlin; Laura Sabadell Moro, Hannover; Beate Stascheit, Berlin; Ina Steggewentz, Hannover.

Unter Mitwirkung von Dr. Pilar Pérez Cañizares

Wir danken dem I. E. S. Vega del Prado in Valladolid, insbesondere Pilar San José sowie Yara Álvarez García, Cristina Arija Muñoz, Ester Cardeñoso Argente, Pablo Encinas Pisa, Pablo García Herrero, Miguel Ángel González, Celia Jiménez Palacios, María Laguna Valbuena, Diego Verdejo Saldaña für die Darstellung der Lehrwerkspersonen und dem Königin-Charlotte-Gymnasium in Stuttgart sowie Alicija, Elena, Katharina und Sara für die Darstellung der Klassenraumszenen.

Zusatzmaterialien für Schülerinnen und Schüler zu diesem Band:
Cuaderno de actividades, Klett-Nr. 536731
Cuaderno de actividades mit Lernsoftware (CD-ROM), Klett-Nr. 536741
Grammatisches Beiheft, Klett-Nr. 536735
Schüler-Audio-CD, Klett-Nr. 536733
Vokabellernheft, Klett-Nr. 536736

1. Auflage 1 8 7 6 5 4 | 15 14 13 12 11

Alle Drucke dieser Auflage sind unverändert und können im Unterricht nebeneinander verwendet werden.
Die letzte Zahl bezeichnet das Jahr dieses Druckes.

Internetadresse: www.klett.de

Redaktion: Miguel Freire Gómez, Simone Roth, Dr. Monika Türk
Gestaltung: Thomas Gremmelspacher
Umschlaggestaltung: Anne Bäßler

Illustrationen: Beate Klauder, Esslingen; Sabine Koch, Stuttgart; Katrin Wolff, Wiesbaden; Franziska Rosentreter (Karten Spanien + Lateinamerika)
Umschlagfotos: Thomas Weccard, Ludwigsburg/Cristina Palaoro, Stuttgart
Reproduktion: Meyle + Müller, Medien-Management, Pforzheim
Druck: Druckhaus Götz GmbH, Ludwigsburg

Printed in Germany
ISBN 978-3-12-536730-2

9 783125 367302

Peter Bade
Margit Dietz
Evangelina García Martín
Mechthild Honer-Henkel
Christel Hörner-Steim
Javier Navarro González
Christiane Peck
María Victoria Rojas Riether
Emilio Rincón Cabello
Matthias Ruiz Holst
Laura Sabadell Moro
Beate Stascheit
Ina Steggewentz

Línea amarilla 2

Ernst Klett Verlag
Stuttgart · Leipzig

Inhalt

Inhalt

* Fakultativ außer in Hessen und Thüringen

Erinnert ihr euch? Ich heiße Laura und komme aus Berlin. Im vergangenen Jahr habe ich Cristina und Mario im Urlaub in Spanien kennengelernt. Und nun werde ich fast ein ganzes Jahr bei ihnen in Valladolid verbringen. Ich bin schon gespannt, wie das wohl wird. Und ihr werdet es auf jeden Fall auch erfahren, denn ihr werdet mich begleiten.

¡Venid! Nos vamos a divertir y vamos a aprender juntos muchas cosas interesantes.

Laura

Wegweiser durch Línea amarilla 2

Zeichenerklärungen

- Eine Aufnahme des Textes befindet sich auf der CD (Klettnummer 536733).
- Den Hörtext zu dieser Übung spielt euch euer Lehrer / eure Lehrerin vor. Der Text ist nicht im Buch abgedruckt.
- Übungen mit diesem Zeichen eignen sich besonders gut, um zu zweit oder in kleinen Gruppen zu arbeiten. Unter den Partnerübungen sind auch Aufgaben, bei denen eure Partner in ihrer Spalte die Lösung vor sich haben. So könnt ihr gegenseitig kontrollieren, ob ihr den Stoff gut beherrscht.
- Diese Übungen macht ihr am besten schriftlich in euer Heft.
- In diesen Übungen könnt ihr selbst Gesetzmäßigkeiten der spanischen Sprache erkennen und Regeln formulieren. Eure Ergebnisse könnt ihr im Grammatischen Beiheft (Klettnummer 536735) überprüfen.

In jedem Kapitel findet ihr unter der Überschrift *Estrategia* eine wichtige Lern- oder Arbeitstechnik. Mit ihrer Hilfe könnt ihr besser lernen. Probiert sie daher unbedingt aus.

- In Übungen mit diesem Zeichen übt ihr eine Lern- und Arbeitstechnik.
- In so gekennzeichneten Übungen könnt ihr alles anwenden, was ihr bisher gelernt habt.
- Die Arbeiten aus Übungen mit diesem Zeichen solltet ihr sammeln und in einer eigenen Mappe abheften. In diesem Portfolio könnt ihr im Laufe der Zeit euren Lernfortschritt erkennen und anderen zeigen, wie gut ihr bereits Spanisch sprecht und schreibt.

[ ] Dieses Symbol kennzeichnet Buchteile, die durchgenommen werden können, die aber auch entfallen können.

Andere Kennzeichnungen

(§ + *Zahl*) Erklärungen zu der grammatischen Struktur, die hier besonders geübt wird, könnt ihr im Grammatischen Beiheft nachlesen.

Die Vokabeln und Ausdrücke in Kästchen mit dem dunklen Farbton solltet ihr lernen. Sie werden in den folgenden Lektionen vorausgesetzt und stehen auch im lektionsbegleitenden Vokabular.

Den Wortschatz in diesen Kästchen kennt ihr bereits. Er ist für das Lösen der Aufgaben, bei denen er steht, besonders hilfreich und wird deshalb noch einmal zusammengefasst.

Die Kästchen mit dieser Farbe enthalten weiteren nützlichen Wortschatz für das Lösen der Aufgabe, bei der sie stehen.

Weitere Rubriken

Nach den Lektionen 3, 6 und 9 stehen jeweils drei Seiten mit dem Titel *Un paso más*. Die Texte enthalten interessante Informationen zu Spanien und Lateinamerika. In den Aufgaben könnt ihr überprüfen, ob ihr alles Wichtige beherrscht, das ihr bis dahin gelernt habt.

Der *Cajón de sastre* (S. 132–141) enthält weitere interessante und spannende Texte, Cartoons oder Lieder, die ihr schon verstehen könnt.

Das *Vocabulario* (S. 142–158) listet alle neuen Vokabeln nach Lektionen geordnet auf. Dort sind auch ähnliche Wörter im Englischen, spanische Wörter aus der gleichen Wortfamilie sowie Synonyme (Wörter mit der gleichen Bedeutung) und Antonyme (Wörter mit der entgegengesetzten Bedeutung) genannt, die ihr bereits kennt. Alle diese Angaben helfen euch, das jeweilige Wort besser zu behalten. Besonders wichtig sind die Beispielsätze, die deshalb auch farbig gedruckt sind. Lernt sie immer mit, denn in einem sinnvollen Zusammenhang kann man sich die Wörter besser merken, und so lernt ihr „ganz nebenbei" auch noch wichtige Informationen, z. B. das Geschlecht der Substantive oder mit welcher Präposition ein Verb verbunden wird.

Im lektionsbegleitenden Vokabular stehen auch zahlreiche farbige Kästchen mit Beispielen für alle grammatischen Strukturen. Mit ihrer Hilfe könnt ihr euch schnell einen Überblick über die Grammatik jeder Lektion verschaffen und Formen und Funktion wiederholen.

Im *Diccionario* (S. 159–189) ist der gesamte Wortschatz aus *Línea amarilla 1* und *Línea amarilla* 2 in alphabetischer Reihenfolge verzeichnet (spanisch-deutsch und deutsch-spanisch). Dort könnt ihr also nachschlagen, wenn ihr die Bedeutung eines Wortes vergessen habt oder nicht sicher seid, ob ihr ein Wort richtig verstanden habt.

De vacaciones

a Haced una red de vocabulario sobre el tema «las vacaciones».

Lerntipp

¿Os faltan palabras que ya habéis aprendido? Entonces mirad en el «diccionario» de las páginas 159–189 y leed la estrategia de la página 15.

b Mirad las fotos y decid: ¿Qué tipo de vacaciones os gusta y por qué? ¿Adónde os gusta ir? Discutid en grupos y apuntad vuestras ideas en una tabla.
Usad las palabras del ejercicio 1a y las de la siguiente casilla.

- (no) me gusta(n)
- me encanta(n)
- prefiero

la montaña	das Gebirge	**caminar**	wandern
el campo	das Land, die ländliche Gegend	**un hotel**	ein Hotel
hacer un viaje	eine Reise machen	**un albergue juvenil**	eine Jugendherberge
viajar	reisen, verreisen	**una tienda de campaña**	ein Zelt
ir de excursión / hacer una excursión	einen Ausflug machen	**ir en tren**	mit dem Zug fahren
		ir en coche	mit dem Auto fahren
una colonia	eine Jugendfreizeit	**ir en bicicleta**	mit dem Fahrrad fahren
quedarse en casa	zu Hause bleiben	**ir en avión**	fliegen

¿Qué tal las vacaciones?

A

Hola, Cris: 5 de agosto

Ya estoy en Marbella y ya he conocido a un grupo de chicos. Hemos hecho un montón de cosas y sobre todo Diego, un andaluz muy divertido, me encanta. ¡Es muy, muy guapo y mañana vamos a montar a caballo por la playa! Cris, tú sólo has visto a chicos así en fotos.

Escribe pronto, ¿eh?

Besos

Alba

Cristina Alonso Merino
Calle Rastrojo, 11 4°izq.
47014 Valladolid

B

10 de agosto

Cris, yo estoy muy bien aquí, pero tú, ¿qué tal estás tan sola en casa? ¿Qué haces sin tu hermano preferido? ¿Con quién puedes discutir, quién te puede quitar las cosas? Aquí, en el pueblo de los abuelos de Julio, las fiestas son una pasada: todo el día estamos con gente que son amigos o primos de Julio y ya estoy agotado. Nos acostamos muy tarde y, claro, después me levanto a mediodía. Además, hace 40 grados y un sol terrible. Creo que, después de estas fiestas, voy a necesitar otra vez vacaciones.

Un abrazo – MARI ☺

5

Querida Cristina: 28 de agosto
Mira qué postal tan bonita de Cedeira acabamos de comprar. Tu abuelo aquí, en el hotel, está muy bien. Ya sabes que él en verano no soporta el calor de Valladolid, y aquí ya ha llovido dos veces.
Querida nieta, pronto vamos a volver a casa. Aquí hay empanadas que están muy ricas y os vamos a llevar una. Muchos, muchos saludos desde Galicia para todos
de tu abuelo y tu abuela

Cristina Alonso Merino
Calle Rastrojo, 11 4°izq.
47014 Valladolid

C

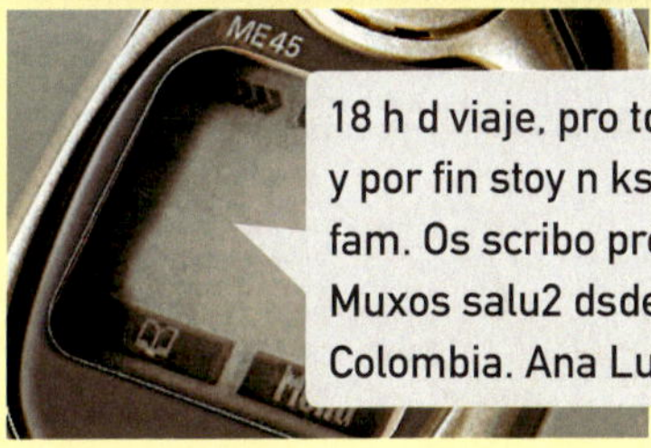

18 h d viaje, pro tdo bien y por fin stoy n ksa cn mi fam. Os scribo pronto. Muxos salu2 dsde Colombia. Ana Lucía

D

E

29 de agosto
Tía, ¿qué tal las vacaciones? Yo guay. Este año las colonias en los Pirineos son geniales. He ido ya en kayak.
Me caigo siempre al agua, pero no me importa. Y, Cris, imagínate, por la noche estos últimos días ha hecho mal tiempo y un poco de frío y por eso siempre hacemos un fuego y nos quedamos hasta las doce. Tienes que venir otro año, Cris.
Bueno, tía, ¿has visto a los otros? ¿Y te has enterado ya del accidente de Alba? ¿Está en el hospital con una pierna rota, imagínate!
Luis

6

F

DE: Laura | A: Mario | 3 DE SEPTIEMBRE

Hola, Mario:
¿Qué tal las vacaciones? ¿Son divertidas?
Yo llego a Madrid el viernes, día 8, a las cuatro menos veinte. Ya he encontrado en Internet los horarios para ir en tren a Valladolid. ¿Cómo voy desde el aeropuerto a la estación de tren? ¿En metro? ¿Y qué tengo que llevar para vivir en vuestra casa? ¡Estoy tan nerviosa! ¿Me puedes responder pronto? Gracias.
Tu amiga
Laura

1 Las personas y sus vacaciones

a Mirad las fotos y postales de las páginas 10 y 11. Decid qué ilustración es la de las vacaciones de quién. Explicad en una o dos frases vuestra decisión. *(… Erklärt … eure Entscheidung.)*

b Apuntad la información de los mensajes y postales sobre las diferentes personas.

c ¿Qué más recordáis de las personas que escriben o reciben los mensajes? Escribid cinco preguntas y para cada pregunta cuatro respuestas (por lo menos una correcta y las otras falsas). Dad el cuestionario a un compañero o a una compañera, que entonces tiene que encontrar las respuestas correctas.

¿Qué le gusta a Cristina?
- ☐ el fútbol
- ☐ el instituto
- ☐ la música clásica
- ☐ hacer teatro

2 Juego de vocabulario

a Para hacer el juego, preparad 30 papeles y escribid en cada papel una palabra o expresión española que ya habéis aprendido. Trabajad en grupos de tres.

b Jugad el juego de vocabulario.

Jugad con los papeles del ejercicio 2a de otro grupo. Necesitáis, además, una ficha *(Spielstein)* por jugador y una moneda *(Münze)*. Poned las fichas en la casilla «Salida» y los papeles en la mesa (palabras para abajo = no las podéis ver.)

Uno / una tira la moneda. Cara significa avanzar 1 casilla y cruz, 2 casillas *(Kopf = 1 Feld vorwärts, Zahl = 2 Felder)*.

Después toma una tarjeta y mira la palabra. (¡Sólo él / ella, los otros no!) Tiene que explicar la palabra según el símbolo.

El alumno que adivina la palabra tira entonces la moneda.

Los símbolos significan:

explicar con palabras (una definición, una descripción, un ejemplo …)

explicar con gestos o mímica

explicar con un dibujo

Podéis decidir vosotros cómo vais a explicar la palabra.

Ejemplo:

calor

→ En julio y agosto hace mucho …

3 Un día en las colonias (§ 1)

Los chicos y chicas que están en las colonias de Luis escriben un diario. Cada día un chico o una chica tiene que escribir lo que ha pasado ese día. Hoy le toca a Luis *(… ist … an der Reihe)*. Él ha tomado notas todo el día *(… hat Notizen gemacht …)*. Escribid el texto de Luis con los verbos en la forma correcta del pretérito perfecto.

8:00	levantarse
	ducharse, ponerse la ropa
	los deberes de hoy: preparar el desayuno (las chicas), hacer las camas (nosotros, los chicos)
9:00	desayunar
	salir
10:00 – 12:30	visitar el parque nacional y ver los animales del parque
	volver a la colonia
13:00 – 14:30	dejar las bolsas con la comida, ir a nadar
	volver cansados, faltar la comida, buscar, encontrar (Felipe y Eva) dos bolsas vacías, con marcas de dientes. Comprender (todos): ¡un animal comer nuestros bocadillos!
	tener que volver a la colonia y hacer otros bocadillos (Clara, Carlos, Irene y Roberto)
16:00	por fin poder comer
Tarde:	jugar al fútbol o baloncesto / yo sólo jugar al fútbol
	preparar la fiesta para el sábado por la noche
20:30	hacer un fuego y cenar
22:00	ir a la habitación solo y escribir este diario (yo)

4 Un chico de revista (§ 3)

Alba habla en su postal de Diego, al que ha conocido en las vacaciones. Pero no dice cómo es.

a Reunid palabras para describir a una persona: el aspecto, el carácter, la ropa que lleva, los colores… *(Sammelt …)*

b ¿Cómo puede ser un chico que es tan fenomenal que Cristina «sólo ha visto a chicos así en fotos»? Buscad fotos, por ejemplo en revistas o periódicos *(… in Zeitschriften oder Zeitungen)*, y haced un collage o dibujad al chico. Pensad también en su carácter, sus aficiones etc. *(… seine Hobbies usw.)*
Presentad vuestro «chico fenomenal» y hablad sobre los diferentes dibujos o collages en pequeños grupos. Elegid la imagen preferida de vuestro grupo *(… Wählt das Lieblingsbild … aus)*.

- Yo creo que un chico fenomenal | (no) es … / tiene
- Yo también pienso que …
- Un chico fenomenal tiene que | ser … / hacer … / tener …
- Me gusta el chico de … porque …

c Cristina llama a Alba porque quiere saber todo sobre Diego. Preparad la llamada y usad vuestros resultados del ejercicio 4b para la descripción que hace Alba de Diego.

5 Cedeira me encanta (§ 4)

Los abuelos de Cristina están en Cedeira y Cristina busca información sobre este lugar. Completad el siguiente texto con *ser, estar* y *hay*.

Cedeira [1] en Galicia, en el norte de España. [2] un pueblo pequeño, pero [3] muy bonito. Las calles [4] muy interesantes porque [5] muchas casas antiguas. Como en muchos pueblos de la costa, en invierno[1] [6] poca gente, pero en verano las calles [7] llenas porque [8] muchos turistas. Muchos [9] de Madrid. Les gusta la costa de Cedeira porque [10] verde y no hace mucho calor. En Cedeira [11] siempre muchos jóvenes, porque en verano [12] muchas fiestas y conciertos. También [13] muchos bares y restaurantes, y la comida [14] muy rica. Además, [15] tres playas. Una playa [16] grande y dos [17] pequeñas. La playa grande [18] en el centro del pueblo y al lado [19] un parque fenomenal y allí los jóvenes pueden hacer deporte. Visitad Cedeira y vais a [20] encantados con su gente, sus playas y sus calles. ¡Os esperamos!

6 El último día de las vacaciones

Hoy es el último día de las vacaciones de los abuelos. Completad el texto con la forma correcta de los verbos.

Lerntipp

Muchos de estos verbos tienen diptongación o son irregulares. Si no recordáis las formas, mirad la página 15 para saber cómo podéis encontrar éstas.

Ser • las 8:30.
Los abuelos de Cristina • volver • del desayuno.
La abuela • decir: • Hoy • querer (yo) • comer empanada.
El abuelo • responder: • No te • entender (yo). A las 8:00 • levantarse (nosotros) • y a las 9:30 ya • pensar (tú) en comer empanada.

Abuela: Sí, • poder • desayunar, comer y cenar empanadas. También • tener que • comprar la empanada para Cristina.

Abuelo: Yo • preferir • comer otra cosa. En el restaurante Kilowatio • tener • una merluza[2] muy rica.

Abuela: ¿Entonces • venir (tú) • también?

Abuelo: Sí, claro, yo también • tener que • comer algo, pero ahora no. Quedarse (yo) • en la habitación. A lo mejor • leer (yo) • y • dormir • un poco. Además, • pensar • escribir las últimas postales.

Abuela: Vale. Yo • lavarse • los dientes y después • salir • y • comprar • la empanada para Cristina.

Abuelo: Bien. • Verse (nosotros) • a la 1:30 en el restaurante.

[1] **el invierno** der Winter
[2] **una merluza** ein Seehecht (*Speisefisch*)

Estrategia

Lernstrategien: Das kann ich schon

Im vorigen Schuljahr habt ihr bereits zahlreiche Lernstrategien kennengelernt.

¡Ahora vosotros!

1. Mirad el dibujo de al lado y decid: ¿En qué estrategias piensa Ramón? ¿Qué recordáis vosotros de éstas? Apuntad las ideas importantes y comparad después con el resumen de abajo.
2. En parejas o pequeños grupos hablad de las otras estrategias que recordáis.

1 Wörter erschließen

Immer wieder trefft ihr in (gesprochenen und geschriebenen) Texten auf Wörter, die ihr noch nicht gelernt habt. Viele davon könnt ihr jedoch erschließen. Beim Verstehen unbekannter Wörter kann euch folgendes helfen:
- ähnliche spanische Wörter
- ähnliche Wörter aus anderen Sprachen (z. B. Deutsch und Englisch)
- Abbildungen
- der Kontext (der Zusammenhang, in dem das Wort steht)

2 Im alphabetischen Wörterverzeichnis nachschlagen

Wenn ihr nicht wisst, was ein Wort bedeutet, welchen Artikel es hat oder ob ein Verb unregelmäßig ist, könnt ihr im alphabetischen Wörterverzeichnis (S. 159 – 189) nachschlagen.
Folgende Informationen findet ihr dort:
- Stichwörter in alphabetischer Reihenfolge; so findet ihr die richtige Schreibung eines Wortes und die Redewendungen, die mit dem Wort gebildet werden
- wichtige grammatische Informationen zum Wort
- die Lektion, in der ihr das Wort gelernt habt (und nun zusätzlich auch, ob ihr es im ersten oder zweiten Band gelernt habt)
- eine oder mehrere deutsche / spanische Bedeutungen

3 Nachschlagen im Grammatischen Beiheft

Das Grammatische Beiheft (GBH) hilft euch, wenn ihr bei grammatischen Themen, wie z. B. den Verben, der Bildung einer Zeitform, den Pronomen oder den Formen der Adjektive, unsicher seid.
Ihr findet das Thema entweder über den Index (am Ende des GBH), in dem die Stichwörter alphabetisch aufgelistet sind, oder über das Inhaltsverzeichnis (am Anfang des GBH), das nach Lektionen des Lehrbuchs geordnet ist.
Für die Verben und ihre Besonderheiten gibt es dort außerdem noch eine Tabelle im Anhang.
Auch üben könnt ihr mit dem GBH, denn es gibt zu jedem Abschnitt eine kleine Übung, deren Lösung ihr selbst vergleichen könnt.

7 ¿Qué hacemos mañana? (§ 5)

Este año Cristina pasa el verano en Valladolid. Alba y Luis están de vacaciones y por eso llama a su compañera Alejandra, que también se ha quedado en Valladolid, para hacer algo juntas. Completad el texto con los pronombres de objeto indirecto *(me, te, ...)* correctos.

Cristina: Hola Alejandra, llamo porque [1] tengo que preguntar algo. Quiero hacer algo mañana y no [2] gusta ir sola. ¿Hacemos algo juntas?
Alejandra: [3] encanta la idea, pero mañana Gabriel va a venir a mi casa.
Cristina: ¿Gabriel? ¿Quién es Gabriel?
Alejandra: Ha venido a España con sus padres hace poco tiempo y ahora vive en el edificio de al lado. Es argentino y [4] parece que va a estar en nuestra clase.
Cristina: ¿Por qué no viene él también? A mí no [5] importa. ¿Por qué no [6] (= a Gabriel) preguntas?
Alejandra: Bueno, ¿qué hacemos y cuándo y dónde quedamos?
Cristina: Podéis venir primero a mi casa porque [7] quiero enseñar los correos y fotos que [8] ha mandado Luis y después miramos el programa de vacaciones, ¿vale?
Alejandra: Perfecto. Hablo con Gabriel, [9] pregunto a mis padres y después [10] mando un SMS. ¿Qué [11] parece?
Cristina: Muy bien. Espero tu respuesta.

Las vacaciones en España

En España las vacaciones de verano son bastante largas: dos meses y medio, desde finales de junio hasta principios o mediados de septiembre. Hay, además, vacaciones de Navidad (dos semanas), y de Semana Santa (una semana en marzo o abril), pero no de otoño, tampoco de Pentecostés *(Pfingsten)* u otras.

8 Las vacaciones en casa (§§ 2, 3)

Cristina se informa para saber qué actividades pueden hacer ella, Alejandra y Gabriel.

a Primero Cristina escucha la previsión del tiempo *(... den Wetterbericht)*.
Escuchad el texto del cedé y apuntad qué tiempo va a hacer.

b Después Cristina mira un programa con propuestas para chicos y chicas que se han quedado en Valladolid en las vacaciones. Leed el programa de la siguiente página y resumid las actividades con vuestras propias palabras o en alemán *(... fasst mit euren eigenen Worten zusammen ...)*. Trabajad en grupos.

c ¿Qué creéis?: ¿qué van a hacer Cristina y sus amigos? Pensad en las cosas que les gustan, las propuestas del programa de vacaciones, otras cosas que pueden hacer, el tiempo que va a hacer, etc. Discutid en grupos y preparad un diálogo entre Cristina, Alejandra y Gabriel que luego presentáis a la clase.

Lerntipp

¿Recordáis que siempre podéis entender palabras españolas que no habéis aprendido? Para más detalle podéis mirar la página 15.

- creer
- pensar
- me / nos parece

que (no) ...

- ... siempre hace ...
- A ... le gusta(n) / encanta(n) ...
- ... todavía no conoce ...

PROGRAMA DE VACACIONES PARA VALLADOLID

AGOSTO

CONOCER LA CIUDAD Y LA REGIÓN

Camino a caballo en Valladolid
Vamos a hacer un original paseo a caballo para ver la provincia de forma diferente. ¿No sabes montar a caballo? No importa, los monitores te van a ayudar. Te va a gustar. Sólo tienes que llevar tu comida.
Punto de salida: Parque de Íscar
Miércoles a las 10:00

Ruta en bicicleta por el Canal del Duero
Ruta en mountain bike para conocer el Canal del Duero en la provincia de Valladolid, desde San Cristóbal hasta Tudela de Duero. Es un camino de 35 km lleno de monumentos y paisajes muy diferentes.
Punto de salida: San Cristóbal
Sábados de 9:00 a 12:00

Visita turística a zonas de la ciudad
¿Has vivido siempre en Valladolid y crees que conoces tu ciudad? «Valladolid joven» te ofrece un paseo por interesantes zonas de la ciudad que probablemente nunca has visto. Déjate sorprender y descubre tu ciudad.
Punto de salida: Plaza Mayor
Jueves a las 10:00

Misterio en la catedral
En la catedral de Valladolid falta una estatua muy valiosa. ¿Dónde está? Como en una novela policíaca vosotros vais a ser los detectives y tenéis que encontrar al criminal. Personajes famosos de Valladolid, como Cervantes o Colón, os van a dar información y vais a tener que visitar diferentes edificios de la ciudad para buscar pruebas. Una divertida y fascinante aventura llena de sorpresas donde, además, vais a conocer la historia de la ciudad y muchos lugares interesantes que todavía no habéis visto.

Lugar: la catedral
Martes a las 10:30

DEPORTE

Cursos de aeróbic

Música y movimiento para chicos y chicas, para divertirse y al mismo tiempo hacer deporte.
Lugar: Centro cívico Zona Sur (Plaza Juan de Austria)
Lunes, miércoles y viernes de 18:00 a 20:00

¡Al agua!
Cursos de natación para jóvenes entre 10 y 15 años. ¿No has aprendido a nadar, no nadas muy bien, quieres perfeccionar tu natación o simplemente nadar? Valladolid tiene muchas piscinas para aprender a nadar o para practicar este deporte.
Lugar: Piscina Huerta del Rey
De lunes a sábados de 9:00 a 13:30 y de 16:30 a 20:00

ACTIVIDADES CREATIVAS

Tarde para pintar camisetas
Tú también puedes ser un «Picasso». Haz camisetas originales para ti y tus amigos y diviértete con otros jóvenes de tu ciudad.
Sólo tienes que traer una camiseta (o más).

Lugar: Centro juvenil El Callejón (c/ Villalba de los Alcores, 10)
Miércoles y jueves de 16:30 a 18:30

Semana de Teatro de calle
Este año vamos a poder ver a 30 grupos de teatro que van a llenar las calles de Valladolid con diferentes espectáculos. Seguro encuentras uno que te va a gustar.
Lugar: Calles del centro de Valladolid
También tú puedes hacer teatro en el Taller de teatro Tralalá, los sábados de 16:00 a 20:00 en el Centro Cívico (Avda. Vicente Mortes, 35)

Para conocer bien Valladolid, el bus turístico está al servicio de visitantes y turistas para facilitarles sus desplazamientos y el conocimiento de nuestra riqueza patrimonial y urbana, de una forma sencilla y cómoda. Tarifas, horarios y mucho más en: www.auvasa.es/bturistico.htm

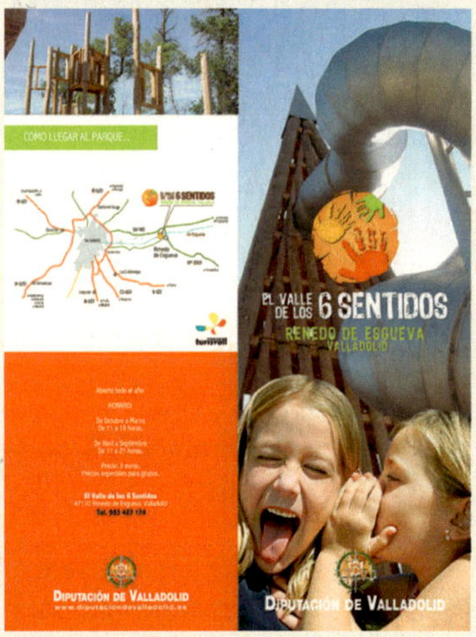

Taller ecológico
Aprende a proteger nuestro futuro, el agua de nuestros ríos, los árboles y animales de los parques, nuestro planeta.
Lugar: Centro Cívico (Avda. Vicente Mortes, 35)
Martes y viernes de 10:00 a 12:30

Fiesta
Para chicos y chicas de 9 a 14 años.
¿Quieres conocer a chicos o chicas de tu edad? Entonces ven y baila con ellos los ritmos del reguetón, salsa, merengue, rock, cha cha cha y muchos más con la famosa orquesta «Vallalobaila».
Lugar: Plaza de la Cebada
Domingo 24 a las 21:00

Cine – ver página 4
Museos – ver página 6

9 Cristina también quiere ir de vacaciones

Cristina ha oído tanto de las vacaciones de otras personas que también quiere ir de vacaciones.
Completad el texto según las indicaciones *(… entsprechend den Angaben)*. Los símbolos significan:

- ■ el verbo en presente
- ◆ el verbo en pretérito perfecto
- ● *ser, estar* o *hay* (en presente)

Los dibujos son indicaciones de tiempo.

Cristina

Mamá, el año que viene yo [1] **(querer)** ir de vacaciones también.

Vale, hija, vale. ¿Qué **quieres** hacer? **¿Prefieres** ir a la costa o a la montaña?

No [4] **(saber – yo)**. A lo mejor [5] **(poder)** viajar con los abuelos.

Los abuelos **pasan** las vacaciones en Galicia, como siempre.

Y en Galicia [7] mar y [8] **(poder – nosotros)** ir a nadar juntos.

En verano en Galicia no **llueve** mucho y tampoco **hace mal** tiempo, pero el agua **tiene** sólo 15 grados.

¿Y Marbella? Alba me [10] **(hablar)** mucho de Marbella. Parece que la ciudad [11] muy divertida, ella [12] **(montar)** a caballo y además [13] playa también …

En Marbella **hace sol**, es verdad. Pero la ciudad **está** llena de turistas.

Y Luis también me [15] **(escribir)** y parece que [16] muy contento en las colonias de los Pirineos.

Sí, su madre **ha dicho** eso también. Yo **pienso** que esa sí **es** una buena idea.

Entonces [20] **(tener)** que esperar hasta el año que viene.

Madre

Mamá, el año que viene yo **quiero** ir de vacaciones también.

Vale, hija, vale. ¿Qué [2] **(querer)** hacer? ¿[3] **(Preferir)** ir a la costa o a la montaña?

No **sé**. A lo mejor **puedo** viajar con los abuelos.

Los abuelos [6] **(pasar)** las vacaciones en Galicia, como siempre.

Y en Galicia **hay** mar y **podemos** ir a nadar juntos.

En verano en Galicia no  mucho y tampoco , pero el agua [9] **(tener)** sólo 15 grados.

¿Y Marbella? Alba me **ha hablado** mucho de Marbella. Parece que la ciudad **es** muy divertida, ella **ha montado** a caballo y además **hay** playa también…

En Marbella , es verdad. Pero la ciudad [14] llena de turistas.

Y Luis también me **ha escrito** y parece que **está** muy contento en las colonias de los Pirineos.

Sí, su madre [17] **(decir)** eso también. Yo [18] **(pensar)** que esa sí [19] una buena idea.

Entonces **tengo** que esperar hasta el año que viene.

10 Queridos abuelos

Escribid el e-mail de Cristina para los abuelos con la siguiente información.

Saludo
Cristina → muy bien y tranquila en casa
Contar qué hace → *ver ejercicio 8*
Mario de nuevo[1] en casa.
Planes para las vacaciones del año que viene
Despedida

11 ¿Qué hay en España?

Luis, Alba, los abuelos y Mario le escriben a Cristina sobre su lugar de vacaciones y sobre las cosas que hacen allí. ¿Qué más hay en España? Mirad el siguiente mapa y hablad en parejas sobre lo que podéis ver o hacer en España: Uno / una busca algo en el mapa y pregunta. El otro / la otra lo busca también en el mapa y da la respuesta.

¿Qué es / son …?
¿Dónde | hay un / una …?
| está(n) …?
| puedo | ver …?
| | comer …?
| | ir a …?
| | visitar …?

[1] **de nuevo** wieder

La agencia de viajes *(Das Reisebüro)*

Queréis pasar algunos días en España, pero todavía no sabéis dónde. Por eso vais a ir a una agencia de viajes.

a Preparaos para ser una vez el empleado de la agencia de viajes y una vez un cliente *(... der Angestellte ... ein Kunde).*

Para ser el empleado: preparad un catálogo para la agencia de viajes. Para eso elegid tres destinos diferentes (costa, montaña, ciudad) *(... Wählt drei verschiedene Reiseziele aus ...).* Pensad en lugares que conocéis, de los que habéis aprendido algo en la clase de español, o buscad algo en un mapa de España, por ejemplo el de la página 19. Buscad más información sobre estos lugares y escribid un texto sobre cada uno *(... über jeden.)*

Para ser el cliente: pensad
– adónde queréis ir (costa, montaña, ciudad)
– cuándo (el mes)
– qué queréis hacer

b Id a la «agencia de viajes» de un compañero o una compañera. Él / ella mira su catálogo (= los textos que ha escrito) y os recomienda un lugar *(... empfiehlt euch einen Ort).* Después intercambiad los papeles: el cliente / la clienta es ahora el empleado de la agencia de viajes y el empleado es el cliente.

c Ahora estáis de vacaciones en el lugar que habéis elegido en la agencia de viajes. Escribid una postal a un amigo o una amiga.

So kann ich auf Spanisch ...

... nach einem Ort fragen / einen Ort beschreiben
- ¿Adónde quieres ir?
- ¿Qué (tipo de) lugar te gusta?
- ¿Qué lugar es tu lugar preferido?
- ¿Prefieres la ciudad / la costa / la montaña?
- ¿Qué te parece *(+ nombre del lugar o de la región)*?
- ... es un lugar precioso / muy bonito / fenomenal / genial.
- ... es una ciudad muy interesante con muchos, -as bares / cines / restaurantes / tiendas.
- En *(+ nombre del lugar)* hay un / una / pocos, -as / muchos, -as / un montón de ...
- La costa / el mar / el aeropuerto / la estación de tren (no) está muy lejos / cerca.

... Zeitangaben machen
- ¿Cuándo quieres ir?
- Quiero ir el *(+ día y mes)* y volver el *(+ día y mes)* / desde el *(+ día y mes)* hasta el *(+ día y mes).*
- Quiero pasar cinco días / una semana / un mes en ...
- Pienso ir en *(+ mes).*

... Vorlieben und Wünsche äußern
- En las vacaciones quiero ir a ...
- Pienso pasar las vacaciones en ...
- A mí (también / tampoco) me gusta ...
- Me encanta visitar un museo / tomar el sol / ...
- Prefiero practicar / hacer deporte: nadar en el mar, montar a caballo, bailar, hacer surf, jugar al fútbol / al baloncesto, ir en kayak.
- (No) me gusta ir a ... porque ...
- ... (no) me gusta(n) mucho. Prefiero ...
- ... me encanta(n) porque hay ...

... über das Wetter sprechen
- Siehe Seite 16

... Postkarten schreiben
- Hola *(+ nombre)* / Querido, -a *(+ nombre)*
- Escribe pronto.
- Tu amigo, -a *(+ nombre)*
- Os escribo pronto.
- Un abrazo de ...
- Muchos besos para todos.
- Saludos de *(+ nombre)* desde *(+ nombre del lugar)*

La llegada de Laura

1 En el avión

Laura va a ir a España para un intercambio. Va a estar bastante tiempo sin su familia y sus amigos, pero también va a conocer a mucha gente y muchas cosas nuevas. Ahora está en el avión que va a España.

a ¿Qué creéis?: ¿cómo está Laura y por qué? Elegid adjetivos apropiados. *(Wählt passende Adjektive aus.)*

contento, -a | deprimido, -a | triste | cansado, -a | aburrido, -a | animado, -a | ilusionado, -a

preocupado, -a | nervioso, -a | sorprendido, -a | enfadado, -a | impresionado, -a | asombrado, -a | enamorado, -a

b ¿En qué piensa Laura? Escribid 2 ó 3 frases más.

sentirse (-ie-) *(+ adj.)*	sich … fühlen
alegrarse de *(+ subst. / inf.)*	sich freuen über / auf
echar de menos a (algo / una persona)	jdn. / etw. vermissen

2 La llegada

a Mirad el dibujo y escuchad el texto del cedé. Después decid:
1. ¿Dónde están los Alonso y Laura?
2. ¿Por qué están allí?
3. ¿Qué quiere hacer la madre? ¿Por qué no lo hace?

b ¿Qué sienten los Alonso? Con la información del cedé y vuestras ideas decid cómo están.

c ¿Qué creéis?: ¿van a ser fáciles los meses que vienen para Laura y para la familia Alonso?

Los zapatos de Laura

Hoy es el tercer día de Laura en casa de los Alonso. Ahora son las ocho de la tarde y Cristina está haciendo los deberes en la sala de estar cuando llega su padre.

—Hola, hija —el padre le da un beso—. ¡Cómo está lloviendo! ¡Qué mal día! Oye, ¿qué estás leyendo?

—Hola, papá. Estoy escribiendo una redacción sobre las vacaciones. Imagínate: ha sido el primer día con Felipe, el profe de lengua, y ya tenemos deberes. Creo que 2º va a ser duro, no como 1°.

—Cris, ¿y por qué no estás en tu cuarto?

—¡Qué pregunta, papá! Porque en mi cuarto, con las cosas de Laura, ya no tengo sitio. Prefiero estar aquí.

—Bueno, hija, ya sé que este piso es pequeño. Pero Laura es muy simpática, ¿no?

—Claro, porque no compartís habitación.

—A ver, Cris… ¿qué ha hecho esta vez?

—Qué no ha hecho, quieres decir. Pues no ha hecho su cama, bueno… es que no sabe hacer la cama. ¡Y ya es la segunda vez!

—Ya, hija, pero eso no tiene importancia. Oye, por cierto, ¿y ahora dónde está?

—Ha salido y… sí, me ha contado algo. Creo que está llamando a sus padres o está viendo a unas compañeras de clase. No sé, algo así. Pero, papá, es que hay otras cosas: cuando se acuesta, no cierra las cortinas; y, además, se queja porque se despierta con el camión de la basura, y… tienes que oír esto, papá, porque es muy divertido. Ella aquí está siempre sin zapatos, ya sabes. Y hoy, con la lluvia, ha puesto sus zapatos delante de la puerta, encima de una bolsa. Y Juan, que ha visto unos zapatos…

—¿Qué Juan? —pregunta el padre— ¿El vecino del quinto piso?

—Sí, claro. Ha visto unos zapatos mojados al lado de la puerta y gracias a mamá, que se ha encontrado con Juan en la escalera, no han acabado en la basura.

—¡Menos mal! —dice el padre.

—Es el tercer día de Laura aquí y qué cosas le pasan.

—Tranquila, Cris, tranquila. Es la primera vez que vive con una familia española y los comienzos siempre son difíciles. Vosotras sólo tenéis un problema y es que estáis viviendo juntas en un dormitorio, pero yo creo que al final vais a ser buenas amigas.

1 ¿Qué pasa hoy en casa de los Alonso?

a Dad otro título al texto. Después discutid en grupos o en clase sobre los resultados.

- ¿Por qué le has dado / puesto este título al texto?

- (No) me gusta el título «…»
- Pienso que «…» (no) es un buen título
- Prefiero el título «…»

porque …

b ¿Son verdaderas o falsas las siguientes frases? Identificad las afirmaciones verdaderas (*die wahren Behauptungen*) y corregid las falsas.

1. Es por la tarde y hace mal tiempo, llueve.
2. El señor Alonso está muy sorprendido cuando ve a Cristina en la sala de estar.
3. Cristina piensa que en el segundo curso tiene que trabajar mucho.
4. A Laura no le gusta hacer la cama.
5. Laura no duerme bien.
6. Laura siempre pone sus zapatos delante de la puerta.
7. Un vecino ha tirado los zapatos a la basura.
8. El señor Alonso comprende a Cristina.

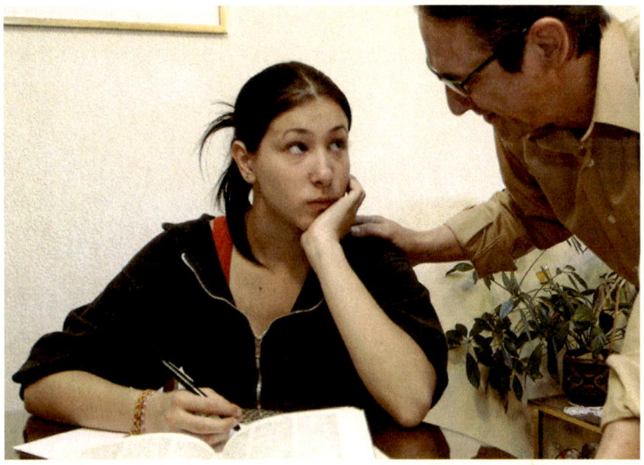

2 ¿Qué pasa entre Cristina y Laura?

a En el texto «Los zapatos de Laura» Cristina no está muy contenta. ¿De qué se queja? Haced una lista.

b ¿Qué piensa el señor Alonso sobre Laura? ¿Cómo reacciona a todas las quejas de Cristina?

c ¿Qué os parecen las cosas que hace Laura? Usad las expresiones de la casilla para discutir en grupos.

- (No) me parece normal *(+ inf.)*
- Yo siempre también …
- Yo no …
- Yo tampoco …

3 Una familia de palabras

Buscad en el texto

1. una palabra de la misma familia (… *aus der gleichen Wortfamilie*).

   A preguntar | B importante | C llover

2. un sinónimo (= una palabra con el mismo significado) o una palabra con un significado parecido (… *mit der gleichen oder einer ähnlichen Bedeutung*).

   A difícil | B deberes | C ver a una persona | D pocos / no muchos | E irse

3. un antónimo (*ein Wort mit entgegengesetzter Bedeutung*).

   A abrir | B alegrarse | C la última vez | D final

Lerntipp

Es ist hilfreich, wenn ihr euch zusammengehörende Vokabeln auch zusammen merkt, z. B. als Wortpaare (Gegensätze, nahe Synonyme usw.) wie in dieser Übung. So erhöht ihr die Chance, dass euch im entscheidenden Augenblick ein passendes Wort einfällt, weil es in eurem Gehirn mit mehreren Ideen verknüpft ist.

4 Una llamada a Alba

Cristina llama a Alba para saber cómo está con su pierna rota.

a Escuchad el diálogo del cedé y decid: ¿qué cuenta Alba a Cristina? Resumid la conversación.

b ¿Qué va a contar Cristina? Continuad la conversación de las dos chicas con ayuda del texto «Los zapatos de Laura». Practicad en parejas y después representad el diálogo en clase.

5 Laura no sabe qué hacer (§ 13)

a Con ayuda de la traducción al inglés explicad el significado de *estar + gerundio*.

Cristina está haciendo los deberes.
Cristina is doing her homework.

¿Qué estás leyendo?
What are you reading?

Estoy escribiendo una redacción.
I am writing an essay.

Cristina y su padre están hablando.
Cristina and her father are talking.

b Completad el texto con la forma adecuada de *estar + gerundio* de los verbos entre paréntesis *(... in Klammern)*.

Mario está en su cuarto. 1 **(estudiar)**. Entonces oye a dos personas que 2 **(discutir)** en el pasillo. Cuando sale de su cuarto la discusión 3 **(terminar)**: ve a Cristina que 4 **(ir)** a su cuarto y 5 **(cerrar)** la puerta de un golpe[1]. En el pasillo está Laura que 6 **(mirar)** asombrada la puerta. Casi 7 **(llorar)**.

Laura: Mario, ¿sabes qué 8 **(pasar)** con Cristina? Siempre 9 **(discutir – nosotras)** y estos días 10 **(hacer – ella)** los deberes en la sala de estar.

Mario: Bueno, creo que todavía se 11 **(adaptar[2] – ella)** a la situación. Toda su vida 12 **(cambiar)**, ¿sabes? Su mejor amiga Alba se ha ido, tú 13 **(vivir)** ahora en nuestra casa, en su cuarto ...

Laura: Todo el tiempo creo que 14 **(hacer – yo)** algo mal. ¿Qué piensas tú?

Mario le quiere responder, pero en este momento 15 **(llegar) la madre**: Mario, Laura, ¿qué 16 **(hacer)** aquí, en el pasillo? ¿No tenéis deberes?

Mario: 17 **(Hablar – nosotros)** de Cristina. Ella ...

La madre: Ya sé, ya sé. Laura, creo que tú y Cristina tenéis que hablar.

c Después de la cena Laura habla con Cristina y las dos chicas buscan una solución a sus problemas. ¿Qué dicen? Escribid el diálogo.

[1] **cerrar de un golpe** zuschlagen, zuknallen
[2] **adaptar a** anpassen an

6 La tarde de los Alonso (§ 13)

¿Qué está pasando hoy por la tarde en casa de los Alonso?
Formad frases con *estar* + *gerundio*.

Ejemplo: El señor Alonso está escribiendo un e-mail.

7 Cristina está escribiendo a Alba (§ 13)

a Unos días después de su conversación telefónica Cristina le escribe un e-mail a Alba que ya ha vuelto al instituto.
Buscad en el siguiente e-mail las formas de *estar* + *gerundio*. Haced una lista como en el ejemplo y marcad las formas irregulares con un color.

Infinitivo	Gerundio
dormir	durmiendo

Hola Alba:

Te escribo rápido un e-mail. Ya es tarde y todos están durmiendo. Bueno, Laura se está duchando, por eso tengo un poco de tiempo. ¿Qué tal en tu instituto de Madrid? ¿Te estás divirtiendo con tus compañeros? Yo ahora tengo menos problemas con Laura, pero la vida en casa es todavía un poco rara. Ya ves, ¡me estoy sintiendo mal en mi propia habitación! Bueno, Laura ya está viniendo y tengo que terminar. Ves, como te estoy diciendo: ¡¡compartir habitación es un horror!! Un abrazo y hasta pronto.

Cristina

b Completad la conversación de Laura y Cristina con la forma correcta de *estar + gerundio*. Cuidado con las formas irregulares.

Laura
¿Todavía no **(dormir – tú)**?
No, **estoy mandando** un e-mail, pero ya termino. Todos ya **están durmiendo** y nosotras también tenemos que dormir. Mañana tenemos que ir al instituto.
Sí, claro. Las clases son ya bastante difíciles.
Entonces, ¿no te **estás divirtiendo** en el instituto?
Bueno, me **(sentir – yo)** bien con los compañeros y con los profes, pero hablan muy rápido.
Eso es sólo ahora, los primeros días. Yo este año también **estoy teniendo** mucho trabajo.
Sí, pero no **(entender – yo)** mucho y creo que voy a tener un seis en todas las asignaturas.
Bueno, un seis no está mal.Yo creo que sólo voy a tener ceros.
¡¿**(Decir – tú)** que un seis no está mal?!
Mañana te cuento, Laura. Mañana. Buenas noches.

Cristina
¿Todavía no **estás durmiendo**?
No, **(mandar – yo)** un e-mail, pero ya termino. Todos ya **(dormir)** y nosotras también tenemos que dormir. Mañana tenemos que ir al instituto.
Sí, claro. Las clases son ya bastante difíciles.
Entonces, ¿no te **(divertir – tú)** en el instituto?
Bueno, me **estoy sintiendo** bien con los compañeros y con los profes, pero hablan muy rápido.
Eso es sólo ahora, los primeros días. Yo este año también **(tener)** mucho trabajo.
Sí, pero no **estoy entendiendo** mucho y creo que voy a tener un seis en todas las asignaturas.
Bueno, un seis no está mal. Yo creo que sólo voy a tener ceros.
¡¿**Estás diciendo** que un seis no está mal?!
Mañana te cuento, Laura. Mañana. Buenas noches.

Las notas en España

Las notas en España van desde 0 hasta 10, que es la mejor nota. De 5 a 10 es aprobado *(bestanden)*, menos de 5 es suspenso *(durchgefallen)*.

8 ¿Qué estoy haciendo? (§ 13)

a ¿Qué están haciendo los alumnos de las fotos? Formad frases con *estar + gerundio*.

A

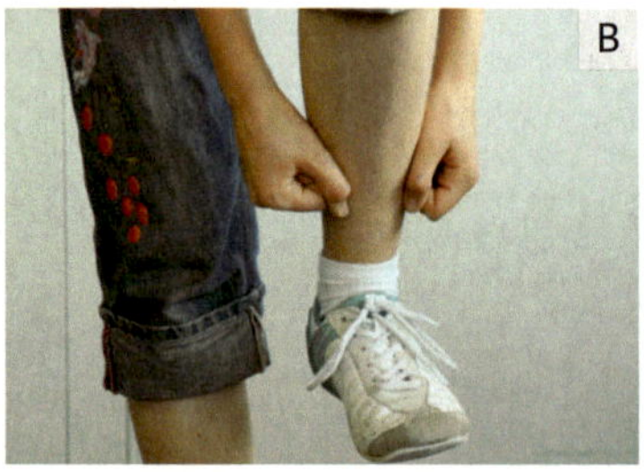
B

C

b Haced la pantomima de una acción. Los demás adivinan qué estáis haciendo *(… raten …)*. Los que adivinan sólo pueden hacer preguntas con la respuesta «sí» o «no».

Ejemplo:
—Katja, ¿estás escribiendo?
—Sí, estoy escribiendo.
—¿Estás escribiendo una redacción?
—No, no estoy escribiendo una redacción.
—¿Estás escribiendo una postal?
—Sí, estoy escribiendo una postal.

9 Los últimos van a ser los primeros (§ 15)

Esta mañana, de camino al instituto Cristina ha visto a un compañero de clase que a veces prefiere no ver.

a Sustituid el número entre paréntesis por el número ordinal *(Ersetzt …)*.

Cristina: ¡Qué día! No quiero ver a Julián y es la **(1)** persona que encuentro. ¡Qué mala suerte!
Julián: Hola, Cristina. ¡Qué horror el partido del Real Madrid este fin de semana! Han jugado muy mal. ¿En qué lugar de la lista está? ¿En el **(8)** lugar? ¿En el **(9)**? Decid adiós a la Liga.
Cristina: En **(7)** lugar, Julián. Además, el Barça tampoco es el **(1)** de la lista. El Real Madrid no ha tenido suerte, eso es todo.
Julián: Tienes razón: El Madrid siempre necesita suerte, porque de fútbol no tienen ni idea. Nosotros estamos en el **(2)** lugar y este domingo nos vamos a ir al **(1)** lugar. El partido es el domingo a las 8:30. A lo mejor quieres ver buen fútbol.
Cristina: Oye, listillo[1], sólo es la **(4)** o **(5)** semana de la Liga. No es la **(1)** vez que un equipo, que al comienzo no está en un buen lugar, gana[2] la Liga, ¿sabes?
Julián: Bueno, a lo mejor el Madrid ve el partido del Barça y aprende a jugar al fútbol.
Cristina: Sueña, Julián, sueña. ¡Al final os vais a enterar!

b Contestad las siguientes preguntas:

1. ¿De qué hablan Cristina y su compañero?
2. ¿Qué pensáis?: ¿por qué no quiere ver Cristina a Julián?

10 Los primeros días de Laura en Valladolid (§ 14)

No sólo en casa de los Alonso los primeros días no han sido fáciles para Laura.

Completad el texto sobre su comienzo en el instituto con el adjetivo en la forma correcta.

- ■ primer, primero, -a
- ◆ buen, bueno, -a
- ⬭ tercer, tercero, -a
- ✹ mal, malo, -a

Hoy Laura ha ido por [1] vez al Vega del Prado. En la [2] hora ha tenido lengua por [3] vez. La profe le ha deseado[3] un [4] comienzo, y después las clases han empezado. La clase de lengua no ha sido [5], pero muy difícil para Laura. Además, en pocos días tiene que leer su [6] libro en español. Es un [7] libro, ¡pero muy largo! Pero sus compañeros van a ayudar a Laura. Siempre hacen bromas[4], pero no son [8] chicos. En el recreo Laura ha comprado una [9] bebida que ha tomado en clase de inglés. Por eso el profesor se ha enfadado. Es un [10] profesor, pero les da muchos deberes. Laura tiene un [11] inglés: ha sido su [12] lengua; la segunda es el español y la [13], el francés, pero hasta ahora sólo lo ha estudiado medio año. El [14] día le parece raro tutear a los profesores, pero el [15] día ya puede sin problemas.

El tuteo de los profesores

En general, los alumnos españoles tutean *(duzen)* a los profesores. Pero si el profesor no quiere o si es mayor, sus alumnos le hablan de usted.

[1] **listillo** Schlaumeier – [2] **ganar** gewinnen
[3] **desear** wünschen – [4] **una broma** ein Scherz

11 ¿Qué están haciendo los vecinos? (§§ 13 – 15)

Los Alonso viven en un edificio bastante alto, de seis pisos.

a Mirad el dibujo y jugad al «Veo veo» como en el ejemplo. Usad *estar* + *gerundio* y los números ordinales. Trabajad en parejas o pequeños grupos.

Ejemplo:
—Veo a un chico que está estudiando.
—¿Es el chico del tercer piso de la izquierda?
—¿Sí, es él / es el chico del tercer piso de la izquierda.

b Elegid uno de los pisos y escribid un diálogo o una pequeña historia.

c Imaginaos que estáis haciendo algo. En este momento suena vuestro móvil. Con el ejemplo de al lado como modelo haced el diálogo en parejas.

Ejemplo:
—Oye … voy a … / ¿Vienes tú también …?
—Lo siento, no puedo.
—Pero… ¿qué estás haciendo?
—Estoy … —Ah, ya veo.
—A lo mejor mañana.
—Está bien. Te llamo mañana.

El panel de timbres

Auf den Klingelschildern steht in spanischen Mehrfamilienhäusern meist nur das Stockwerk sowie – wenn es mehrere Wohnungen auf einer Etage gibt – eine Angabe zur Unterscheidung, z. B. 5° C oder 8° izq.

12 Una discusión en clase

El profesor de historia acaba de decir a la clase de Cristina que van a hacer un viaje este año. Ahora todos están discutiendo adónde quieren ir.

a Imaginaos que vosotros sois la clase de Cristina. ¿Adónde queréis ir vosotros y por qué? Discutid en grupos y usad los resultados del ejercicio de la página 20.

b Escuchad el texto del cedé y tomad nota. Después decid adónde quieren o no quieren ir los chicos y por qué (no).

13 Un vecino muy ordenado (§§ 13 – 15)

Luisa, la madre de Cristina está viendo al vecino del quinto piso que tiene los zapatos de Laura en la mano. Escribid el diálogo con ayuda de las ideas en alemán. (Para ayudaros: La madre y el vecino se tutean.)

La madre

Sie begrüßt den Nachbarn und klagt, wie sehr es gerade regnet. Und das ist schon der dritte Tag der Woche, an dem schlechtes Wetter ist.

El vecino

Der Nachbar grüßt auch und stimmt ihr zu. Er muss ihr übrigens (noch) etwas sagen: Er und die anderen Nachbarn mögen keinen Abfall im Treppenhaus sehen.

La madre

Ihr ist klar, dass ihnen Abfall im Treppenhaus nicht gefällt, ihr (nämlich) auch nicht. Sie wundert sich aber, dass er ihr das gerade sagt.

El vecino

Er meint, dass dies schon das zweite Mal in dieser Woche ist, dass ihre Kinder Abfall im Treppenhaus liegen lassen. Heute wirft er den Abfall weg, um ein gutes Beispiel zu geben, aber das ist das letzte Mal. Er weist sie auf alte *(viejo, -a)* Schuhe hin, die er gerade gefunden hat.

La madre

Sie macht ihn darauf aufmerksam, dass das die Schuhe von Laura sind, dem deutschen Mädchen, das zur Zeit bei ihnen wohnt.

El vecino

Dann soll sie ihr doch sagen, dass sie den Abfall (selbst) wegbringen soll. Er wohnt im fünften Stock und kann deshalb nicht den Abfall von allen wegbringen.

La madre

Sie protestiert, dass die Schuhe kein Abfall sind. Ob er es (denn) nicht sieht: das sind gute Schuhe. Und außerdem ist Laura ein liebes (= gutes) Mädchen, aber es sind ihre ersten Tage in Valladolid. Sie fragt, ob er ihr die Schuhe gibt. Zum Glück haben sie sich getroffen.

El vecino

Stimmt ihr zu und betont noch einmal, dass dies kein Ort für Schuhe ist. Sie soll ihren Kindern und dem deutschen Mädchen sagen …

La madre

Sie unterbricht ihn, versucht ihn zu beruhigen und versichert ihm, dass sie mit den Kindern redet. Dann verabschiedet sie sich.

Estrategia

Einen unbekannten Text verstehen

Wenn ihr fest davon überzeugt seid, dass ihr einen neuen Text verstehen werdet, gelingt es euch leichter. Das ist keine Zauberei, sondern liegt daran, dass ihr dann vor allem auf das achtet, was ihr schon wisst und versteht. Und das hilft euch, den Zusammenhang zu erkennen und von da ausgehend weitere Einzelheiten zu erschließen.

¡Ahora vosotros!

Macht doch einmal folgendes Experiment:
- Lest die Zeilen 6–17 des Textes auf S. 31.
- Entscheidet, was für euch zutrifft:
  a Ich habe den größten Teil des Textes verstanden.
  b Ich habe den größten Teil des Textes nicht verstanden.
- Schreibt den jeweils kleineren Textanteil ab, d. h. bei **a**: das, was ihr nicht verstanden habt, bei **b**: das, was ihr verstanden habt.
- Überprüft, ob ihr eure Sprachkenntnisse richtig eingeschätzt habt, ob ihr also wirklich den kleineren Teil des Textes abgeschrieben habt.

Tipps zum Lesen eines unbekannten Textes

1 Seht euch einen neuen Text vor dem Lesen genau an und achtet auf
– die Textform (z. B. Brief, Zeitungsartikel, Gedicht)
– die Abbildungen
– den Titel.
Überlegt nun, wovon der Text handeln könnte. Stellt euch vor, ihr müsstet einen Text mit diesen Vorgaben verfassen: was würdet ihr schreiben?

2 Lest den gesamten Text ein Mal zügig durch. Habt dabei den Mut zur Lücke, d. h. haltet euch nicht an unbekannten Wörtern oder unklaren Sätzen auf. Lasst auch eure Fantasie spielen. Überlegt, ob eure erste Einschätzung zum Textinhalt richtig war und was ihr darüber hinaus erfahren habt.

3 Lest nun den Text genauer, Absatz für Absatz. Legt eine Tabelle mit Fragen an, die eurer Meinung nach für den Text wichtig sind. (Unten seht ihr ein Beispiel, das man für viele Texte verwenden kann.) In diese Tabelle tragt ihr beim Lesen nach und nach die Informationen ein. Notiert hier auch Punkte, bei denen ihr nicht sicher seid, und verseht sie mit einem Fragezeichen.

4 Lest den Text erneut und konzentriert euch jetzt auf eure Informationslücken oder die mit Fragezeichen versehenen Aspekte.

5 Falls es noch unklare Stellen gibt, überlegt, ob sie wirklich wichtig sind, um die Aussage des Textes zu verstehen. Wenn ja, dann versucht mit Hilfe der gefundenen Informationen eine mögliche, plausible Antwort zu finden und / oder beratet euch mit einem Mitschüler. Eventuell müsst ihr jetzt einzelne Wörter nachschlagen.

¿Quién?	¿Qué (hace / pasa / dice / …)?	¿Por qué?	¿Cuándo?	¿Dónde?	¿Cómo?	Otra información

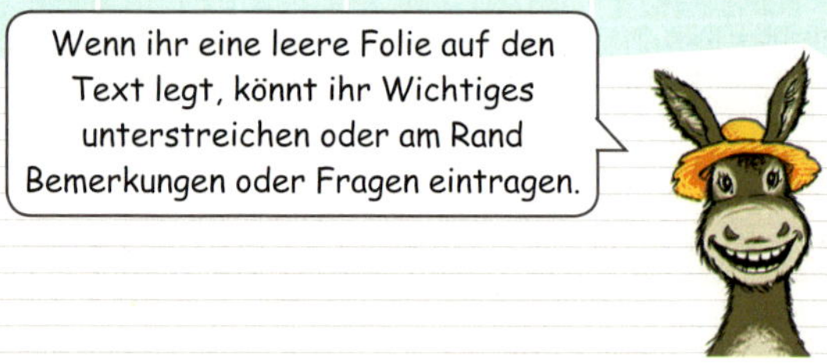

14 Costumbres españolas *(Spanische Gewohnheiten)*

Aquí tenéis información que una escuela de español ha preparado para los estudiantes extranjeros que vienen a España *(... die ausländischen Studenten ...)*. Imaginaos que vais a ir a España y vivir en una familia española. Con ayuda de los consejos de la página 30 leed el siguiente texto *(... Mit Hilfe der Tipps ...)* y sacad la información importante para compartir la vida de los españoles sin problemas.

COSTUMBRES ESPAÑOLAS

Aprender una lengua es más que conocer su gramática y su vocabulario. Hay que conocer a sus hablantes. Es decir que tienes que conocer la cultura del lugar, los pequeños detalles de la vida de todos los días.

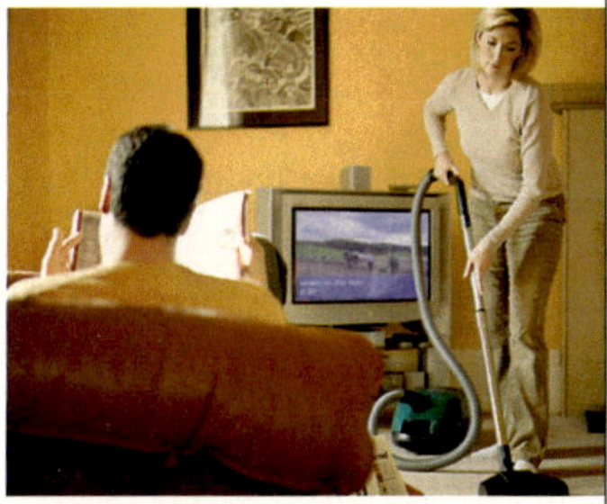

Vida en familia

En familia es normal el abrazo, el beso o una buena ración de besos si te besa la abuela. Si eres amigo de la familia, también te reciben así.

Cuando vas a una casa, di algo bonito, por ejemplo: «¡Qué casa tan bonita!» Te van a contestar: «¿De verdad?» o «¿Tú crees?» y después te van a enseñar toda la casa. Tienes que hacer lo mismo si te enseñan fotos de familia o el coche que está en el garaje. Si te invitan a comer o cenar, es normal hacer un pequeño regalo (por ejemplo una tarta pequeña).

Si vives en una familia española, vas a ver aspectos que te pueden parecer raros, pero que aquí se ven como normales. Llevar zapatos en casa es normal, por ejemplo. La televisión es uno de los centros de la vida familiar. Muchos españoles la ponen cuando llegan a casa y hacen otras actividades en otras habitaciones. A veces el aparato incluso está encendido en las comidas o cenas y nadie lo mira.

Vida en la calle

A los españoles nos gusta mucho la calle. Nos encanta pasear, ver y ser vistos. Y siempre vamos muy bien vestidos, incluso si sólo salimos un momento de casa.

Los bares son muy importantes: allí vamos a ver a los amigos, a jugar una partida de cartas o al dominó, a tomar unas tapas, o ver un partido de fútbol.

Nos gusta hablar y hablamos de todo, a lo mejor porque creemos que sabemos de todo.

No somos amigos de las formalidades y muy rápido decimos «tú» a personas de la misma edad, también en la escuela, en las tiendas y en otros lugares públicos. Usamos «usted» para personas mayores.

Los temas preferidos en las conversaciones de los españoles son el fútbol y la vida de los famosos y de los vecinos. Nos gusta la comunicación oral y directa más que la escrita. Pero eso sí, en la época de Navidad nos encanta recibir y mandar cartas y postales.

El español, experiencia de vivir

A lo mejor todo esto parece muy difícil a un estudiante que acaba de llegar. Pero vas a ver que lo que te sorprende los primeros días ya no te sorprende después de poco tiempo.

A los españoles nos gustan mucho los extranjeros, sobre todo cuando intentan compartir nuestra vida. No hay costumbres buenas o malas, tan sólo diferentes.

Y recuerda: aprender una lengua es vivirla.

www.escuelai.com/spanish_culture/topicos_espana/costumbres.html (fragmento adaptado)

Costumbres alemanas

Escribid información para alumnos españoles de intercambio que vienen a Alemania para vivir en una familia alemana.
Tomad el texto de la página 31 como modelo y
- elegid el tema «Vida cn familia» o «Vida en la calle» (o un tercer tema, si tenéis otra idea).
- pensad en las cosas que un español / una española que viene a Alemania tiene que saber. Discutid en grupos.
- Escribid vuestro texto.

Una visita de España

Un chico español o una chica española va a vivir un mes en vuestra familia. Con lo que habéis aprendido del texto «Costumbres españolas» escribid una escena con un posible problema ... y su solución.

So kann ich auf Spanisch ...

... Ratschläge geben
- tienes que / tenéis que *(+ inf.)*
- hay que *(+ inf.)*
- (no) puedes / podéis *(+ inf.)*
- es importante / necesario / ... *(+ inf.)*
- *imperativo*

... Gewohnheiten beschreiben

• Nosotros • Los alemanes	siempre muchas veces no	hacemos ... decimos ... tenemos ...

• En	Alemania mi país mi familia	es normal *(+ inf.)*

- A los alemanes (no) les gusta ...
- A los alemanes les encanta ...
- Nuestras actividades preferidas son ...
- En la vida de todos los días ...
- Todos los ... / todas las ...

... Gemeinsamkeiten und Unterschiede benennen

• Nosotros	también tampoco	hacemos ... decimos ... tenemos ...

- ... en Alemania (no) es igual que ...
- Hay diferencias.
- Las diferencias son las siguientes.
- ... es diferente / ... son diferentes

... Unzufriedenheit oder Ärger ausdrücken
- quejarse
- Ya es la segunda / tercera vez que has hecho / dicho ...
- Tú siempre ...
- ¿Por qué has hecho esto otra vez?

• estar	enfadado, -a preocupado, -a triste ...

... Freude oder Zufriedenheit ausdrücken
- alegrarse de *(+ inf.)*

• estar • sentirse	contento, -a encantado, -a ilusionado, -a ...

- Esto es una pasada.

... ein Streitgespräch versöhnlich beenden
- Vale.
- Está bien.
- Sí, pero tenemos que ...
- Menos mal que ...
- Lo siento.
- Oye, ¿por qué no ...?

En el restaurante

PRIMER PLATO / TAPAS

Ensaladilla rusa[1] Ensalada de patatas con verduras, atún, huevo y mayonesa	2,90 €
Gazpacho[2] Sopa fría de tomate	2,50 €
Tortilla española Tortilla de patatas y huevos	2,90 €
Jamón Serrano[3]	6,80 €
Ensalada mixta	3,30 €

POSTRES

Macedonia[10] Ensalada de frutas	2,80 €
Arroz con leche[11]	2,50 €
Flan[12] Postre de leche y huevos con caramelo	2,50 €
Tarta de manzana	3,50 €
Tarta de queso	3,50 €
Helados (chocolate, limón, vainilla, piña, fresa, pistacho y otros)	1 € / bola

SEGUNDO PLATO

Paella (para dos personas)	30,00 €
Pizza – tomate y queso – jamón – Hawaii (piña y jamón)	 5,65 € 6,50 € 6,50 €
Calamares	7,80 €
Chuleta[4] de cerdo con patatas	12,00 €
Espaguetis de la casa Espaguetis con salsa de tomate y chile; muy picante	5,50 €
Filete de ternera[5] con patatas fritas	13,50 €
Pollo a la campesina[6] Pollo con tomate, pimientos rojos, chile y aceitunas	11,50 €
Merluza[7] en salsa verde Pescado con salsa de espárragos, guisantes y perejil	12,90 €
Albóndigas[8] con tomate Bolas de carne picada con salsa de tomate	10,50 €
Mejillones[9] al natural	6,60 €

LA SARTÉN

a Mirad la carta y, con ayuda de las explicaciones y fotos, intentad comprender qué platos hay en el restaurante «La Sartén». Después ordenad los platos:

conozco	no conozco, pero creo que me gusta	no conozco y creo que no me gusta

b Imaginaos que estáis en el restaurante. Elegid un plato y preparad la conversación con el camarero. *(… Wählt aus …)* Trabajad en parejas. Después intercambiad los papeles.

Ejemplos:

Me trae la carta, por favor.
(De primer plato) quiero / tomo …

Aquí está la carta.
¿Qué desea? / ¿Sabe ya qué va a tomar? / ¿Qué le traigo?

desear	wünschen
un camarero	ein Kellner
traer (traigo)	bringen
la carta	die Speisekarte
una tapa	ein Häppchen, ein kleines Gericht
un plato	ein Gericht
el primer plato	die Vorspeise
el segundo plato	das Hauptgericht
el postre	der Nachtisch

La cena con Laura

Es sábado y la primera semana de Laura en Valladolid está terminando. La familia Alonso va a una marisquería para celebrar la llegada de Laura. Laura está cansada y tiene mucha hambre. Es normal porque ya son las diez y cuarto de la noche. Además, está nerviosa: para Laura, comer marisco es algo nuevo.

La marisquería es muy buena y no es cara, por eso está siempre llena. Los Alonso esperan y, cuando ven una mesa libre, se sientan. Poco después un camarero les da la carta. Laura la mira, pero … ¡casi sólo hay platos que no conoce!

Cuando el camarero vuelve, el padre dice:

—A ver, ¿tomamos primero unas tapas? ¿Qué pedimos como segundo plato?

Cristina elige centollo, que —dice ella— está muy rico. Entonces Laura también lo pide. Y, para beber, Laura quiere agua con gas. Después Mario y Cristina le dan las últimas noticias sobre Ana Lucía, que ahora está pasando las vacaciones con su familia en Colombia. También hablan sobre el viaje de la clase de Cristina. Laura cree que hablan de Barcelona, pero casi no los oye porque, con la televisión y con los niños de la mesa de al lado, hay mucho ruido.

Cuando llegan las bebidas y las tapas, el Sr. Alonso, con su vaso de vino blanco en la mano, dice:

—Bueno, ¿me escucháis un momento? Laura, un brindis por tu llegada. Aquí decimos: arriba, abajo, al centro y … ¡adentro!

Beben y después Cristina sigue hablando con Laura. Mario ahora sólo las escucha y está mirando a Laura todo el tiempo.

—Perdón, guapas, os molesto un momento. Aquí traigo los cuencos —les dice el camarero a Cristina y Laura, y pone en la mesa dos cuencos con agua. Ahora hay cinco cuencos en la mesa.

«¿Para qué sirven?» se pregunta Laura. Todos ya tienen bebidas. Entonces Laura piensa que va a esperar: sólo va a beber después de los otros. Mira en el restaurante y ve que, en una mesa, tres chicos se despiden y dejan el dinero encima de la mesa. En otra mesa no muy lejos una señora se está limpiando los dedos en un cuenco.

—Cris, —le pregunta Laura—, ¿con el agua del cuenco me limpio las manos?

—No te oigo. ¿Qué dices?

—Los cuencos … —repite Laura—, ¿son para las manos?

—Claro.

«Por suerte he esperado», piensa. Entonces llega el camarero con el centollo de Cristina. Es un animal enorme. Laura lo mira asombrada.

1 ¿Qué pasa en el restaurante?

a ¿Qué pasa en el texto «La cena con Laura»? Ordenad las frases según el texto. Con la solución correcta, las letras **en negrita** forman una palabra que acabáis de aprender. Comparad vuestra solución en parejas o pequeños grupos. Si uno no tiene la solución, le tenéis que explicar la palabra sin decir la solución.

1. Laura no sabe qué hay que hace**r** con los cuencos.
2. El sábado por la no**c**he los Alonso van a un restaurante con Laura.
3. Lau**r**a no entiende bien la conversación porque hay mucho ruido.
4. Por eso elige centollo, co**m**o Cristina.
5. En la mesa los Alonso hablan sobre Ana Lucía y sobre el vi**a**je de la clase de Cristina.
6. El camarero trae los cent**o**llos.
7. Laura no entiende la c**a**rta del restaurante.
8. Mario no habla, sólo mira a Laura todo el ti**e**mpo.

b Formulad preguntas a estas respuestas.

- ¿Qué?
- ¿Quién? / ¿Quiénes?
- ¿Por qué?
- ¿Dónde?
- ¿Adónde?
- ¿Para qué?

1. La familia Alonso y Laura van a un restaurante porque quieren celebrar la llegada de Laura.
2. Laura come por primera vez marisco.
3. El Sr. Alonso hace un brindis por la llegada de Laura.
4. Cuando come marisco, la gente se limpia los dedos en los cuencos.
5. El centollo es un marisco enorme.

c Escribid tres preguntas más sobre el texto «La cena con Laura» y sus respuestas. Haced las preguntas a un compañero o una compañera que tiene que responder. Después él / ella os hace sus preguntas. A una señal del profesor / de la profesora buscad a otro compañero o compañera y trabajad otra vez con las preguntas.

2 Laura y el centollo

Mirad a Laura en el segundo dibujo de la página 34. ¿Qué creéis que está pensando? Escribid en vuestro cuaderno una frase para el bocadillo *(… für die Sprechblase …)*.

3 Español a la carta

En el restaurante Laura ha aprendido palabras nuevas sobre los temas «comida» y «restaurante». ¿Y vosotros? Elegid cinco palabras sobre estos temas y escribid cada una en un papel pequeño. Escribid la explicación de la palabra en otro papel (sin usar la palabra). Leed a un compañero o una compañera las explicaciones. Él / ella tiene que encontrar las palabras y entonces recibe los papeles. Después él / ella os lee sus explicaciones.

Ejemplo:

Centollo

Los alemanes no lo comen, pero los españoles, sí. Es un marisco.

4 En un restaurante ... en España y Alemania

El texto de la página 34 describe la visita de la familia Alonso y de Laura a un restaurante.

a Haced una lista de lo que hace la gente en este restaurante y de las cosas que hay. Trabajad en grupos.

Verbos que a lo mejor necesitáis:
dar, hacer, ir, oír, pedir, pagar, poner, sentarse, tener, traer, venir

b ¿Cuáles de estas cosas o acciones son como en Alemania, cuáles son diferentes? *(Welche ...)* Discutid en grupos con ayuda de la información del texto «La cena con Laura» y vuestras experiencias *(... euren Erfahrungen)*. Usad las expresiones de la casilla.

- en Alemania / España
- los alemanes / españoles
- la gente

- siempre
- en general *(im Allgemeinen)*
- normalmente *(normalerweise)*
- muchas veces
- a veces *(manchmal)*

- creo / pienso que (no)
- me parece que (no)
- yo no ... pero ... sí ...

Ejemplo:
Los españoles piden la comida y las bebidas juntas, pero los alemanes normalmente preguntan primero por las bebidas.

c Añadid las siguientes ideas a vuestra lista y discutid también sobre ellas *(Fügt an ...)*.

Alemania	España
• sentarse en las sillas libres de una mesa con otra gente • pagar cada uno su comida • dar el dinero y la propina[2] al camarero	• traer los móviles al restaurante • usar servilletas[1] • agua = agua sin gas • tomar dos platos (el primer plato y el segundo), postre, bebidas • siempre hay pan con la comida • dejar la propina[2] en la mesa • despedirse del camarero

[1] **una servilleta** eine Serviette
[2] **la propina** das Trinkgeld

Estrategia

Andere Länder, andere Sitten – Verhalten in ungewohnten Situationen

¡Ahora vosotros!

En el texto de la página 34 Laura entra por primera vez en una marisquería. Decid qué hace
a) cuando no sabe qué pedir porque no conoce los platos.
b) cuando no sabe para qué sirven los cuencos.

Auch ihr werdet in Spanien oder einem lateinamerikanischen Land wahrscheinlich in Situationen kommen, die für euch fremd sind. Was könnt ihr dann tun?

- Beobachtet, wie sich die anderen verhalten. So findet ihr meist schnell heraus, welche Verhaltensweise dort normal ist.
- Scheut euch nicht Fragen zu stellen, um zu erfahren, wie ihr euch in der Situation, die euch fremd ist, angemessen verhaltet. Dabei könnt ihr auch erklären, was man in eurem Land in dieser Situation üblicherweise tut. Das kann für eure Gesprächspartner genauso spannend sein wie für euch.
- Wenn ihr in ein Fettnäpfchen getreten seid und alle über euch lachen: nehmt's mit Humor und lacht mit. An diese Situation werdet ihr bestimmt immer wieder denken und den gleichen Fehler nie mehr machen.
- Oft kann man sich gar nicht vorstellen, dass etwas, das man sagt oder tut, in einem anderen Land unüblich sein könnte. Achtet deshalb darauf, ob die Menschen, mit denen ihr zu tun habt, befremdet auf euer Verhalten reagieren.
- Falsche Reaktionen können lustig sein oder die Menschen im Land einfach nur verwundern. Manchmal kommt es aber auch vor, dass man sein Gegenüber damit verletzt. Wenn ihr ungewollt jemanden verärgert habt, entschuldigt euch und erklärt, warum ihr euch so verhalten habt.

So kann ich auf Spanisch ...

... fragen, wie man sich angemessen verhält
- ¿Qué hago | cuando | quiero ...? / tengo que ...? | en la siguiente situación? | para *(+ inf.)*?
- ¿Cómo puedo ...?
- ¿Me puedes enseñar | qué ...? / cómo ...?

... ein Verhalten erklären
- Es que | en Alemania / en mi país | (no) es normal *(+ inf.)* ... / siempre ... / muchas veces ... / ... es diferente. | hasta ahora no he | visto ... / conocido ...
- He hecho esto porque ...

... nachfragen, wenn jemand befremdet reagiert
- ¿Qué pasa?
- ¿Por qué has reaccionado así?
- ¿Por qué estás sorprendido, -a / asombrado, -a / enfadado, -a / tan raro, -a?
- ¿He hecho algo mal?
- ¿Me puedes decir qué no he hecho bien?

... sich entschuldigen
- Perdona. / Perdonad. *(Höflichkeitsform:* Perdone. / Perdonen.)
- Lo siento.
- No te he querido molestar.
- Ha sido un malentendido *(... ein Missverständnis)*.
- Lo he hecho sin querer / sin mala intención *(... böse Absicht)*.

5 ¿Qué pasa?

a Mirad los siguientes dibujos y decid que podéis o no podéis hacer.

1. Con vuestra familia entráis en un restaurante en España. En todas las mesas hay gente.
2. Estáis delante de la casa de vuestro amigo en España, pero no recordáis en qué piso vive.
3. Llamáis a casa de una amiga española. Son las 2:30. Contesta su madre.

b Elegid una de las escenas y escribid el diálogo o la historia.

6 ¿Dónde está mi ropa? (§ 16)

Antes de ir al restaurante, el sábado por la tarde Cristina está en casa y busca su camisa y su pantalón preferidos porque los quiere llevar a la cena de esta noche. *(Bevor sie ins Restaurant geht…)*

Completad el siguiente diálogo con el pronombre de objeto directo *(me, te, lo, …)* correcto.

Cristina: ¡Mamá, mamáaaa, mamáaaaaaaaaaa!
La madre (en el pasillo): Sí, hija, **[1]** oigo. No grites tanto.[1]
Entra en la habitación y pregunta: ¿Qué pasa? ¿Por qué **[2]** llamas?
Cristina: ¿Dónde están mi camisa verde y mi pantalón rojo?
La madre: No **[3]** he visto. Vuestras habitaciones son un desastre. ¿Por qué no **[4]** ordenáis? Yo no puedo pensar en todo.
Cristina: «Vuestras» no, la de Mario es un desastre. He puesto la camisa y el pantalón encima de la cama porque **[5]** quiero llevar esta tarde y ahora no están.
La madre: No **[6]** entiendo. ¿Dónde está el problema? Tienes un montón de ropa en el armario. Vamos a ver…
La madre va al armario y **[7]** abre.
En este momento **Laura** entra en la habitación y dice: ¿ **[8]** puedo ayudar?
La madre: Claro Laurita, **[9]** puedes ayudar a elegir una camisa y un pantalón para Cristina.
Laura mira en el armario: ¿Qué piensas de este pantalón rojo? (**[10]** saca del armario.)
Cristina: ¡Cómoooooooooo! ¡Está en el armario! ¿Quién **[11]** ha puesto allí?
Laura: Yo. **[12]** he visto encima de la cama y …
Cristina: ¿Y mi camisa? ¿También **[13]** has quitado?
Laura: Sí…, también **[14]** he puesto en el armario. He querido ayudar un poco en casa…
La madre: Por fin una persona que ayuda.
Cristina (a parte[2]): Siempre Laura. No **[15]** soporto.

[1] **No grites tanto** Schrei nicht so – [2] **a parte** zur Seite

7 El viaje de la clase

En el restaurante Cristina habla del viaje que su clase va a hacer pronto.

1. ¿Adónde va a ir la clase?
2. ¿Qué piensan los padres de Cristina de este viaje? ¿Qué argumentos tienen?
3. ¿Por qué no acepta Cristina los argumentos de los padres?

8 Planes para mañana (§ 16)

En la cena Mario habla con Laura. Usad los pronombres para contestar las preguntas.

Ejemplo: —¿Me llamas? —Sí, te llamo.

1. **Mario:** Laura … Laura, ¿me escuchas? — **Laura:** Sí, sí, …
2. **Mario:** ¿Conoces a Penélope Cruz ? — **Laura:** Sí, claro …
3. **Mario:** Ahora ponen su nueva película[1] en el cine París. ¿La quieres ver? — **Laura:** Sí, …
4. **Mario:** ¿Conoces el cine París? — **Laura:** No, …
5. **Mario:** Cris y yo vamos primero a casa de los abuelos. ¿Nos vas a buscar entonces allí? — **Laura:** No, … No sé su dirección.
6. **Mario:** ¿Nos esperas en casa? — **Laura:** Vale, …
7. **Mario:** Y en el cine nos invitas a una coca-cola, ¿sí? — **Laura:** ¡Qué morro, Mario!, tú …

9 El cocinero tiene mucho trabajo (§ 16)

En el restaurante hay mucha gente. Los camareros vienen a la cocina y dan los pedidos al cocinero o preguntan si ya tiene los platos que la gente ha pedido antes. El cocinero ha terminado unos, que los camareros tienen que llevar a las mesas, y otros no, que va a hacer pronto.
Haced diálogos como en el ejemplo. Usad los verbos de la casilla y los pronombres de objeto directo. Trabajad en grupos de tres.

pan
paella
tortilla
centollo
agua
vino
tarta de chocolate
helados
calamares
empanada
manzanas rellenas
naranjas heladas

- necesitar
- llevar
- pedir
- preguntar por
- preparar
- hacer
- terminar
- esperar

Ejemplos:

Camarero 1: En la mesa número cinco acaban de pedir …
Cocinero: Lo / la / los / las preparo ahora mismo.

Cocinero: Aquí tengo … de la mesa 2. ¿Quién … lleva?
Camarero 2: ¿… llevas tú?
Camarero 1: Vale, … llevo yo.

[1] **una película** ein Film

10 El trabajo del camarero

a Escuchad los sonidos del cedé *(… die Geräusche …)* y describid el camino del camarero en el restaurante.

b Escuchad el cedé otra vez y decid:
1. ¿Qué tiene que hacer el camarero?
2. ¿Qué más pasa en el restaurante? ¿Dónde?

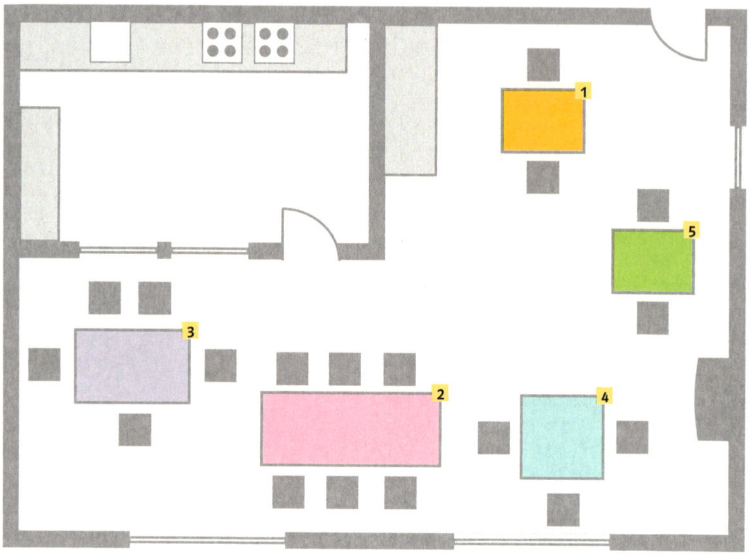

11 En la televisión del restaurante (§ 18)

a Buscad en el texto «La cena con Laura» las formas de los verbos *pedir, elegir, seguir, servir* y *despedirse* y ordenadlas. Después pensad cómo pueden ser las formas que faltan y formulad una regla.

b En la televisión del restaurante pasa una telenovela, *Las margaritas son para el verano*. Laura intenta escuchar, pero no entiende todo lo que dicen. Completad las frases con la forma correcta de presente de los verbos entre paréntesis.

Agustín mira a su amigo Ismael muy sorprendido: ¿Qué [1] **(decir – tú)**? ¿Has conocido a otra chica en Internet? ¿Y Margarita? ¿No [2] **(seguir – vosotros)** saliendo juntos?

Ismael: Sí…, pero Margarita está en casa. [3] **(seguir)** estudiando para los exámenes y no tiene tiempo para salir, y esta chica quiere ir hoy a la discoteca. ¿Le [4] **(decir – yo)** que sí?

Agustín: ¡Ismael! Le [5] **(decir – tú)** que no y [6] **(despedirse – tú)**. Piensa en Margarita.

Ismael: ¡Vamos! Margarita no se va a enterar… Está estudiando como siempre. ¡Mira! La chica me [7] **(pedir)** mi número de teléfono. ¿Qué hago?

Agustín: ¿Es por lo menos[1] guapa?

Ismael: No sé. ¿Le [8] **(pedir – nosotros)** una foto? Le puedo enviar también una. A lo mejor **(servir)** estas fotos. ¿ [9] **(Elegir – tú)** una? Yo estoy muy nervioso.

Agustín: No, tío, yo no [10] **(elegir – yo)** ahora tus fotos. [11] **(despedirse – yo)** y me voy a casa. No quiero problemas y…

Ismael: No, tío, [12] **(repetir – yo)**, Margarita no se va a enterar. Mira, me ha mandado ya la foto… ¡¡¡AH!!!

Agustín: ¿Qué pasa? Pero… la chica de la foto… ¿no es…?

Ismael: ¡¡Margarita!!

Agustín: Vaya, vaya. Así estudia, así…

[1] **por lo menos** wenigstens, mindestens

12 La conversación de la mesa de al lado (§§ 16, 18)

a Laura está mirando a la gente en el restaurante. En una mesa están hablando un chico y una chica. Por el ruido Laura sólo oye parte de la conversación. ¿Qué dicen las personas? Completad el diálogo.

b Una hora después. ¿Qué les pasa a los chicos? Escribid vuestras ideas y en parejas inventad el final de la historia *(... erfindet ...)*.

13 ¿Qué hay en el armario? (§§ 16–18)

Hoy ha sido un día muy emocionante y largo, pero Laura y los Alonso ya están en casa.
¿Qué le pasa a Laura ahora en casa?
Completad el texto con las formas correctas de los verbos y usad los pronombres para las palabras *en cursiva*.

1. Los Alonso 1 **(despedirse)** de Laura, 2 **(decir)** buenas noches *a Laura* y 3 **(ir)** a dormir.
2. Laura 4 **(irse)** también a la cama y 5 **(leer)** un libro, pero 6 **(estar)** muy cansada y no 7 **(poder)** leer *el libro*.
3. Laura 8 **(oír)** un ruido. 9 **(levantarse)** y 10 **(seguir)** oyendo *el ruido*.
4. Laura 11 **(creer)** que hay algo en el armario y 12 **(pedir)** ayuda a Cristina.
5. Pero Cristina no 13 **(entender)** *a Laura* porque 14 **(hablar)** en alemán.
6. Laura 15 **(repetir)** que hay algo en el armario. Cristina 16 **(levantarse)** y 17 **(abrir)** *el armario*.
7. En el armario 18 **(encontrar)** un centollo. No, hay más, dos, cinco …
   El armario 19 **(estar)** lleno de centollos.
8. Las chicas 20 **(ver)** *los centollos* y 21 **(ir)** a las camas. Los centollos 22 **(seguir)** *a las chicas*.
9. Laura 23 **(tener)** ahora *centollos* también en la cama y 24 **(gritar**[1]**)**. Entonces 25 **(despertarse)**.
10. Cristina 26 **(despertarse)** también y 27 **(mirar)** *a Laura* enfadada.

14 ¿Le ha gustado?

Mirad la serie de dibujos y escribid la historia.

[1] **gritar** schreien

Los Alonso en el restaurante

Representad con toda la clase la visita de la familia Alonso al restaurante. Formad grupos y cada grupo prepara una escena. Repartid los papeles (p. ej.: quién es el Sr. Alonso, quién Laura, etc.) y apuntad las palabras importantes de vuestro papel. Cada uno tiene que decir por lo menos 2–3 frases.

- La familia Alonso y Laura: Ellos preparan la llegada al restaurante, la conversación en la mesa y el pedido al camarero. Podéis tomar ideas del texto y de los ejercicios de la lección, pero también tenéis que inventar algo.
- La mesa o las mesas de al lado: el grupo o los grupos también preparan su conversación y el pedido. Como el primer grupo, podéis tomar ideas del texto y de los ejercicios de la lección, pero también tenéis que inventar algo.
- La televisión: un grupo que representa a los personajes de la telenovela. Podéis tomar el ejercicio 11 como base (y representar, por ejemplo, el siguiente capítulo) o inventar otra cosa. También puede haber otro programa con otras personas.
- El camarero o los camareros y el cocinero: tienen que preparar una carta que dan a los grupos de las mesas. Podéis sacar ideas de la carta de la página 33, pero tenéis que añadir por lo menos tres platos nuevos.

Descontento

Wenn es sich nicht um sehr gravierende Beschwerden handelt, bringt man Unzufriedenheit nur diplomatisch verdeckt zum Ausdruck. Durch die Mimik (z. B. das Vermeiden von Blickkontakt) gibt man dem Kellner zu verstehen, dass man alles andere als zufrieden war.

¿Qué nos recomienda?	Was empfehlen Sie uns?
(Aquí tiene) la cuenta.	(Hier haben Sie) die Rechnung.

So kann ich auf Spanisch ... ein Restaurant besuchen

Das sagen die Restaurantbesucher

bestellen
- Me / nos trae la carta, por favor.
- (Yo) quiero / tomo / deseo ...
- (Nosotros) queremos / tomamos / deseamos ...
- Me / nos trae ...

nach der Rechnung fragen
- ¿Cuánto es?
- ¿Me dice cuánto es todo?

Zufriedenheit ausdrücken
- La comida ha estado muy buena / muy rica / fenomenal.
- Me / nos ha gustado mucho la comida.
- Me / nos ha gustado sobre todo ...

Unzufriedenheit ausdrücken
- La comida no ha estado mal.
- Bien, bien, gracias.

Das sagt der Kellner oder die Kellnerin

Bestellungen aufnehmen
- ¿Quiere(n) la carta?
- ¿Ya ha(n) elegido?
- ¿Qué desea(n)?
- ¿Qué va(n) a / quiere(n) tomar?
- ¿Sabe(n) ya qué va(n) a tomar?
- ¿Qué le / les traigo?

die Rechnung bringen
- Quién va a pagar?
- Son xx euros.

nach der Zufriedenheit der Gäste fragen
- ¿Cómo ha estado la comida?
- ¿Le(s) ha gustado la comida?
- ¿Está todo bien?
- ¿Necesita(n) algo más?
- ¿Quiere(n) otro ...?

Mi Colombia

Como ya sabéis, yo soy de Cali, una ciudad del sur del país. Pero cuando llego a Colombia, la primera ciudad que visito es Bogotá, la capital, porque aquí tengo tíos y primos.

Siempre me quedo un par de días con mis primos. Así puedo visitar Bogotá y otros lugares que están cerca. El barrio antiguo de La Candelaria en Bogotá es precioso y el parque Simón Bolívar me encanta. Cerca de la ciudad está Zipaquirá, que es una catedral de sal en una mina de sal. También está la laguna de Guatavita, conocida por la leyenda de El Dorado. ¿La conocéis? ¿No? Bueno, os voy a contar esta historia otro día.

Por fin estoy en Cali. ¡Qué ciudad! Cuando estoy en España, la echo mucho de menos. Es que aquí hace calor todo el año y tengo muchos amigos y, sobre todo, aquí vive mi familia. Siempre estamos hablando o estamos visitando a amigos o está viniendo gente a mi casa.

En la foto los veis a todos: mis papás, mis hermanos, mis primos y mis tíos. Mi papá vende coches y mi mamá es secretaria. Mis hermanos todavía van al colegio. En su tiempo libre les gusta jugar al ordenador (computadora decimos aquí), ir al cine o hablar con sus amigos en la calle.

Y ésta es Dilia, la muchacha de mis papás, que hace los trabajos de la casa. Dilia está desde hace muchos años con nuestra familia y vive en casa de mis padres. Ella tiene tres hijos que viven con la abuela en su pueblo, muy lejos de Cali, y Dilia los ve sólo en las vacaciones.

Bogotá

La catedral de sal de Zipaquirá

La laguna de Guatavita

La familia de Ana Lucía

Dilia

11 **la sal** das Salz – 12 **una laguna** ein (kleiner) See – **una leyenda** una historia antigua – 26 **una muchacha** *hier:* ein Dienstmädchen

Cartagena de Indias

Este año vamos a ir a Cartagena de Indias en las vacaciones. La ciudad está en el Caribe y tiene unos barrios antiguos muy bonitos, con muchos monumentos. La historia de un libro de Gabriel García Márquez, escritor colombiano y premio Nobel, pasa en esta ciudad.

Aquí viven otros tíos. Ellos tienen una casa muy grande cerca de la playa. Las playas del Caribe son preciosas y también les gustan a los famosos del país, a Shakira, por ejemplo, o a Juanes. A lo mejor los veo este año. ¡Juanes y yo en una foto en la playa! ¿Qué van a decir mis amigas de Valladolid? Bueno, una siempre puede soñar, ¿no?

En la playa de Cartagena

En una plantación de plátanos

Cerca de la ciudad hay grandes plantaciones de plátanos. Mmmmh, ¡qué rico! Seguro que vosotros ya habéis comido plátanos de Colombia porque los exportamos también a Europa. ¿Sabéis que, además, Colombia es el segundo país exportador de café del mundo y el primer productor de flores?

Pero el trabajo en los campos y plantaciones es muy duro y la gente gana poco. A veces también los niños tienen que trabajar y por eso no pueden ir a la escuela. Mucha gente se va a las ciudades, pero allí la situación también es difícil y la gente no encuentra trabajo, no tiene casa, no tiene dinero. Por eso muchos niños de estas familias se van de casa y viven en la calle, sin formación y sin futuro. Ésta también es una de las muchas caras de mi Colombia.

Un niño que duerme en una calle de Bogotá

República de Colombia

- **Habitantes:** 47 millones, entre ellos 80 grupos de indígenas (1 millón de personas)
- **Superficie:** 1.141.748 km^2
- **Capital:** Bogotá (5 millones de habitantes)
- **Moneda:** el peso
- **Otras ciudades importantes:** Medellín, Cali, Cartagena
- **Principales sectores económicos:** café, petróleo, flores

34 **un escritor** ein Schriftsteller – 35 **un premio Nobel** ein Nobelpreisträger – 50 **el mundo** die Welt – 51 **una flor** eine Blume – 52 **un campo** ein Feld – 54 **ganar** verdienen – 62 **la formación** die Ausbildung – 64 **una cara** ein Gesicht
En la casilla: un / una indígena ein / eine Ureinwohner/in – **la superficie** die Fläche, die Oberfläche – **la moneda** die Währung – **el petróleo** das Erdöl

1 [Un paso más]
OPCIONAL

1 La Colombia de Ana Lucía

a Primero mirad las fotos y el título de las páginas 44 – 45 y formulad hipótesis sobre el contenido *(… Vermutungen über den Inhalt)*.

b Leed el texto una primera vez rápido y sin mirar los detalles. Haced una tabla o una red con los temas que habéis encontrado.

Lerntipp

¿Recordáis cómo leer un texto nuevo? Si no, mirad la página 30.

c Formad grupos y comparad vuestros resultados del ejercicio 1b. Repartid los diferentes temas entre los alumnos del grupo. Después leed el texto otra vez. Cada persona busca y apunta en su red o tabla sólo información sobre «sus» temas.

d Presentad vuestra información al resto del grupo. Ellos completan su tabla o red.

e En clase, comparad los resultados de los diferentes grupos.

2 Las vacaciones de Ana Lucía

Buscad en el mapa de la página 192 los lugares que Ana Lucía ha visitado en su viaje a Colombia. Después enumeradlos en el orden de la visita *(… zählt sie auf …)*.

3 Un viaje especial por Colombia

Buscad información, por ejemplo en

www.turismocolombia.com
www.turiscolombia.andes.com
www.viajaporcolombia.com
www.parquesnacionales.gov.co

a Haced un programa para un viaje de diez días a Colombia. Decidid qué tipo de viaje queréis preparar, por ejemplo turismo
- de deporte y aventura
- de playa y sol
- de historia y cultura
- otro.

Preparad un folleto (*einen Prospekt*) con fotos y una descripción del programa de cada día (¿adónde vais a ir?, ¿cómo?, ¿qué vais a hacer o visitar?, ¿dónde vais a dormir?) Trabajad en grupos.

b Elegid una de las siguientes tareas *(… Aufgaben)*. Usad vuestros resultados del ejercicio 3a.
1. Jugad a la agencia de viajes, como en el taller de la página 20.
2. Hay una reunión con gente que se interesa por un viaje a Colombia *(… ein Treffen …)*. Jugad a esta reunión. Vuestros compañeros y compañeras son las personas que quieren viajar. Vosotros tenéis que presentar vuestro viaje y convencer a la gente *(… die Leute überzeugen)*.

VIAJE A COLOMBIA

Del 10 al 20 de febrero

1er día: Viaje en avión desde Frankfurt hasta Bogotá. Llegamos a las 14:00 (hora local). Tarde: visita de la ciudad

2º día: Visita del Museo de Oro. Tarde: libre

c Elegid uno de los viajes de los que habéis visto el folleto o escuchado la publicidad (del ejercicio 3b). Imaginaos que ahora estáis participando en el viaje y escribid un diario en Internet. Hablad
- del tiempo que hace
- de cosas que habéis hecho cada día
- de cosas que estáis haciendo

En Barcelona

1 ¿Conoces Barcelona?

a ¿Ya habéis oído hablar de Barcelona o habéis estado allí? ¿Qué sabéis de la ciudad?

b Mirad el plano al final del libro y hablad sobre lo que veis.

2 Actividades en la ciudad

a La clase de Cristina ya está en Barcelona. Escuchad el texto del cedé y decid:

1. ¿Dónde está la clase ahora?
2. ¿Qué han visto ya los alumnos?
3. ¿Qué van a hacer hoy?
4. ¿Qué reglas para la actividad les da el profesor a los alumnos?

b Éste es el trabajo que el profesor les ha dado a los alumnos. Vosotros no estáis en Barcelona, pero también podéis hacerlo. Trabajad en grupos y
- repartid el trabajo entre los alumnos del grupo.
- buscad la información en las siguientes páginas y en el plano al final del libro.

Para ayudaros: no es necesario leer todo el texto. Buscad una o dos palabras importantes para cada pregunta y sólo leed las frases cerca de estas palabras.

INSTITUTO VEGA DEL PRADO   VIAJE A BARCELONA   2º de la E.S.O.

Alumnos del grupo: ....

Responded estas preguntas:

1 Escribid el nombre de cuatro personas famosas de Barcelona. Pueden ser jugadores de fútbol, pintores, arquitectos ...
2 Escribid tres palabras en catalán y su significado en castellano.
3a Un monumento muy importante de Barcelona no está terminado. ¿Cuál es?
3b En la fachada de este edificio hay un niño. ¿Dónde está?
3c Describid a una persona más de la fachada.
4 En el Paseo de Gracia (Passeig de Gràcia) hay dos casas del mismo arquitecto. ¿Cómo se llaman? ¿Y cuál de las dos tiene un tejado como un dragón?
5a ¿Qué regalan los barceloneses a sus novias el día del libro?
5b El día del libro es en Barcelona también otra fiesta. ¿Cuál?
6 Para terminar, id a un museo y describid una obra interesante. ¿Por qué os gusta?

¡Barcelona es genial!

Antes de responder las preguntas, Cristina, Gabriel y Alejandra están mirando el plano.

—Bueno, vámonos deprisa —dice Alejandra—. Son muchas preguntas y en dos horas no vamos a tener tiempo para responderlas. ¿Adónde vamos primero?

Cristina: A la Sagrada Familia. Según mi padre es una iglesia conocidísima y hay que verla. Y además, ¡¡no está terminada!!

Cuando salen de la Sagrada Familia y van hacia el Paseo de Gracia, un chico dice algo y les da un papel.

Alejandra: ¿Qué te ha dicho? ¿Lo has entendido?

Cristina: No, ha hablado catalán. Pero esto parece publicidad para un lugar con bares, restaurantes, cines… al final de Las Ramblas, cerca del monumento a Cristóbal Colón.

Gabriel: ¡Qué lástima, pero no tenemos tiempo!

En el Paseo de Gracia ven a un grupo de turistas con un guía.

Y ahora, señoras y señores, llegamos a la Casa Milá. Un poco más abajo en esta calle está la Casa Batlló. Las dos son obras interesantísimas de Antonio Gaudí, el arquitecto de la Sagrada Familia que ya hemos visto esta mañana.

Alejandra: ¡Qué pasada! ¡Cuántas cosas hay en esta calle! Esperadme, lo quiero ver todo.

Cristina: Ya, Alejandra, aquí todo es genial, lo sé, pero ya es tardísimo.

Gabriel: Ah, ¡yo tengo una idea! Aquí hay mucha gente. Podemos preguntar por la fiesta.

Gabriel lo hace enseguida. Vuelve y les explica a sus compañeras: El día del libro los barceloneses les regalan una rosa a sus novias. El 23 de abril es, además, la fiesta de Sant Jordi, la fiesta de Cataluña.

Gabriel: Chicas, vamos, todavía tenemos que ir a un museo.

Alejandra: ¿A cuál vamos?

Cristina: ¡Al Museo del Barça! Chicos, hay que verlo antes de irnos de Barcelona. Hay fotos y vídeos de jugadores famosos. También hay cuadros de Dalí. Imaginaos: y, lo mejor de lo mejor, podemos salir al campo de fútbol y sentarnos en el banquillo de los jugadores.

Alejandra: Jo, Cristina, ¡tú y el fútbol! ¿No hay otros museos? Mirad, allí está la Oficina de Turismo. Voy a preguntar.

Después de unos minutos Alejandra vuelve con un folleto.

Gabriel: A ver, ¿qué museos hay? ¿Cuáles están cerca de aquí?

Cristina: Pues … el Museo Picasso por ejemplo. ¿Os parece bien?

En el museo los chicos miran los cuadros. Aquí está el cuadro «Primera Comunión» que Pablo Picasso pinta en Barcelona a los 14 años. La chica del cuadro es Lola, su hermana.

Gabriel: ¡Ay, qué tipo este! ¡Yo también tengo catorce años y pinto fatal!

Alejandra: Oye, ¿lo elegimos para la última pregunta?

Cristina: Vale, me parece bien. Otros cuadros de Picasso son rarísimos.

MUSEOS DE BARCELONA

Museo Picasso
c/ Montcada, 15–19, T. 933 196 310. Cierra los lunes. Ⓜ Jaume 1.
Museo con una importante colección de los primeros cuadros del artista. También tiene una biblioteca y un archivo sobre la obra y el mundo de Picasso
www.museupicasso.bcn.es

Museu d'Art Contemporani (MACBA)
Plaça dels Àngels 1, T: 934 120 810
Horario; Fines de semana 11–19:30; Martes cerrado
Ⓜ Pl. Catalunya (L1, L2, L3).
Este museo está en un modernísimo edificio de la ciudad con una colección de cuadros de entre los años 50 y 80, con obras de pintores como Tàpies y Miró.
www.macba.es

Museu de la Xocolata
Comerç, 36, T. 932 687 878. Cierra los martes. Ⓜ Arc Triomf (L1), Barceloneta (L4).
¿Os imagináis todo un edificio lleno de chocolate? – Aquí está: en el museo del chocolate encontráis información sobre su historia y podéis ver estatuas y monumentos de chocolate.
www.pastisseria.com/es/PortadaMuseu

Museu F.C. Barcelona
Aristides Maillol, s/n. T. 934 963 608. Ⓜ Ma. Cristina, Collblanc (L5).
Horario: 10–18:30; Domingo 10–14; Lunes cerrado
Museo sobre el mundo del fútbol: fotos y vídeos de jugadores famosos, por ejemplo Cruyff o Maradona, pero también cuadros de artistas catalanes como Dalí y Miró están en este museo. Además son posibles visitas al Camp Nou.

Después de terminar todas las preguntas, van hacia la Plaza Real. Allí ven a Luis y a su grupo, que están despidiéndose de alguien. Ellos han estado todo el rato en las Ramblas y en menos de media hora han respondido las preguntas.

—¿De verdad? —les pregunta Cristina.

—Sí, claro, —responde Luis—. Mira, te presento a Jordi, un amigo de las colonias en los Pirineos, que nos ha ayudado un poco.

4 Ejercicios

1 Cristina y sus amigos en Barcelona

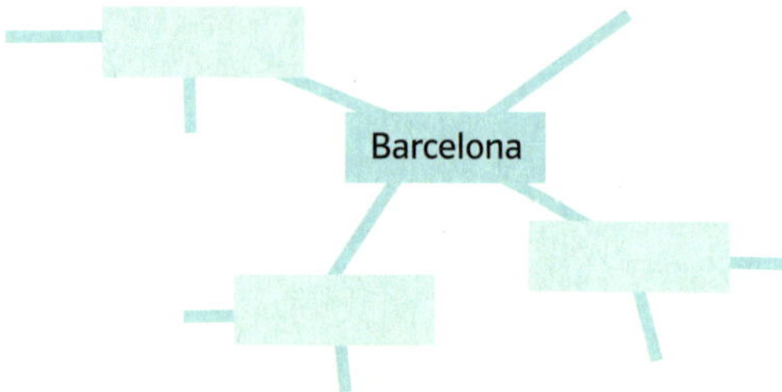

a Buscad en el texto «¡Barcelona es genial!» información sobre Barcelona y ordenadla en una red. Escribid también la información que ya tenéis (por ejemplo la que habéis reunido en los ejercicios de la página 47). Apuntad, además, las palabras importantes para hablar de esta información.

b Buscad en el plano al final del libro los lugares que visitan Cristina, Alejandra y Gabriel, y describid su camino.

Explicar un camino

- ir / girar | a la derecha / a la izquierda | en la calle *(+ nombre)* / en la esquina de la calle *(+ nombre)* y la calle *(+ nombre)*
- ir todo recto | hasta | la calle *(+ nombre)* / la plaza *(+ nombre)* / *(+ edificio o monumento)*
- cruzar una calle / una plaza
- pasar | por la calle *(+ nombre)* / delante de *(+ edificio)* / al lado de *(+ edificio)*
- tomar / ir por | la primera / la segunda | calle | a la derecha / a la izquierda

c Elegid en el texto «¡Barcelona es genial!» un monumento o lugar conocido de Barcelona. Describidlo a vuestros compañeros sin decir el nombre. Ellos adivinan qué edificio o lugar es.

2 ¿Cómo es el día de los chicos?

Completad las frases con la información del texto de las páginas 48 y 49.

1. Cristina, Alejandra y Gabriel van primero a la Sagrada Familia porque …
2. El folleto que les da un chico cerca de la Sagrada Familia es …
3. El Centro de ocio Maremágnum está …
4. En el Paseo de Gracia un guía …
5. A Cristina le gusta mucho el fútbol, pero no van al Museo del Barça porque …
6. El grupo de Cristina tiene información sobre los museos porque …
7. El día del libro venden muchas rosas en Barcelona porque …
8. Los chicos piensan que Picasso …
9. El grupo de Luis no ha visitado la ciudad para contestar las preguntas porque …
10. El día en el que los alumnos del Vega del Prado hacen esta actividad no es lunes porque …

3 Reglas para el juego

Antes de empezar el juego el profesor les da a los alumnos reglas para la actividad. Pero en el texto del cedé no termina con estas reglas. ¿Qué más puede decir a sus alumnos? Pensad en las excursiones que ya habéis hecho en clase y haced una lista de lo que tienen que hacer y de lo que no pueden hacer los alumnos. Usad vuestros resultados del ejercicio 2a de la página 47.

4 Una ciudad interesantísima (§ 23)

a Buscad en el texto las formas de los adjetivos que usan las personas para las siguientes obras y escribidlas en vuestro cuaderno. Escribid también una regla para su formación.

1. La Sagrada Familia / una iglesia
2. La Casa Batlló y la Casa Milá / dos obras
3. Los cuadros de Picasso

b Luis y su grupo no han visitado Barcelona, pero también han visto cosas interesantes. Sustituid en el texto las palabras en verde por el superlativo absoluto *(Ersetzt …)*.

Cuando la clase ha pasado una tarde **muy interesante** en Barcelona y han visitado muchos lugares **muy conocidos**, Luis y su grupo han encontrado a Jordi, un chico **muy simpático** que es amigo de Luis. Ellos hablan sobre Barcelona, todos piensan que es una ciudad **muy moderna** y que allí pueden divertirse **mucho**. Jordi les propone ir por las Ramblas. Todos están **muy contentos** porque tienen un guía para ellos solos. Primero van hasta el monumento a Cristobal Colón que es **muy alto**, después van por las Ramblas y ven a muchos artistas[1] **muy divertidos** que parecen estatuas. También hay edificios **muy famosos** como el Teatro del Liceu o el Mercado de la Boquería.
Uf! es **muy tarde** —dice Luis, —hemos visto cosas **muy interesantes**, pero no hemos contestado las preguntas—. No hay problema —dice Jordi— yo soy un guía **muy bueno** de Barcelona, ¿no? … ¡A ver esas preguntas!

5 ¿Raro? ¡Rarísimo! (§ 23)

a Vosotros ya conocéis muchos adjetivos, vamos a hacer un juego. Escribid una lista con 15 adjetivos. Después haced un «ping-pong» con un compañero o una compañera: A dice un adjetivo de la lista y B dice el superlativo. Después B dice el adjetivo y A el superlativo. ¿Termináis toda la lista antes de la señal de vuestro profesor / vuestra profesora?

b Con unos superlativos que habéis formado en el ejercicio 5a describid una ciudad, una cosa, un libro, etc. Atención al acento ortográfico. *(… Achtet auf das Akzentzeichen.)*

[1] **un / una artista** ein Künstler / eine Künstlerin

6 En la oficina de turismo (§ 22)

Alejandra no quiere ir al Museo del Barça, por eso va a la oficina de turismo y pregunta por otros museos. Completad con el pronombre adecuado el diálogo entre Alejandra y la empleada *(… und der Angestellten …)*. Cuidado con la posición del pronombre y con el accento ortográfico.

Alejandra: ¡Hola buenos días! ¿Dónde tienen la información sobre los museos de Barcelona?

La empleada: ¿En qué lengua quieres **(la información)**?

Alejandra: Creo que puedo entender **(la información)** mejor en castellano.

La empleada: ¡Vale! Mira, los folletos en castellano están allí cerca del ordenador.

Alejandra: Perdón, no veo **(los folletos)**.

La empleada: Pero … he puesto **(los folletos)** ahí esta mañana …

Alejandra: ¡Ah sí!, aquí están, ya he encontrado **(los folletos)**. ¡¡Ah, qué rico!! El Museo del Chocolate, ¿podemos visitar **(el Museo del Chocolate)** hoy?

La empleada: Pues, hoy no porque están preparando **(el Museo del Chocolate)** para una nueva exposición[1].

Alejandra: ¡Qué lástima! Y el Museo Picasso, ¿están cambiando **(el Museo Picasso)** también?

La empleada: No, no. Podéis visitar **(el Museo Picasso)** todos los días, sólo no abre los lunes.

Alejandra: ¿Puede dar **(a mí)** otro folleto más para mis amigos?

La empleada: Claro, toma **(el folleto)**.

Alejandra: Vale. Muchas gracias, ha ayudado mucho **(a mí y mis amigos)**.

La empleada: De nada.[2]

7 ¡Tantas preguntas! (§ 22)

Cuando los grupos de Luis y Cristina se encuentran en la Plaza Real se hacen unas preguntas. Contestad las preguntas como en el ejemplo. Cuidado con la posición de los pronombres.

Ejemplo: —¿Habéis encontrado al niño de la fachada? —Sí, lo hemos encontrado.

Luis: ¿Habéis podido ver las casas de Gaudí? — **Cristina**: Sí, …

Alejandra: ¿Y vosotros habéis visitado la iglesia Santa María del Mar? — **Luis**: No, …

Gabriel: Y …¿sabéis todas las respuestas? — **Luis**: Claro que …

Cristina: ¿Cómo podéis saber todas las respuestas si sólo habéis estado en las Ramblas? — **Luis**: …

Luis: ¿Y habéis encontrado las tres palabras en catalán? — **Cristina**: Noooooo, …

Gabriel: Pero sí, tenemos la publicidad del centro de ocio. ¿Te doy el folleto? — **Cristina**: Sí, …

Alejandra: ¿Escribo yo las palabras? — **Cristina**: Sí, …

Gabriel: Rápido, creo que la profesora nos está llamando … — **Luis**: Es verdad, …

[1] **una exposición** eine Ausstellung
[2] **de nada** *hier*: gern (geschehen)

Estrategia

Texte verfassen

Als Hausaufgabe oder in Klassenarbeiten müsst ihr immer wieder Texte verfassen. Überlegt gemeinsam, wie ihr dabei bisher vorgegangen seid. Bewertet, ob dies gut funktioniert hat und was ihr vielleicht verbessern solltet. Seht euch dann die folgenden Tipps an und vergleicht sie mit eurer Arbeitsweise. Sprecht in der Gruppe oder in der Klasse darüber und ergänzt sie ggf. um eure eigenen Ideen.

1 Lest immer zuerst die Aufgabenstellung genau durch. Überlegt,
a was inhaltlich (grob) erwartet wird
b welche Textform ihr verfassen sollt (E-Mail, Fortsetzung einer Geschichte, Sachtext, usw.)
c in welcher grammatischen Person und welcher Zeitform ihr den Text schreiben müsst.

¡Ahora vosotros!

Pensad cómo pueden ser las respuestas a los puntos 1a–1c de arriba en los siguientes ejercicios. Trabajad en parejas o grupos de tres.

1. El día de la visita de Barcelona Cristina escribe en su diario.
2. Escribid el diálogo entre Gabriel y la persona a la que pregunta por la fiesta (p. 49, líneas 32–35).
3. Argumentos a favor y en contra de un intercambio con una clase de un instituto español.
4. Describid un monumento de Barcelona.
5. Una aventura en el viaje de vuelta a Valladolid.

2 Notiert eure Ideen für die Aufgabe auf Spanisch, z. B. in Form eines Netzes, als Tabelle (vgl. S. 30) oder als Liste. So verfügt ihr beim Schreiben des Textes sowohl über inhaltliche Stichpunkte als auch über wichtige Vokabeln für das Thema. Überlegt auch, ob wirklich alles zum Thema gehört oder ob euch umgekehrt noch Informationen fehlen.

3 Bringt eure Ideen in eine sinnvolle Ordnung. Dies kann z. B. folgendes sein:
– die zeitliche Abfolge von Ereignissen
– vom Allgemeinen zum Besonderen oder zu Beispielen
– Gegenüberstellung von pro und kontra.

4 Stellt vor allem bei längeren Sachtexten oder Geschichten eurem Text eine Einleitung voran, die das Thema vorstellt und zum Hauptteil hinführt. Schließt einen Sachtext mit einer kurzen Zusammenfassung oder einem Ausblick ab. Eine Geschichte kann ebenfalls so enden, aber auch einen überraschenden Schluss haben.

5 Schreibt nun euren Text. Lasst dabei jede zweite Zeile frei, um hinterher Alternativen oder Verbesserungen übersichtlich einfügen zu können.

6 Besprecht eure Texte dann zu zweit oder zu dritt und achtet dabei besonders auf Verständlichkeit und auf den Bezug zur Aufgabenstellung.

7 Seht eure Texte anschließend gemeinsam auf sprachliche Fehler durch. Nehmt dazu die Liste mit typischen Fehlern (Cuaderno de actividades S. 59) oder euer Fehlerheft zu Hilfe. Schreibt erst danach euren Text in Reinschrift ab.

In der nächsten Lektion werdet ihr lernen, wie ihr eure Texte noch weiter verbessern könnt.

Die Meinung eurer Mitschüler ist wichtig, denn wer den Text geschrieben hat, sieht häufig nicht mehr, wenn etwas nicht stimmt, unlogisch oder auch einfach langweilig ist.

8 El diario del viaje

Los chicos del Vega del Prado escriben un diario de su viaje. Cristina, Alejandra y Gabriel tienen que escribir sobre el día del juego. Ahora están hablando sobre qué van a escribir.
Leed sus ideas y ordenadlas. Completadlas con detalles de su visita de Barcelona (ver las páginas 48 y 49). Después escribid vosotros el texto y seguid los consejos de la estrategia «Texte verfassen» de la página 53 (*… befolgt die Tipps …*).

Alejandra: A ver, chicos, ideas para el artículo.

Gabriel: Por ejemplo, hay que hablar del ejercicio que nos ha dado Rodolfo, que hemos visitado nosotros sólos Barcelona.

Alejandra: Y hay que decir que hemos visto, por ejemplo, el Paseo de Gracia, las Ramblas, y para terminar el día hemos estado en la playa …

Cristina: Sí, pero antes de ir al Paseo de Gracia hemos ido a La Sagrada Familia. Y hay que decir también, que el ejercicio ha sido muy interesante porque hemos podido elegir nosotros qué hacer y cuándo. Ah, y el Museo Picasso después de estar en las Ramblas.

Alejandra: Sí, eso es importante, y también tenemos que hablar un poco de las casas de Gaudí que están en el Paseo de Gracia y que nos han parecido preciosas. Pero también nos tenemos que quejar. En la Sagrada Familia hay zonas con muy poca luz y hoy casi nos hemos caído todos por las escaleras.

Gabriel: Sí, no sólo eso. ¿Habéis olvidado qué caro es Barcelona? Pensad en los bocadillos que hemos tomado en las Ramblas. Un bocadillo aquí cuesta como cinco en Valladolid.

Cristina: Vale, vale. A ver, hay que empezar por el principio, la visita al barrio antiguo y la Catedral y después el resto. ¿Cómo empezamos?

9 San Jorge y el dragón

La clase de Cristina ha llegado al albergue juvenil donde pasan la noche. El señor del albergue les cuenta una historia.

a Mirad el dibujo de abajo. ¿Qué creéis?: ¿qué puede pasar en la historia?

b Escuchad el texto del cedé una primera vez. Concentraos sólo en la idea global del texto, no en los detalles. Después comparad con vuestros resultados del ejercicio 9a: ¿Es la historia como habéis pensado? ¿Qué diferencias hay? ¿Qué más habéis entendido?

c Dibujad otra escena de la historia según lo que habéis entendido.

d Escuchad el texto otra vez y contestad las siguientes preguntas:

1. ¿Cómo es el dragón?
2. ¿Qué pasa con el dragón, Sant Jordi y la hija del rey (… *des Königs*)?
3. ¿Por qué regalan los catalanes una rosa el día del libro?

10 ¿Cuál compramos? (§ 19)

a El tercer día los alumnos del Vega del Prado hacen una excursión al monasterio de Montserrat. Para preparar la excursión Cristina y Alejandra van al mercado a comprar algo para comer. Completad el diálogo con *cuál* o *cuáles*.

Cristina: ¡Cuánta fruta! ¿Llevamos unas manzanas?
Alejandra: Vale, ¿ [1] ?
Cristina: Pues yo prefiero las rojas.
Alejandra: También podemos comprar unos bocadillos o empanadas, mira aquí hay de todo. ¿ [2] quieres?
Cristina: Un bocadillo de queso. ¿Y tú ?
Alejandra: No sé, prefiero una empanada, pero no sé [3] está mejor, con carne o con verdura. Creo que me llevo las dos.
Cristina: Mira, allí venden bebidas. ¿ [4] compramos?
Alejandra: Pues … no sé, compra una de naranja y otra de limón.
Cristina: Oye, ¿tenemos tiempo? Necesito comprar una postal para escribir a mi familia.
Alejandra: Mira, allí hay muchas.
Cristina: ¡Son todas tan bonitas! ¿ [5] te gusta más?
Alejandra: Creo que ésta con la Sagrada Familia. Yo necesito dos, a ver …
Cristina: ¿ [6] te llevas?
Alejandra: Voy a comprar una con las Ramblas y otra con un cuadro de Dalí.
Cristina: Vale, vámonos que es tardísimo.

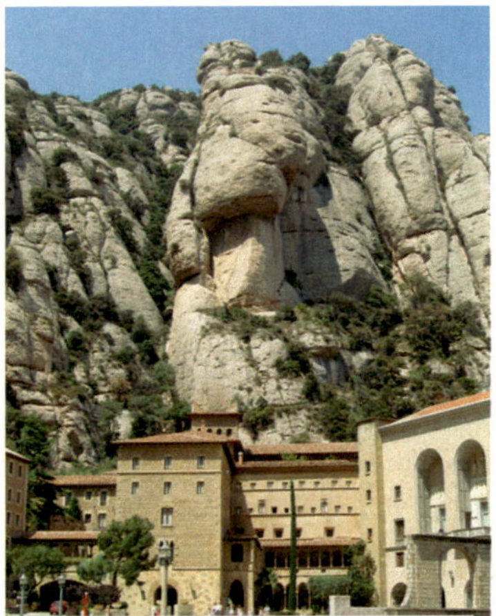
El monasterio de Montserrat

b Haced preguntas a un compañero o una compañera. Usad *cuál* / *cuáles* o *qué* como en los ejemplos.

Ejemplos:
—¿Me dejas un lápiz?
—¿Cuál quieres, el rojo o el azul?
—El azul.

—Me gusta el libro «…». Y a ti, ¿qué libro te gusta?
—A mí me gusta «…».

- buscar
- dar
- dejar
- desear
- elegir
- faltar
- gustar
- interesar
- necesitar
- pedir
- preferir
- querer
- tener

11 ¿Qué hace tu compañero? (§ 20)

Preguntad a un compañero o una compañera qué hace *antes de* y *después de* algo y contad un día normal de su vida.

Ejemplo: ¿Qué haces antes de desayunar?

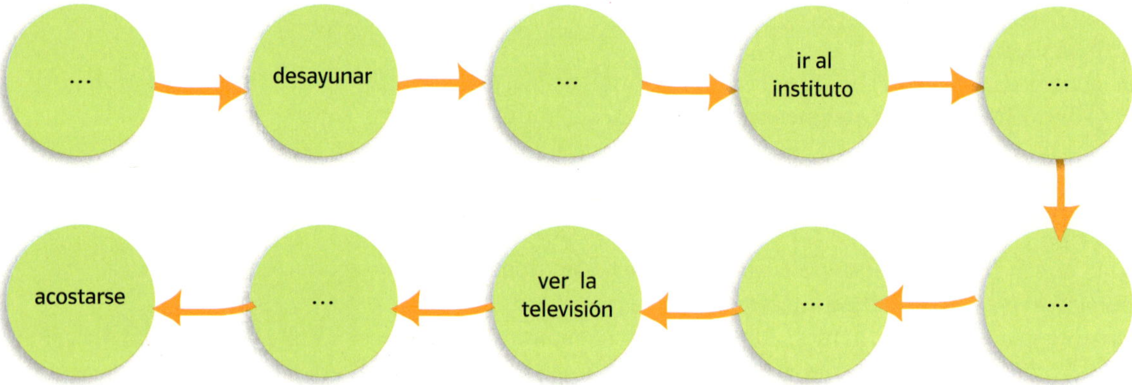

12 La próxima estación – Plaza de Cataluña

a Los alumnos han vuelto de su excursión a Montserrat. Están en la estación de Sants y quieren ir a Urquinaona, que es la parada que está cerca del albergue juvenil. Escuchad el diálogo entre Gabriel y el empleado y seguid el camino en el plano de la siguiente página (… *und dem Angestellten und verfolgt den Weg* …).

b Contestad las siguientes preguntas:

1. ¿Qué línea o líneas tienen que tomar los jóvenes?
2. ¿Dónde cambian de línea?
3. Mirad el plano. ¿Hay otra posibilidad (*Möglichkeit*) para ir de Sants a Urquinaona?

Ir en metro o tren

subirse	einsteigen
bajarse	aussteigen
una línea	eine (Bus-, U-Bahn-)Linie
cambiar (de línea) cambiarse de tren	umsteigen
una parada	eine Haltestelle

13 En el metro de Barcelona

a Imaginaos que vosotros también estáis en la estación de Sants. Elegid en el plano una parada y preguntad a un compañero o una compañera cómo ir allí. Él / ella lo tiene que explicar.

Ejemplo:
—¿Cómo voy desde Sants hasta la Villa Olímpica en metro?
—Para ir a la Villa Olímpica tienes que tomar la línea azul, la 5, hasta (la estación de) Verdaguer. Allí hay que cambiar y tomar la línea 4 que es la amarilla. La Villa Olímpica es la sexta parada.

b Describid a un compañero o una compañera un camino en el metro de Barcelona, sin decir dónde empieza y termina vuestro viaje. Él / ella busca en el plano de qué lugar a qué lugar habéis ido.

TMB
ATM
Mar Mediterrània
Santa Coloma de Gramenet
Badalona
Sant Adrià de Besòs
Cornellà de Llobregat
l'Hospitalet de Llobregat
El Prat de Llobregat
Riu Besòs
Riu Llobregat
L1 Fondo
L1 Hospital de Bellvitge
L2 Pep Ventura
L3 Zona Universitària
L3 Canyelles
L4 Trinitat Nova
L4 La Pau
L5 Cornellà Centre
L5 Horta
L6 Reina Elisenda
L6 Catalunya
L7 Av Tibidabo
L7 Catalunya
L8 Espanya
L8 Molí Nou-Ciutat Cooperativa
L11 Trinitat Nova
L11 Can Cuiàs
T1 Bon Viatge
T2 Sant Martí de l'Erm
T3 Consell Comarcal
T1 T2 T3 Francesc Macià
T4 Estació de Sant Adrià
T4 Ciutadella | Vila Olímpica
T5 Besòs
T5 Glòries
R10 Aeroport
R10 Estació de França
Parc de Montjuïc
Paral·lel
Catalunya
Universitat
Passeig de Gràcia
Diagonal
Sagrada Família
Sants Estació
Espanya
Barceloneta
Drassanes
Liceu
Tibidabo

14 ¿Qué vamos a hacer mañana? (§ 21)

Al día siguiente los alumnos tienen la mañana libre. Luis propone subir con toda la clase al parque de atracciones del Tibidabo porque su amigo Jordi le ha dicho que es guay.
Haced el diálogo como en el ejemplo y usad el pronombre *lo*.

Ejemplo:

Luis: ¿Habéis pensado ya qué vamos a hacer mañana?
Los compañeros: (no, pensar – nosotros) → No, no lo hemos pensado todavía.

Luis: ¿Queréis ir al Paque de atracciones del Tibidabo? Desde allí podemos ver toda Barcelona.
Los compañeros: (claro, querer hacer – nosotros)

Luis: ¿Sabéis que podemos subir con el funicular[1]?
Los compañeros: (no, saber – nosotros). Es fenomenal.

Luis: Cristina, ¿preguntas tú a la profesora?
Cristina: (sí, ir a hacer – yo)

Luis: ¿Crees que va a decir que sí?
Cristina: (sí, creer – yo; y esperar – yo)

15 ¿Lo necesitas? (§ 21)

Escribid en un papel

1. una ciudad que queréis visitar
2. algo que necesitáis
3. algo que vais a hacer
4. algo que no podéis hacer hoy

Después poned todos vuestros papeles encima de una mesa. Un alumno toma un papel y, con preguntas de *sí* o *no*, tiene que encontrar a la persona que lo ha escrito. Trabajad en grupos.

Ejemplo:

1. Madrid
2. un ordenador nuevo
3. …

—Elena, ¿quieres visitar Madrid?
Elena: Sí, lo quiero visitar.
—¿Necesitas un ordenador nuevo?
Elena: No, no lo necesito.
—Sara, ¿quieres visitar Madrid?
Sara: Sí, …
—¿Y necesitas un ordenador nuevo?
Sara: Sí, …
—¿…?
…
Sara: Sí, …
—Entonces éste es el papel de Sara.

[1] **un funicular** eine Seilbahn

16 Pan tumaca (§§ 20–22)

Pan tumaca (pan con tomate) con queso es una tapa típica de Cataluña.

a Mirad la foto de al lado y decid qué necesitáis para hacer *pan tumaca*.

b Trabajad en parejas. El alumno A tiene la receta y explica a B qué tiene que hacer. Con ayuda de las fotos y las palabras a su lado B pregunta después de cada acción cómo hay que seguir. Usad *después de* y los pronombres que conocéis.

Ejemplo:

A	B
Preparar rebanadas de pan, mejor si es pan grande.	 + preparar
→ Primero tienes que preparar rebanadas de pan …	Y después de prepararlas, ¿qué hago?

A	B
Calentar[1] un poco el pan.	 + calentar[1]
Untar[2] el pan con ajo, pero poco.	  + untar[2]
Untar el pan con un tomate muy rojo.	  + untar
Poner aceite de oliva y sal en el pan.	  + poner
Y ya está. Ahora puedes poner queso, por ejemplo, pero solo también está buenísimo.	

17 ¡Dos días interesantísimos!

En Barcelona los alumnos del Vega del Prado han visto muchísimas cosas. Imaginaos que vosotros también vais a visitar Barcelona. Buscad más información sobre la ciudad y decidid qué vais a proponer a vuestra clase.

Pensad en lo siguiente:
- los intereses de vuestros compañeros y compañeras
- el tiempo que necesitáis (para visitar, para ir de un lugar a otro, pausas, por ejemplo para comer …)
- el dinero (tenéis 25 euros por persona para las entradas, el transporte, etc.)

Haced un plan para dos días y presentadlo a vuestros compañeros. Trabajad en grupos.

[1] **calentar** erwärmen – [2] **untar** bestreichen

Una guía de la ciudad

a Haced una guía para presentar vuestra ciudad o región a jóvenes españoles. Juntos en clase pensad qué necesitan saber ellos y qué les puede interesar (sitios interesantes, monumentos conocidos, personas famosas, información práctica e importante, etc.). Decidid también cómo vais a presentar la información (en forma de póster, folleto, página web, otra).

b Repartid el trabajo en grupos. En cada grupo
– buscad información sobre vuestro tema
– buscad también fotos o haced dibujos
– Escribid pequeños textos para explicar los sitios, monumentos, etc. y poned las ilustraciones.

c Reunid los resultados de los diferentes grupos. Podéis presentar vuestro trabajo a otras clases de vuestro instituto, por ejemplo en la semana de proyectos o – si tenéis una – proponerlo para la página web de vuestro instituto o de vuestro barrio o vuestra ciudad.

Lerntipp

Además, para hacer un buen trabajo en grupos pensad que hay que
- repartir el trabajo
- los materiales que necesitáis p. ej. papel grande, tijeras (*Schere*), pegamento (*Kleber*) y quién los trae
- hablar español en la discusión
- controlar si hay errores en vuestros textos
- decidir quién presenta qué parte del trabajo en clase
- practicar la presentación sólo con ayuda de las palabras clave

So kann ich auf Spanisch ...

... interessante Orte und Sehenswürdigkeiten nennen
- un edificio
- un monumento
- una iglesia
- un museo
- un mercado
- un parque
- un jardín
- una calle
- una plaza
- una biblioteca

... praktische Informationen geben
- Para llegar a la ciudad podéis ir en | tren / coche / bicicleta / avión
- quedarse ... días
- El museo | abre desde las *(+ hora)* hasta las *(+ hora)*. / cierra a las *(+ hora)*
- Las entradas cuestan ... euros.
- En la ciudad hay | restaurantes / bares / hoteles | baratos. / (no muy) caros. / (muy) buenos. | un albergue juvenil.
- Desde la ciudad podéis hacer excursiones a *(+ lugar)*.

... über das Wetter sprechen
Siehe Seite 16

... einen Weg beschreiben
Siehe Seite 50

... Sehenswürdigkeiten beschreiben
- (ser) | (muy) antiguo, -a ⇔ moderno, -a / precioso, -a / bonito, -a / interesantísimo, -a / largo, -a ⇔ corto, -a / bajo, -a ⇔ alto, -a / conocido, -a por ... / tranquilo, -a
- estar lleno, -a de gente
- Aquí | hay / está(n) / podéis ver / podéis conocer / encontráis / podéis visitar | ...
- es | una obra / un trabajo | del arquitecto *(+ nombre)* / del pintor *(+ nombre)*
- En el museo *(+ nombre)* hay | cuadros / fotos / vídeos | ...
- El edificio tiene | una fachada / un tejado / ventanas / una puerta | *(+ adj.)*

Volver a casa

Los alumnos del Vega del Prado vuelven hoy de su excursión a Barcelona.

a Con ayuda del mapa decid:

1. ¿Por qué ciudades pasan el tren, la autopista y la carretera de Barcelona a Valladolid?
2. ¿Cuántos kilómetros hay de una ciudad a otra? ¿Cuántos son en total de Barcelona a Valladolid?

b Mirad la información de abajo y decid:

1. ¿Cuántas horas de viaje son?
2. ¿Cuánto cuesta el viaje?

Horarios y precio del tren

Salida	Llegada	Precios (sólo ida)
12:30	22:50	Adulto 40,90 € Niño 24,55 €
22:00	8:31	Adulto 53,50 € Niño 32,10 €

Horarios y precio del autobús

Salida	Llegada	Precio ida	Precio ida y vuelta
09:15	19:50	38,12 €	70,52 €
22:45	09:20 Día sig.	38,12 €	70,52 €

Los números de 100 a 1000

cien	100
ciento un / uno, -a	101
ciento diez	110
doscientos, -as	200
doscientos, -as un / uno, -a	201
doscientos, -as diez	210
trescientos, -as	300
cuatrocientos, -as	400
quinientos, -as	500
seiscientos, -as	600
setecientos, -as	700
ochocientos, -as	800
novecientos, -as	900
mil	1000

Una idea genial

Hoy es sábado y los alumnos del Vega del Prado vuelven a Valladolid de su excursión a Barcelona. El tren ha parado en la estación de Logroño. Cristina, Luis, Alejandra y Gabriel están sentados en un vagón. Están cansados. Llevan siete horas en el tren y todavía faltan casi tres para llegar a Valladolid.

Luis: ¡Qué viaje! Estoy agotado. ¿Tenéis algo para beber? Tengo muchísima sed.

Alejandra: No, lo siento, Luis.

Cristina: Yo tampoco he comprado bebidas.

Luis: Mirad, allí fuera hay una máquina de bebidas. Podemos ir a comprar algo.

Cristina: Luis, no hay tiempo. Además, la profesora ha dicho que …

Gabriel: Venga, vamos rápido. No lo va a saber nadie.

Luis: Eres una cobardica, Cristina. No va a pasar nada.

Alejandra: Sí, vamos. Yo también tengo mucha sed. Sólo va a ser un minuto, Cris.

Los chicos se bajan del tren y corren hacia la máquina. Están sacando el dinero cuando oyen un pitido.

Cristina: Chicos, ¡el tren se va!, ¡se va! … chicos … el tren se ha ido.

Gabriel: ¡Maldita sea!

Luis: ¡Noooo! ¿Qué hacemos ahora? Los profesores nos van a echar una bronca …

Alejandra: No pasa nada, chicos. Tranquilos. ¿Quiénes son ahora los cobardicas? Allí hay un revisor. Le voy a preguntar cuándo pasa el próximo tren para Valladolid.

Alejandra vuelve con malas noticias: Hoy no hay más trenes. Ellos pueden preguntar en la estación de autobuses, que está enfrente, a unos 400 ó 500 metros. Pero el revisor cree que hoy tampoco hay autobuses para Valladolid, porque ya es bastante tarde.

Cristina: Ni tren ni autobús. ¡¡Lo de las bebidas ha sido una idea genial, Luis!!

Los cuatro piensan un rato y después deciden que sólo pueden hacer una cosa: llamar a sus padres. Luis saca su móvil y llama a casa. Cuando cuelga, Cristina le pregunta qué han dicho sus padres y si van a venir a buscarlos.

Luis: He hablado con mi padre. Está enfadadísimo. Me ha preguntado qué tenemos en la cabeza y por qué nos hemos bajado del tren. ¡No quiero pensar qué nos espera en Valladolid! Ha dicho que no pueden venir porque estamos lejísimos de Valladolid, a 270 kilómetros.

Gabriel: ¡Qué rollo! ¿Y ahora qué?

Luis: ¡Espera, espera, todavía no he acabado! Mi padre me ha contado que su prima vive cerca de aquí, en Nájera. Yo no he estado allí nunca, pero la conozco porque siempre va en Navidades a casa de los abuelos. Mi padre la va a llamar y podemos pasar la noche allí. También va a hablar con los profesores y con vuestros padres, y así no se van a preocupar.

Cristina: Bueno … ahora tenemos que ir a la estación de autobuses y mirar el horario del autobús para Nájera y comprar los billetes.

Alejandra: Vamos, ¡sólo nos falta perder el último autobús!

1 En la estación de Logroño

a Ordenad los siguientes dibujos según el texto «Una idea genial». ¿Entre cuáles de éstos tiene que estar el dibujo de la página 62?

A

B

C

D

b ¿Qué pasa en los dibujos de arriba y en el de la página 62? Apuntad las palabras e ideas importantes para hacer después un resumen del texto.

Lerntipp

¿Cómo hacer un resumen? Mirad la página 65.

2 ¿Quiénes son los cobardicas?

a ¿Quién llama «cobardica» a quién en el texto de la página 62? ¿Por qué?

b ¿Qué pensáis vosotros del comportamiento de los cuatro que se han bajado del tren? *(… vom Verhalten …)*

Creo que Me parece que Pienso que	(no) ha sido una buena idea *(+ inf.)* los cuatro (no) han hecho bien		porque …
	cuando estás con un grupo en un viaje con la clase	tienes que *(+ inf.)* no puedes *(+ inf.)*	

Estrategia

Einen Text stilistisch verbessern

Ein gelungener Text ist nicht nur wegen seines Inhalts spannend, sondern auch durch die Art, wie er geschrieben ist.

¡Ahora vosotros!

Mirad en el ejercicio 3 de la página 65 las primeras frases de un resumen del texto «Una idea genial» que han hecho dos chicos. ¿Cuál os gusta más? ¿Por qué?

1 In einem Text geht es oft immer wieder um den gleichen Inhalt. Um langweilige Wortwiederholungen zu vermeiden, könnt ihr z. B.
- Bezeichnungen wie «los amigos» durch Namen ersetzen und umgekehrt.
- Personalpronomen (*le, les* …), Zahlwörter (z. B. *los cuatro*) oder Indefinitpronomen (z. B. *todos*) verwenden.
- Wörter mit gleicher oder ähnlicher Bedeutung oder Wörter aus der gleichen Wortfamilie benutzen. Diese sind im Vokabelverzeichnis angegeben.

2 Verbindet eure Sätze durch Adverbien und verwendet Nebensätze. So haben eure Sätze nicht immer die gleiche Struktur, und dadurch wird euer Text nicht nur interessanter, sondern ihr könnt auch Zusammenhänge erklären (z. B. Begründungen angeben).

3 Versucht anschaulich und möglichst genau zu schreiben. Dies ist nicht immer einfach, wenn man eine Sprache erst lernt, aber ihr werdet staunen, wie viel ihr schon sagen könnt. Hierbei helfen euch neben eurer Fantasie vor allem die Wörter mit ähnlicher Bedeutung, aber auch Nebensätze und Umschreibungen.

4 Wechselt lange und kurze Sätze miteinander ab. Nur das eine oder das andere ist auf Dauer ermüdend.

5 Lest am Ende euren Text noch einmal durch und überlegt, ob er euch gefällt. Wenn möglich, lest ihn laut vor und hört euch an, wie er klingt.

Beispiele für Punkt 1

Los amigos están en el tren. Los amigos tienen sed.
→ Cristina, Luis, Alejandra y Gabriel tienen sed. / Los cuatro tienen sed. / Todos tienen sed.

Luis habla con Cristina. Dice a Cristina …
→ Le dice …

Los amigos salen del tren. Poco después el tren sale de la estación.
→ Los amigos se bajan del tren.

Gabriel pregunta al profesor: «…». Alejandra también pregunta algo.
→ Alejandra también tiene una pregunta.

Adverbien und Satzverbindungen (vgl. 2)

Aufzählung	primero, después, entonces, al final, no … tampoco, ni … ni
zeitliche Abfolge	cuando, desde entonces, desde este momento, al mismo tiempo, antes de / después de *(+ inf.)*
Begründung	por eso, porque, es que, y así
Gegensätze	pero
Zweck	para *(+ inf.)*
weitere Satzverbindungen	además, también, por cierto *Relativsatz*

Beispiele für Punkt 3

Alejandra vuelve y dice: «…»
→ Alejandra vuelve con una mala noticia.
Los amigos están tristes.
→ Los amigos están preocupados.

3 ¿Qué pasa en Logroño?

a Leed las primeras frases del resumen que han hecho dos alumnos. Discutid en grupos: ¿qué han hecho bien y qué no?

A

El texto cuenta un problema que tienen Luis, Cristina, Alejandra y Gabriel en el viaje de Barcelona a Valladolid.

El problema empieza cuando Luis tiene sed. Entonces tiene la idea de salir del tren porque nadie ha comprado bebidas. Pero en ese momento el tren se va. Entonces los amigos se quedan en la estación y no saben qué hacer...

B

Los alumnos del Vega del Prado están en el tren. Vuelven de su excursión a Barcelona.

El tren está en la estación de Logroño.

Los amigos tienen sed.

Y los amigos salen del tren.

Y el tren sale.

Y los amigos están en la estación.

Y los amigos están tristes.

Lerntipp

Para hacer un resumen
- escribid en presente.
- decid en la primera frase el tema o la idea principal del texto en muy pocas palabras.
- hablad sólo de las cosas importantes, no de los detalles.
- resumid sólo lo que está en el texto. Nunca hay que hablar de lo que vosotros pensáis del contenido *(Inhalt)*.
- intentad no usar las mismas palabras y expresiones que el texto.

b Escribid vosotros el resumen del texto.

4 Mi padre ha dicho ... (§ 26)

Luis ha llamado a su padre para decirle que han perdido el tren.

a Mirad las líneas 48 a 61 del texto «Una idea genial». Haced una tabla con tres columnas *(... mit drei Spalten)* y escribid
- en la primera columna las frases con las que introduce Luis lo que ha dicho su padre *(... mit denen Luis einleitet ...)*.
- en la segunda columna las frases en estilo indirecto (= las frases con las que Luis repite a sus compañeros lo que ha dicho su padre)
- en la tercera columna las frases en estilo directo (= las frases que el padre ha dicho a Luis)

Ejemplo:

Frase de introducción	Estilo indirecto	Estilo directo
Me ha preguntado	qué tenemos en la cabeza	«¿Qué tenéis en la cabeza?»

b Haced lo mismo con la pregunta de Cristina de las líneas 45–46.

c Comparad las diferencias entre la segunda y la tercera columna y formulad una regla para la transformación del estilo directo en estilo indirecto *(... für die Umwandlung von der direkten in die indirekte Rede)*.

d ¿Qué les ha dicho la profesora a los alumnos? Completad la frase de la línea 15.

5 Mi padre está enfadadísimo

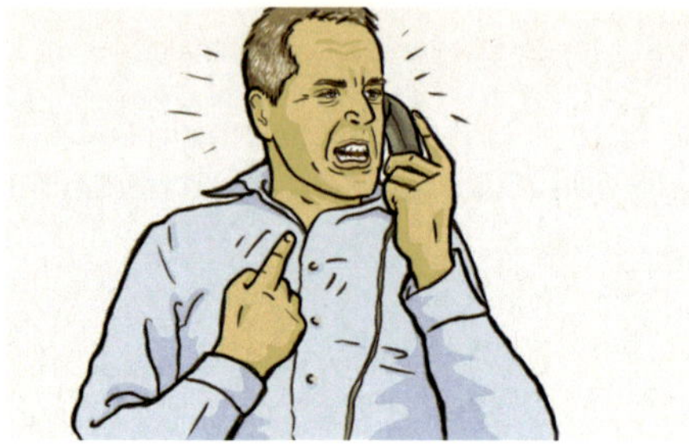

a Escribid el diálogo entre Luis y su padre. Usad los resultados del ejercicio 4a (tercera columna) y añadid todo lo que falta, por ejemplo saludos, lo que dice Luis…

b Apuntad las palabras clave (= palabras importantes) del diálogo. Después practicad el diálogo en parejas, sólo con ayuda de las palabras clave, para representarlo en clase.

6 Nadie sabe nada de los compañeros (§ 25)

a Isabel, la profesora que acompaña a los alumnos en el viaje, acaba de enterarse de que faltan Cristina, Luis y los otros. Habla con Rodolfo, el otro profesor, que todavía no sabe nada. Dad las respuestas de Rodolfo y usad la negación adecuada (*nada, nadie, ni, nunca, tampoco*).

Ejemplo: —¿Sabes algo de los chicos?
—No, no sé nada.

b Los profesores deciden preguntar a los otros alumnos. ¿Qué les preguntan? Preparad las preguntas (podéis usar las del ejercicio 6a y añadir otras).

c Trabajad en grupos de 4 ó 5: el «profesor» hace sus preguntas y los otros son los compañeros de Cristina y tienen que contestar. ¿Saben o han visto algo? Después intercambiad los papeles y repetid el ejercicio con las preguntas de otro «profesor».

7 La llamada del padre (§§ 25, 26)

El padre de Luis quiere llamar a los padres de los otros tres para informarlos de lo que ha pasado.

a Completad las frases con ayuda de las indicaciones en alemán. Usad *nada, nadie, nunca, ni … ni, tampoco*.

- Primero llama a los padres de Alejandra, pero *(niemand antwortet)*.
- Después llama a casa de los padres de Gabriel, pero *(sie sind auch nicht zu Hause)*.
- Por último llama a casa de Cristina. La madre sí está en casa. La saluda y le pregunta si ya sabe de Luis, Cristina y los otros, pero *(sie weiß noch nichts)*.

b Con ayuda de la información en alemán completad el diálogo entre la madre de Cristina y el padre de Luis. Trabajad en parejas.

La madre de Cristina
No, **(sie weiß nichts)**. ¿Qué ha pasado?
Se han bajado del tren para comprar bebidas. Parece **que nadie los ha visto / no los ha visto nadie** y el tren se ha ido. Están en Logroño.
¡¿Quéee!? ¿Quieres decir que están solos en Logroño? Cristina **(war noch nie)** en una situación así. ¿Qué van a hacer?
No pueden hacer nada porque ya no hay **ni tren ni autobús** para volver a Valladolid.
¿Conoce Luis a alguien en Logroño? Cristina **(kennt niemanden).**
Tranquila, Luis **tampoco ha estado** en Logroño, pero mi prima vive cerca, en Nájera y pueden dormir en su casa.
¿Dónde tienen nuestros hijos la cabeza? **(Sie denken nichts und verstehen auch nicht)** que nos preocupamos. Estoy muy enfadada con Cristina.
Sí, también estoy muy enfadado. Creo que **nunca he estado / no he estado nunca** tan enfadado con Luis. Esta vez se ha pasado.

El padre de Luis
No, **no sé nada**. ¿Qué ha pasado?
Se han bajado del tren para comprar bebidas. Parece que **(niemand hat sie gesehen)** y el tren se ha ido. Están en Logroño.
¡¿Quéee!? ¿Quieres decir que están solos en Logroño? Cristina **nunca ha estado / no ha estado nunca** en una situación así. ¿Qué van a hacer?
(Sie können nichts machen), porque ya no hay **(weder Zug noch Bus)** para volver a Valladolid.
¿Conoce Luis a alguien en Logroño? Cristina **no conoce a nadie**.
Tranquila, Luis **(war auch noch nicht)** in Logroño, pero mi prima vive cerca, en Nájera y pueden dormir en su casa.
¿Dónde tienen nuestros hijos la cabeza? **No piensan (en) nada y tampoco entienden** que nos preocupamos. Estoy muy enfadada con Cristina.
Sí, también estoy muy enfadado. Creo que **(war noch nie)** so wütend auf Luis. Esta vez se ha pasado.

c Cuando la madre de Cristina ha colgado, el padre quiere saber qué ha pasado. Su mujer le repite lo que ha dicho el padre de Luis. ¿Qué dice? Resumid la información del ejercicio 7b y usad el estilo indirecto.

8 ¿Verdad o mentira? (§ 25)

Escribid cinco preguntas sobre vosotros mismos *(… über euch selbst)*. Apuntad también – en otro papel – las respuestas. Después leed las preguntas a un compañero o una compañera y él / ella intenta saber cuáles de las preguntas son verdaderas y cuáles falsas. Para cada respuesta correcta él / ella recibe un punto. Al final puede comprobar con vuestras respuestas si no os cree. *(… überprüfen, wenn er / sie euch nicht glaubt)*. Intercambiad los papeles después de vuestras cinco preguntas.

- nunca
- ni … ni
- tampoco
- (a / de / sobre / …) nada
- (con / sin / para / …) nadie

Ejemplo:

—¿Crees que ya he estado en Latinoamérica?
—No, creo que tú no has estado nunca en Latinoamérica.
—Verdadero: yo nunca he estado en Latinoamérica. ¿Y crees que juego al baloncesto?
—No, creo que tampoco juegas al baloncesto.
—Falso: yo sí juego al baloncesto.

9 ¿Cómo ir a Nájera?

Son las 19:55. Los jóvenes están ahora en la estación de autobuses de Logroño y miran los horarios.

a Mirad el horario de abajo y decid:
¿A qué hora salen los autobuses para Nájera?
¿Qué autobús pueden tomar?
¿Cuánto tiempo tienen para comprar los billetes e ir al andén *(… zum Bahnsteig)*?

LOGROÑO – NÁJERA

Logroño	7:15[1]	7:30[2]	8:30[3]	10:00[2]	11:30[1]	15:00[2]	17:00[1]	18:15[2]	18:45[2]	20:00[1]
Navarrete	7:25	7:40	8:45	10:10	11:40	15:10	17:10	18:25	19:00	20:10
Nájera	7:43	7:55	9:00	10:28	11:58	15:25	17:28	18:43	19:18	20:28

1 Lunes a sábados 2 Lunes a viernes 3 Domingos y festivos

Logroño – Burgos

Logroño	8:30[1]	11:00[3]	13:00[1]	17:15[4]	19:30[1]	21:15[3]	21:45[3]
Navarrete	8:45	11:15	13:15	17:30	19:45	—	22:00
Nájera	9:00	11:30	13:30	17:45	20:00	—	22:15
Santo Domingo	9:30	12:00	14:00	18:15	20:30	—	22:45
Belorado	9:45	12:15	14:15	18:30	20:45	—	23:00
Burgos	10:15	12:45	14:45	19:00	21:15	22:50	23:30

1 Lunes a sábados 2 Lunes a viernes 3 Domingos y festivos 4 Diario

b Mirad el dibujo de al lado y continuad la historia. Pensad también en los resultados del ejercicio 9a. ¿Van a poder tomar los jóvenes el autobús?

10 Señores pasajeros *(Sehr geehrte Fahrgäste)*

Cuando Alejandra compra los billetes, los demás escuchan por el altavoz de la estación la información sobre los próximos autobuses (... *die Lautsprecherdurchsagen...*).

a Escuchad el texto del cedé y decid qué pasa con el autobús que tienen que tomar los jóvenes.

b ¿Adónde van los otros autobuses? Buscad las ciudades en el mapa de la contraportada o del ejercicio 9 (... *im Bucheinband* ...).

11 Los números de 100 a 1000 (§ 24)

a Enseñad un número entre 100 y 999 a un compañero o una compañera, como en el ejemplo. Él / ella dice el número en español.

Ejemplo:

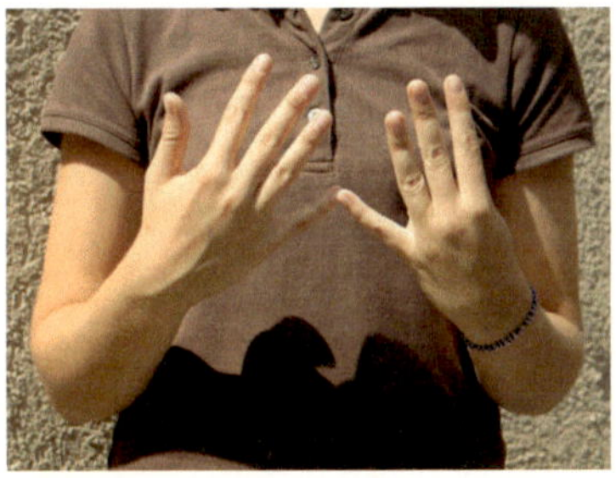

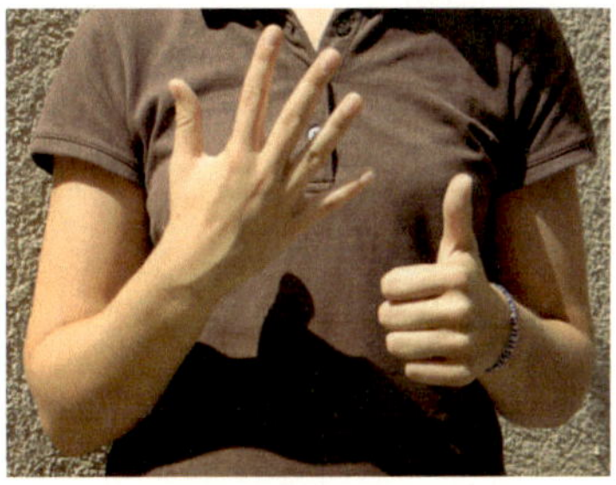

El número es el setecientos noventa y seis.

b Escribid en un papel un número entre 100 y 1000. Un compañero adivina el número como en el ejemplo. Después intercambiad los papeles.

Ejemplo:

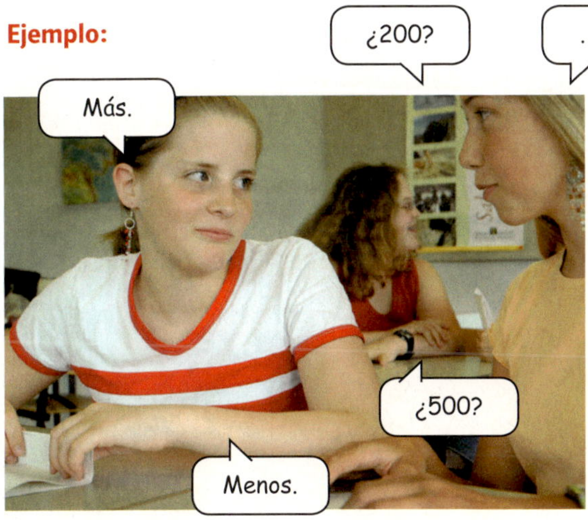

12 En el autobús para Nájera (§ 24)

En el autobús para Nájera los chicos han preguntado a una señora mayor si están en el autobús correcto y ahora ella sigue hablando con Luis.
En parejas leed el texto. Cuidado con las formas (masculinas, femeninas) de los números. ~ significa *unos, -as*.

La señora	Luis
¿Venís de Barcelona? Un viaje largo, ¿no?	¿Venís de Barcelona? Un viaje largo, ¿no?
Sí, hasta Logroño hay **quinientos kilómetros** y hasta Valladolid hay **unos setecientos**.	Sí, hasta Logroño hay **500 km** y hasta Valladolid hay **~ 700**.
¡Jesús! Bueno, pero ahora los trenes modernos son enormes, para **900** y **1000** personas, y viajan muy rápido, a **200** ó **250 km** por hora, ¿no? Los he visto en la tele.	¡Jesús! Bueno, pero ahora los trenes modernos son enormes, para **novecientas** y **mil** personas, y viajan muy rápido, a **doscientos** o **doscientos cincuenta kilómetros** por hora, ¿no? Los he visto en la tele.
Sí, pero no los de Valladolid. El viaje es de **diez** horas. ¡Terrible! Pero Barcelona es súper guay.	Sí, pero no los de Valladolid. El viaje es de **10** horas. ¡Terrible! Pero Barcelona es súper guay.
Mi nieta estudia en Madrid y también le gustan las ciudades grandes. Yo soy de Alesón, un pueblo cerca de Nájera, a **2 km** o así, y sólo somos ~ **130** personas, y, claro, para la gente joven, es un poco aburrido.	Mi nieta estudia en Madrid y también le gustan las ciudades grandes. Yo soy de Alesón, un pueblo cerca de Nájera, a **dos kilómetros** o así, y sólo somos **unas ciento treinta** personas, y, claro, para la gente joven, es un poco aburrido.
¿Sólo **ciento treinta**? Nuestro instituto tiene **trescientos** o **cuatrocientos** alumnos. Jo, somos como un pueblo.	¿Sólo **130**? Nuestro instituto tiene **300** ó **400** alumnos. Jo, somos como un pueblo.
Pues sí, un pueblo de jóvenes. Mira, ya estamos llegando. Sólo es ½ **h**.	Pues sí, un pueblo de jóvenes. Mira, ya estamos llegando. Sólo es **media hora**.

13 ¡El AVE no sólo es un pájaro!

Escribid el siguiente texto sobre un tren especial español en vuestro cuaderno. Completadlo con ayuda de las indicaciones.

- ▬: negación (*nada, nadie, nunca, ni … ni, tampoco*)
- ◆: forma en *-ísimo* del adjetivo indicado
- ⬬: escribir los números en letras

Ave, en español es otra palabra para pájaro[1]. Pero AVE (Alta Velocidad[2] Española) es también el nombre de un tren y, como su nombre dice, es ◆1 **(rápido)**, más o menos ⬬2 *243* km por hora. Por ejemplo, de Madrid a Lleida hay ⬬3 *479* km y el AVE lo hace en dos horas y media. Los vagones son ◆4 **(modernos)** y ◆5 **(cómodos[3])**. No es ▬6 caro ▬7 barato: un billete cuesta de ⬬8 *55€* a ⬬9 *113€*. El AVE no llega casi ▬10 tarde. Pero pocas ciudades tienen AVE. Por ejemplo Granada no tiene, ▬11 Bilbao, ▬12 Valladolid. Los otros trenes son ◆13 **(baratos)**, pero son muy lentos. Por eso mucha gente prefiere ir en autobús, porque hoy en día ▬14 tiene tiempo.

[1] **un pájaro** ein Vogel – [2] **la velocidad** die Geschwindigkeit – [3] **cómodo, -a** bequem

14 Un billete para Salamanca, por favor (§ 26)

Imaginaos que estáis en la estación de autobuses de Madrid. Un alemán que no habla español os pide ayuda. Haced de intérprete y usad el estilo indirecto (*… den Dolmetscher …*).

Viajar en España

El autobús es un medio de transporte muy popular en España, tanto para distancias cortas como para distancias largas. Es barato, rápido y las conexiones *(Verbindungen)* son, muchas veces, mejores que en tren.

El alemán	El vendedor
Ich möchte eine Fahrkarte nach Salamanca.	¿Ida y vuelta?
Ja, Hin- und Rückfahrt. Wann fährt der nächste Bus?	A las 10:00 sale el Express y a las 10:30 el normal.
Was ist der Unterschied?	El Express, como dice su nombre, va rapidísimo y llega a las 12:30. Y el normal para en más estaciones, por eso no va tan rápido y llega a las 13:35.
Dann nehme ich den Express. Wieviel kostet das?	En el Express un billete de ida cuesta 17 €, y uno de ida y vuelta, 27,50 €.
Okay. Ich brauche eine Hin- und Rückfahrkarte für jetzt gleich.	Muy bien. Son 27,50 €.
Vielen Dank.	De nada.

Ejemplo: El señor dice que quiere …

15 ¿Qué nos espera en Valladolid?

En el autobús los jóvenes piensan en lo que les espera en Valladolid. ¿Qué van a decir los padres y los profesores? ¿Y sus compañeros? ¿Qué pueden hacer ellos para evitar un castigo? *(… um eine Strafe zu vermeiden?)*
Escribid por lo menos tres frases para los padres y compañeros y dos ideas de Cristina y sus amigos.

Reglas para la clase

En muchos institutos alumnos y profesores se han dado reglas para evitar problemas y mejorar la vida y el trabajo *(… vermeiden … verbessern …)*. ¿Por qué no hacéis un proyecto así en vuestra clase?

a Discutid en grupos: ¿hay problemas o cosas que os molestan?, ¿cuáles?, ¿qué queréis cambiar?, ¿cómo podéis cambiarlo? Formulad reglas.

b Formad nuevos grupos y comparad los resultados del ejercicio a. ¿Qué diferencias hay entre las reglas de los diferentes grupos? Poneos de acuerdo sobre 10 reglas que parecen importantes a todos en este nuevo grupo *(… Einigt euch auf …)*.

c Presentad vuestras 10 reglas en clase y explicad por qué pensáis que son importantes.

d Votad las 10 reglas de vuestra clase. Escribidlas en un póster, firmad todos y colgad el poster en el aula. (*… unterschreibt alle und hängt das Poster im Klassenzimmer auf.*)

e En unas cuatro semanas discutid: ¿Cómo ha sido la vida y el trabajo en clase en estas semanas? ¿Qué ha cambiado? ¿Queréis seguir con estas reglas o queréis cambiarlas o dejarlas?

So kann ich auf Spanisch …

… Verbot und Erlaubnis ausdrücken
- Es bueno / malo *(+ inf.)*
- Está bien / mal *(+ inf.)*
- Es importante (no) *(+ inf.)*
- tener que *(+ inf.)*
- (no) poder *(+ inf.)*
- (no) ir a *(+ inf.)*
- necesitar *(+ inf.)*

… eine Meinung äußern
- Creo que …
- Pienso que …
- Me parece que …
- Sé que …

… Meinungen erfragen
- ¿Qué pensáis de esa regla?
- ¿Os parece bien / mal?

… zustimmen
- Tienes razón.
- Es verdad.
- Claro.
- Yo también pienso así.
- La idea / regla es muy buena / no es mala.
- Eso sí puede ser un problema.
- Esa regla es muy importante / buena.

… Vorschläge machen
- ¿Por qué no …?
- ¿Qué os parece …?
- Todavía no hemos hablado de …
- Todavía falta …

… ablehnen
- Bueno, pero …
- Creo que no tienes razón.
- Pienso que eso no es así.
- Eso no es verdad.
- Yo no pienso así.
- No me gusta la idea / la regla que propones.
- No veo las cosas como tú.
- Esa regla es muy difícil / dura.

… Aufforderungen
- Escúchame, por favor.
- Venga, di tú algo.
- A ver, ¿qué propones?

Unidad 6

¿Dónde te gusta vivir?

a Mirad las siguientes fotos. ¿Qué os parecen?

b Ahora haced una red de vocabulario e ideas sobre la vida en la ciudad y la vida en el campo.

c Don Roberto, el abuelo de Alejandra, y su amigo, don Arturo, hablan sobre su vida. Escuchad su conversación. ¿Dónde vive cada uno? Completad vuestra red con los argumentos de don Roberto y don Arturo.

d Decid dónde queréis vivir y discutid por qué. Trabajad en grupos.

Ejemplo: Las calles en el pueblo son más tranquilas que en la ciudad. A mí me gustan más las calles tranquilas, por eso quiero vivir en un pueblo.

más menos	*(+ adjetivo)* que

Las mejores fiestas

Cristina, Luis, Alejandra y Gabriel llegan a la estación de autobuses de Nájera, donde Joaquín, el tío de Luis, los está esperando. Joaquín es un hombre tranquilo, de unos cincuenta años. Mientras van a casa oyen música y Joaquín les explica que hoy hay fiesta en el pueblo. Cuando llegan, Celia, la mujer de Joaquín, les abre la puerta.

—¡Ay, ay, tú aquí, qué bien! Dame un beso, Luis. Oye, ya eres tan alto como tu padre. Y estos chicos que están contigo son tus amigos, ¿verdad? Bienvenidos, chicos. Entrad, entrad. ¿Dónde tenéis las maletas?

—Tía Celia —le dice Luis—, ¿no has hablado con papá? No tenemos ninguna maleta.

—¡Dios mío! Sí, he hablado con él, pero a mí no me ha dicho nada de eso! Hijo, los dos sois iguales: olvidáis todo. Bueno, tu padre es peor que tú: él un día va a perder la cabeza y no se va a enterar. Bueno, chicos, venid conmigo, os enseño las habitaciones. Luis —dice la tía mientras suben la escalera—, tenéis que quedaros algunos días. Al menos dos, ¿eh? Bueno, ya hemos llegado: ésta es la habitación de la abuela cuando está con nosotros.

Los chicos miran la habitación: en ella hay cuadros y muebles un poco viejos.

—Esta habitación es mucho más grande que la sala de estar de mi casa —dice Alejandra—. Muchas gracias, señora. Va a ver, no la vamos a molestar nada. Aquí los cuatro vamos a dormir muy bien.

—¿Los chicos con vosotras en una habitación? —dice asombrada la tía—. ¡Qué cosas dice tu amiga, Luis! Niña, aquí no somos tan modernos como en la ciudad, ¿sabes? Para ti y tu amiga tengo otra habitación.

—Claro, señora, perdón.

—Llámame Celia, bonita. Y tú no molestas nada, ¿eh? Tú, aquí, como en tu casa. A ver, ¿tenéis algún cepillo de dientes o… vuestros pijamas?

—Nada, tía. Todo está en el tren.

—Bueno, no hay ningún problema. La Ernesta tiene una tienda. Voy a hablar con ella. Y ahora, mientras preparo para vosotros una cena como Dios manda, podéis ver el pueblo: es el más bonito de La Rioja, vais a ver.

Los cuatro van a la plaza donde está tocando un grupo. Parece que todo el pueblo está allí: algunos están bailando, otros mirando y también hay muchos niños, gente mayor… El ambiente es menos espectacular, pero más animado que un día de fiesta en Valladolid.

—¡Luis! —lo llama alguien—, ¡qué sorpresa! —Es Maribel, la hija de Celia y Joaquín—. ¡Dos besos, venga! Hola, chicos. ¿Sabéis que habéis elegido el mejor día para venir? Nájera durante el año es el lugar más aburrido del mundo, pero los días de fiesta son especiales, los más divertidos del año, vais a ver. Venid, os voy a presentar a mi peña.

Mientras Maribel habla y habla, Cristina piensa que a lo mejor Nájera no tiene las mejores fiestas, pero sin duda aquí la gente quiere ser la más amable.

1 ¿Qué pasa en Nájera?

a ¿Qué pasa en «Las mejores fiestas»? Repartid el texto en partes y dad un título a cada una.

b Mirad los siguientes dibujos y explicad qué cosas no son como en el texto.

2 Los chicos en Nájera

a Leed otra vez el texto «Las mejores fiestas» y escribid las palabras clave (= las palabras importantes) en un «flowchart» como en el ejemplo.

la llegada a Nájera → Joaquín espera → el camino a casa → Celia …

b Con ayuda de las palabras clave del ejercicio 2a, practicad en grupos y después representad el diálogo en clase.

Lerntipp

Um sich einzelne Begriffe oder auch den Inhalt eines Textes zu merken, ist es oft hilfreich, sie sich als Bilder vorzustellen.

c Mirad las representaciones de vuestros compañeros y decidles una cosa que han hecho bien y una cosa que pueden mejorar *(… verbessern)*.

- Vuestra representación | me ha gustado mucho / bastante / no tanto / no mucho. | ha sido genial / (muy) interesante / perfecta / divertida / … / un poco larga / un poco aburrida / …
- Me ha gustado más / prefiero la representación de … y … porque …
- …, tú has hecho muy bien el papel de …
- No os he entendido muy bien. / Casi no te he oído.
- No tienes que hablar tan rápido.
- (No) has pronunciado … muy bien.
- He visto que estás (sorprendido, -a / contento, -a / cansado, -a / …)

- Los gestos de … (no) han sido expresivos *(ausdrucksvoll)* / claros.
- La mímica de … ha sido …
- Tienes que hablar más alto *(lauter)*.
- En tus gestos / tu mímica he visto …
- Habéis actuado todos muy bien.

3 ¿Quién tiene más palabras?

Copiad la tabla en vuestro cuaderno y buscad en el texto de la página 74 palabras para los diferentes temas de la tabla de abajo. Tenéis 5 minutos antes de comparar vuestros resultados con un compañero o una compañera. El / la que tiene más palabras gana.

cosas que llevas en las vacaciones	adjetivos para describir un lugar o a una persona	partes o cosas de la casa	personas de la familia

4 ¿Quién dice qué? (§ 30)

Buscad en el texto quién está diciendo las frases de abajo. Formad frases con *donde*, *cuando* o *mientras*.

Ejemplo: Dame un beso, Luis. → Lo dice Celia **cuando** abre la puerta.
Lo dice Celia **mientras** entran los chicos.
Lo dice Celia en la puerta de la casa **donde** recibe a los chicos.

1 ¡Dos besos, venga!

2 Ésta es la habitación de la abuela.

3 Esta habitación es mucho más grande que la sala de estar de mi casa.

4 ¡Luis!, iqué sorpresa!

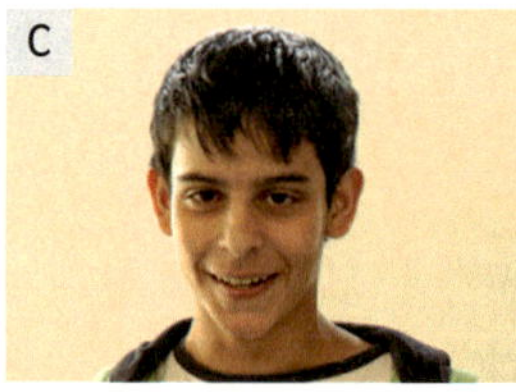

5 ¿No has hablado con papá?

6 Va a ver, no la vamos a molestar nada.

5 Durante la noche mientras todos duermen (§ 30)

Haced frases como en el ejemplo. Usad en cada frase *durante* y *mientras* y *estar* + gerundio si es necesario.

Ejemplo: la noche / Cris y sus amigos estar en la fiesta / los chicos del instituto dormir
→ Durante la noche Cris y sus amigos están en la fiesta mientras los chicos del instituto están durmiendo.

1. la tarde / Cris y sus amigos estar en Nájera / los chicos del instituto estar en Valladolid
2. las fiestas de Nájera / Cris, Luis, Gabriel y Alejandra cenar en casa de los primos / Mario y sus padres cenar en un restaurante
3. el verano / los chicos estar de vacaciones / la abuela visitar a Celia y a Joaquín
4. la fiesta / Cris y Luis bailar / Gabriel y Alejandra hablar
5. la fiesta / los chicos de la peña divertirse / Celia preparar la cena

Estrategia

Mit dem zweisprachigen Wörterbuch arbeiten

Im Wörterbuch kann man nicht nur unbekannte oder vergessene Vokabeln nachschlagen. Es ist auch beim Anfertigen eines Textes in der Fremdsprache nützlich, denn es enthält eine Vielzahl an hilfreichen Informationen. Um diese in vollem Umfang nutzen zu können, solltet ihr den Umgang damit jedoch unbedingt üben.

¡Ahora vosotros!

Haced el ejercicio 6a y b de la página 78.

Der Aufbau eines Wörterbuchs

1 Seht euch nun den Aufbau des Wörterbuchs genau an und findet heraus,

a wo das spanisch-deutsche und wo das deutsch-spanische Wörterverzeichnis ist.

b warum in der Kopfzeile jeder Seite zwei fettgedruckte Vokabeln stehen.

c auf welcher Seite die im Wörterbuch verwendeten Abkürzungen stehen.

2 Seht im Inhaltsverzeichnis nach, welche Informationen das Wörterbuch darüber hinaus noch enthält und überlegt, inwiefern sie euch helfen können.

3 Erklärt, welche Informationen ihr bei dem Wörterbuchauszug rechts an den farbig markierten Stellen findet.

pedir [pe'ðir] *irr vt* ❶ (*rogar*) bitten; ~ **algo a alguien** jdn um etw bitten; **os pido que hagáis menos ruido** ich bitte euch, etwas leiser zu sein; **al agradecido, más de lo pedido** (*prov*) dem Dankbaren gebührt mehr als er erbittet ❷ (*exigir, cobrar*) verlangen; (*necesitar*) brauchen; (*solicitar*) beantragen; (*demandar*) fordern; ~ **a gritos algo** (*fig*) förmlich nach etw *dat* schreien; **una paella que no hay más que** ~ eine sagenhafte Paella ❸ (*encargar*) bestellen ❹ (*para casarse*): ~ **la mano de alguien** um jds Hand anhalten; ~ **en matrimonio a alguien** jdm einen Heiratsantrag machen ❺ (*mendigar*) betteln; ~ **limosna** um eine milde Gabe bitten; **están pidiendo para la Cruz Roja** sie sammeln für das Rote Kreuz; **ni sirvas a quien sirvió, ni pidas a quien pidió** (*prov*) diene keinem, der gedient hat, und bettle bei keinem, der gebettelt hat

spielen ['ʃpi:lən] **I.** *vt* ❶ (*Spiel*) jugar ❷ (*Instrument*) tocar; **eine Platte** ~ (*fam*) poner un disco ❸ (*aufführen*) dar ❹ (*Rolle*) interpretar ❺ (*vortäuschen*) hacerse; **er spielt den Unschuldigen** se hace el inocente **II.** *vi* ❶ (*Spiel, a.* SPORT) jugar; **um hohe Summen** ~ jugar grandes sumas; **1:1** ~ empatar 1 a 1; **mit dem Feuer** ~ (*a. fig*) jugar con fuego ❷ (*herumspielen*) juguetear (*mit/an* con) ❸ (*sich zutragen*) tener lugar (*in* en) ❹ (*Radio*) estar sonando

PONS Schülerwörterbuch Spanisch. Stuttgart: Ernst Klett Sprachen, 2007

Tipps zum Umgang mit dem Wörterbuch

1 Sucht bei Wörtern mit mehreren Bedeutungen diejenige, die am besten zu eurem Text passt. Die Erklärung bei jeder Bedeutung hilft euch dabei.

2 Lest auch die typischen Wortverbindungen und Beispielsätze. Sie geben oft Aufschluss über die Verwendung oder über grammatische Besonderheiten.

3 Nutzt den spanisch-deutschen Teil des Wörterbuchs, um die Bedeutung des gefundenen spanischen Wortes zu überprüfen oder mehr über dessen Verwendung zu erfahren.

¡Ahora vosotros!

Haced el ejercicio 6c de la siguiente página.

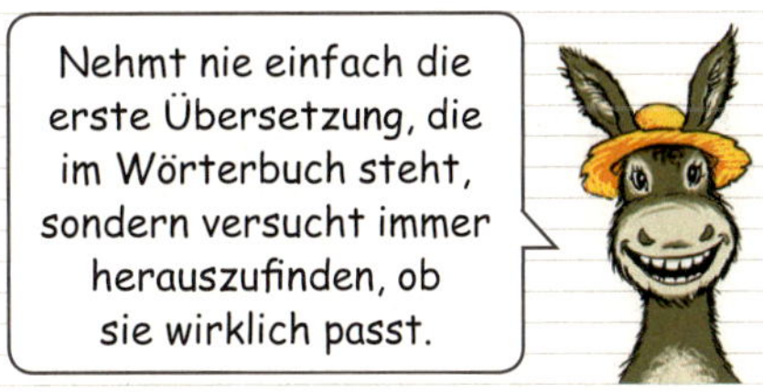

6 ¿Pero qué significa?

a Leed la carta de al lado que Raúl ha escrito a Sören con ayuda del diccionario. Pensad qué palabras ha mirado en el diccionario.

b Intentad comprender qué ha querido decir Raúl en su carta y por qué no siempre lo ha logrado *(… warum es ihm nicht immer gelungen ist)*.

c Buscad las palabras alemanas que os parecen raras en la parte alemán–español del diccionario y explicad el problema de Raúl.

Lieber Sören,

ich heiße Raúl und ich habe 14 Jahre. Ich lebe in Parla, ein Volk nahe bei Madrid. Dort wohne ich mit meinen Eltern und meinen zwei Brüdern Antonio und Sara in einem hübschen Fußboden. Mein Vater gewinnt sein Geld mit dem Verkauf von Mobiles. Meine Mutter ist Verkäuferin im Corte Inglés. Ich bin hoch und habe schwarze Haare. In meiner Freizeit spiele ich Fußball oder berühre das Klavier. Mit meinen Freunden gehe ich oft ins Kino. Außerdem tanze ich sehr gern Soße. In den Ferien besichtige ich meine Großeltern in Roses, an der Küste. Dort schwimme ich jeden Tag und nehme die Sonne.

Viele Grüße, Raúl

7 Ningún problema (§ 29)

a En el texto «Las mejores fiestas» Celia pregunta a Luis qué cosas ha traído para quedarse a dormir. Traducid las siguientes frases *(… Übersetzt …)* y comparadlas con el alemán.

- No tenemos ninguna maleta.
- Tenéis que quedaros algunos días.
- ¿Tenéis algún cepillo de dientes o … vuestros pijamas?
- Bueno, no hay ningún problema.

Tipp

Ningún und *ninguna* werden nie im Plural gebraucht.

b Completad el texto con las formas de *algún/alguno, -a, ningún/ninguno, -a.*

Luis: Tía, no queremos ser [1] problema para vosotros. Nosotros podemos comprar [2] cosas. ¿Hay [3] supermercado cerca?

Celia: No, por aquí cerca no hay [4] supermercado. Pero vosotros no tenéis que comprar nada. Yo tengo en casa [5] cosas y en la tienda de Ernesta hay las demás. Vosotros os vais a la fiesta. ¿Ha estado [6] de vosotros ya en Nájera?

Luis: No, [7] de nosotros ha estado aquí antes. Pero hemos venido desde la estación a pie y hemos visto [8] edificios y [9] casas. El pueblo parece bonito.

Celia: Sí, es muy bonito. Aquí no hay [10] discoteca, ni muchos cines, pero no hay [11] fiesta como la de hoy en toda La Rioja. Además tenemos [12] actividades muy interesantes, como la ruta de los dinosaurios.

Tienes que pasar aquí [13] días en las vacaciones. Tengo que hablar con tu padre.

Luis: Vale, las próximas vacaciones vengo [14] días.

Celia: Claro que sí, y ahora, a la fiesta. Maribel ya está allí con [15] amigos.

Luis: Hasta luego.

8 Algunas cosas para Luis (§ 29)

Después de hablar con Luis, Celia llama a Ernesta, la mujer de la tienda. Primero, con la información en alemán, tomad nota en vuestro cuaderno. Después haced el diálogo.

Ernesta	Celia
Sie grüßt beim Abnehmen des Telefons.	
	Sie grüßt Ernesta und fragt, wie es ihr geht. Sagt, dass sie anruft, weil der Sohn ihres Cousins heute angekommen ist und gar kein Gepäck dabei hat.
Sie entschuldigt sich und sagt, dass sie gar nichts versteht.	
	Sie wiederholt ihre Angaben und betont, dass er gar nichts dabei hat.
Sie verspricht Hilfe. Sagt, dass dies kein Problem ist. Fragt, was sie braucht.	
	Sie sagt, dass Luis mit einigen Freunden gekommen ist und dass sie einige Dinge brauchen und dass sie, Ernesta, sehr vieles in ihrem Laden hat. Fragt, ob sie zum Beispiel Zahnbürsten hat.
Sie sagt, dass es ihr leid tut, aber dass sie keine Zahnbürsten mehr hat, weil sie alle verkauft hat.	
	Sie fragt nach irgendwelchen Schlafanzügen.
Sie sagt, dass sie nie irgendwelche Schlafanzüge verkauft hat, aber dass sie von ihren Kindern noch einige hat.	
	Sie freut sich und fragt, ob sie irgendwelche Socken hat.
Sie sagt Celia, dass sie eigentlich nie irgendwelche Kleidungsstücke verkauft hat; bietet dafür an, den Nachbarn zu fragen.	
	Sie bedankt sich für ihre Hilfe und fragt, ob sie Zahnpasta *(la pasta de dientes)* hat.
Sie sagt, dass sie dieses Mal helfen kann. Sagt, dass sie nicht weiß welche, aber dass sie irgendeine hat.	
	Sie sagt, dies sei sehr gut und dass sie ihr alles mit ihrem Sohn oder irgendjemandem schicken kann.
Sie sagt, dass es ihr leid tut, aber dass sie gerade keinen Laufburschen (= keinen Jungen) hat, dass sie ganz alleine ist. Aber dass sie später alles vorbei bringt.	
	Sie bedankt sich vielmals bei Ernesta.
Sie verabschiedet sich.	

9 ¿Cómo es la Rioja? (§ 28)

Antes de irse del pueblo los chicos hablan con Joaquín y él les cuenta un poco sobre La Rioja.
Formad frases con el superlativo de los adjetivos.

1. La Rioja • ser • comunidad autónoma • pequeño • de España.
2. La Rioja • tener • bueno • vinos de España.
3. Logroño • ser • ciudad • grande • de La Rioja.
4. Las fiestas de San Mateo • ser • fiesta • importante • de La Rioja.
5. La ruta de los dinosaurios • ser • actividad • interesante • para jóvenes.

10 A jugar – guapo, más guapo, el más guapo (§§ 27, 28)

Dibujad en un papel un objeto, una persona o un animal y, debajo, escribid una frase con un adjetivo. Pasad el papel al compañero o a la compañera de la derecha y éste / ésta dibuja el mismo objeto o persona de forma diferente y escribe una frase con un comparativo. Lo pasa otra vez, y el tercero / la tercera termina con un superlativo. Usad los adjetivos de la casilla u otros que conocéis. Todos los dibujos se ponen en la pared *(… werden an der Wand aufgehängt)*. ¿Cuál es el dibujo más original?

- grande
- pequeño, -a
- gordo, -a
- delgado, -a
- corto, -a
- largo, -a
- alto, -a
- guapo, -a

Ejemplo:

11 Primos lejanos (§§ 27, 28)

Después de no verse durante unos años Maribel y Luis hablan en la fiesta. Completad el texto con la forma correcta del comparativo o superlativo según los símbolos.

=	tan … como
>	más … que
<	menos … que
+	el / la … más
–	el / la … menos

Luis
Maribel, tú estás **(= guapo)** siempre.
Gracias, primo. Tú eres **el primo más amable** que tengo.
En serio, Maribel. No cambias. Llevas el pelo **(= largo)** y **(= bonito)** antes. Estás **(= delgado)** la última vez.
Pues, no, no es así primo. Llevo el pelo **menos largo que** antes y además ahora estoy un poco **más gorda que** la última vez.
No es verdad, Maribel. Soy **(chico + feliz)** del mundo porque éstos van a ser **(días + fenomenal)** con **(prima + simpático)** que tengo.
Luis, ya. ¡Basta! Ya sabemos que tú eres **la persona más simpática** de toda la familia. ¿Por qué no vamos ya al bar con **la peña más espectacular** de todo Nájera?

Maribel
Maribel, tú estás **tan guapa como** siempre.
Gracias, primo. Tú eres **(primo + amable)** que tengo.
En serio, Maribel. No cambias. Llevas el pelo **tan largo** y **tan bonito como** antes. Estás **tan delgada como** la última vez.
Pues, no, no es así primo. Llevo el pelo **(< largo)** antes y además ahora estoy un poco **(> gordo)** la última vez.
No es verdad, Maribel. Soy **el chico más feliz** del mundo porque éstos van a ser **los días más fenomenales** con **la prima más simpática** que tengo.
Luis, ya. ¡Basta! Ya sabemos que tú eres **(persona + simpático)** de toda la familia. ¿Por qué no vamos ya al bar con **(peña + espectacular)** de todo Nájera?

12 La abuela anuncia su visita (§ 31)

a La abuela, que vive con el hermano de Joaquín, escribe la siguiente carta a Celia y Joaquín. Resumid cada párrafo en una frase *(...jeden Abschnitt ...)*. Después completad la carta con los pronombres personales (*mí, ti, ...*). Cuidado con los pronombres después de la preposición *con*.

Querida familia:

¿Estáis todos bien? Yo como siempre muy bien, pero no tengo mucho que contar de [1].
Este año voy a pasar las Navidades con [2].

He hablado con Alfonso y Mari Carmen y según [3] el mejor día para viajar a Nájera para [4] es el 20 de diciembre. Pero antes de decidir, quiero saber si es el mejor día para [5] también. Pensadlo[1] y hablad con [6]. Para [7] no es ningún problema viajar antes o después del 20. A [8] no me importa, pero tampoco quiero molestaros. Pero sí quiero pasar las próximas Navidades con [9].

Escribidme pronto y contadme algo de [10]. ¿Cómo es vuestra vida sin [11]? Claro que con [12] es más animada, ¿no? (ja, ja, ja) Claro que vosotros estáis pensando: la vida de la abuela sin [13] es muy aburrida y eso es cierto. La verdad es que gracias a [14], Joaquín, y a [15], Celia, y a todos mis hijos mi vida es más fácil. No tengo que preocuparme de nada y, sobre todo, no tengo que ir a ninguna residencia de ancianos. Y esto para [16] es muy importante.

Un beso para [17] de la abuela Margarita

b Escuchad la llamada de Celia a Alfonso después de recibir la carta de la abuela. Decid quién es Alfonso y por qué Celia lo llama.

c Después de la llamada a Alfonso, Celia habla con Joaquín. Escuchad la llamada otra vez y tomad nota. Después escribid qué Celia le cuenta a Joaquín. Trabajad en parejas.

La vida familiar en España

En general, los abuelos viven con sus hijos. A veces pasan algún tiempo en casa de unos hijos y después en casa de otros hijos. Muchas veces las abuelas cuidan de *(kümmern sich um)* los nietos. Pero hoy en día la situación está cambiando, sobre todo en las ciudades. Algunos abuelos viven solos o en residencias de ancianos *(Altenheim)*.

13 Alejandra escribe en su diario (§§ 27 – 31)

Alejandra describe en su diario el pueblo de Nájera y lo compara con Valladolid. Ayudadla. Aquí tenéis las ideas de Alejandra antes de empezar.

- Nájera está en ... y es ... que Valladolid.
- La gente es ... que la gente en Valladolid.
- Hemos dormido en casa de ...
- Ellos son ... y Maribel es ...
- Después de la cena ... a la fiesta y ..., mientras Celia ...
- Durante ... hemos ...
- Ahora estoy / estamos en ...

[1] **pensadlo** überlegt es euch

14 Fiesta, fiesta (§§ 13, 25, 29, 30)

a Mirad el dibujo y preguntaos las cosas que veis. Trabajad en parejas.

Ejemplo:

—¿Ves a la chica que está bailando?
—Está …

—No, no veo a ninguna chica.
—Ah, sí, ahora la veo.

- algún, ningún
- tampoco
- ni … ni
- mientras
- donde
- estar + *gerundio*

b Elegid la escena que más os ha gustado y escribid un diálogo sobre ella. Trabajad en parejas. Después leed el texto en clase o representad el diálogo y los otros dicen qué escena es.

Un calendario de fiestas

a Haced una lista con algunas fiestas importantes de vuestra región, vuestra ciudad o vuestro pueblo y ordenadlas según los meses del año.

b Formad grupos y repartid las diferentes fiestas entre los grupos. Cada grupo escribe un pequeño texto sobre una fiesta y lo ilustra con fotos o dibujos.

c Poned todos los trabajos juntos como un calendario y colgadlo en vuestra clase (... *und hängt ihn auf* ...). Podéis usarlo para escribir las fechas de vuestros exámenes o cumpleaños.

Lerntipp

¿Os faltan los nombres de las fiestas en español? Entonces mirad en el diccionario y leed la estrategia de la página 77.

So kann ich auf Spanisch ...

... Stimmungen beschreiben
- Es un ambiente espectacular / fenomenal / animado / aburrido / ...
- La gente se divierte / baila / canta / bebe / come muchísimo.
- La gente está muy contenta / alegre.
- Es la fiesta más *(+ adjetivo)* de la región.
- Todo es guay / fenomenal / ...
- Con esta fiesta celebramos ...
- La fiesta recuerda ...
- Antes de la fiesta todos están nerviosos / ilusionados / ...
- Después de la fiesta todos están agotados / cansados / ...

... das Datum angeben
- en *(+ Monatsname)*
- el 15 de mayo
- los días 12 y 13 de octubre
- (en) la semana del 6 de junio
- entre el 25 y el 30 de marzo

España en fiestas

Romería Vikinga

¡Que vienen los vikingos! – Galicia

Todos los años, el primer domingo de agosto, barcos vikingos llegan al pueblo de Catoira en la costa de Galicia. Los vikingos vienen llenos de buen humor y ganas de fiesta, y los gallegos los están esperando con empanada, vino y música de gaitas para preparar juntos una divertidísima fiesta histórica.

Fiesta de Santiago Apóstol

Las fiestas del Apóstol – Galicia

El día 25 de julio es el día del Apóstol Santiago. Durante una semana celebra Santiago de Compostela las fiestas más importantes de Galicia, con muchas actividades culturales y conciertos de música. El día 24 de julio tienen lugar a las 12 de la noche los famosos fuegos artificiales desde la catedral.

¡Río abajo! – Asturias

El primer sábado de agosto celebran en Asturias una importante fiesta deportiva. Miles de personas bajan con sus canoas por el río Sella unos 20 km entre los pueblos de Arriondas y Ribadesella. Además, hay muchas otras actividades como juegos, comida y música folklórica.

Fiesta de las Piraguas

Semana Santa en Sevilla

Semana Santa

La Semana Santa es una fiesta religiosa muy importante en España. Las más famosas son las de Sevilla, Toledo y Valladolid.

Típicas de la Semana Santa son las procesiones, donde los nazarenos – personas con unas ropas muy características – llevan por las calles imágenes religiosas, que a veces pesan muchas toneladas. El día más importante es el Viernes Santo.

El Carnaval de Las Palmas de Gran Canaria

El Carnaval – Islas Canarias

El Carnaval más famoso de España es el de Las Palmas de Gran Canaria. Durante tres semanas grupos de música tocan en muchos lugares de la ciudad y la gente baila y se divierte en las calles y plazas. El día más importante es cuando eligen la Reina del Carnaval: las concursantes llevan vestidos muy llamativos, llenos de fantasía, de hasta 4 metros de alto y que pesan 50 kilos.

¡Tomate va, tomate viene! – Comunidad Valenciana

El último miércoles de agosto gente de todo el mundo espera los camiones llenos de tomates que llegan al pueblo de Buñol, en la provincia de Valencia. A las doce del mediodía empieza la «Tomatina», una guerra de todos contra todos, donde diez toneladas de tomates vuelan por las calles de Buñol.

La Tomatina

¡Fuego! – Comunidad Valenciana

Desde el día 15 hasta el 19 de marzo Valencia celebra sus fiestas más importantes: Las Fallas. Las fallas son estatuas de cartón de 20 ó 30 metros, que están por las calles y representan, de forma crítica e irónica, sucesos o a personas famosas del mundo de la política, cine, etc. Sólo en la ciudad de Valencia hay más de 700 estatuas. La gente puede elegir su estatua preferida. La estatua que gana la llevan a un museo, al Museo Fallero. El resto las queman en una fiesta espectacular la noche del 19 de marzo.

Las Fallas

Alegría flamenca – Andalucía

Sevilla celebra una semana después de Pascua la Feria de Abril. Son seis días llenos de luz y de color. La gente de Sevilla pasea, muchas veces también a caballo, con los trajes típicos flamencos. Elementos importantes de esta fiesta son la música flamenca y los toros.

La Feria de Abril

Carreras de caballos de Sanlúcar – Andalucía

Las carreras de Caballos de Sanlúcar de Barrameda (Cádiz) tienen lugar en el mes de agosto. Estas fiestas son famosas porque tienen lugar en la playa, son las más antiguas de España y un importante evento deportivo nacional e internacional.

Carreras de caballos en la playa

1 Las fiestas de España

Mirad las fotos de las páginas 84–85 y decidid si queréis trabajar con las primeras (A), segundas (B) o últimas (C) tres fiestas. Formad grupos. (Puede haber más de un grupo A, B y C.) Para apuntar la información, preparad una tabla con nueve columnas.

A	fiesta 1 - 3
B	fiesta 4 - 6
C	fiesta 7 - 9

a Leed los textos de «vuestras» fiestas y preparaos para describirlas a vuestros compañeros y compañeras: apuntad la información importante en las primeras tres columnas de la tabla. Pensad también en explicar las palabras nuevas. Trabajad con el diccionario si es necesario. Poned un papel con la letra de vuestro grupo en vuestra mesa.

b A una señal de vuestro profesor o vuestra profesora id a las mesas con la información sobre las fiestas que os faltan. Hablad con los compañeros y apuntad la información. Tened cuidado de no iros todos al mismo tiempo, porque otros compañeros van a venir a vuestra mesa para informarse.

c Ordenad las fiestas según los meses del año y escribidlas en el calendario de vuestra clase (por ejemplo en el calendario que habéis hecho en el ejercicio de la página 83).

2 ¡Vamos a la fiesta!

a ¿Cuál de las fiestas de las páginas 84 y 85 os gusta más? ¿Qué os gusta de ella? ¿Qué tiene para vosotros esa fiesta que no tienen las otras?

b Imaginaos que estáis en Madrid y que queréis ir a la fiesta que habéis elegido en el ejercicio 2a. Mirad en Internet cómo podéis llegar allí. Buscad información sobre trenes, autobuses o aviones. Comparad precios y duración del viaje.

c Elegid uno de los siguientes ejercicios:
1. Escribid un e-mail a un amigo español o una amiga española. Decidle qué sabéis sobre la fiesta y preguntadle más cosas sobre ella.
2. Imaginaos que estáis en la fiesta. Por la noche escribid una postal o un e-mail y hablad de las cosas que habéis hecho o visto.

Lerntipp

- ¿Cómo preparar el trabajo y corregir errores? Mirad la página 53.
- ¿Cómo mejorar vuestro texto? Mirad la página 64.
- ¿Os faltan palabras? Usad el diccionario y mirad la página 77.

Unidad 7

Una visita a la abuela

Cristina y Laura están en casa de la abuela Inmaculada que les enseña fotos.

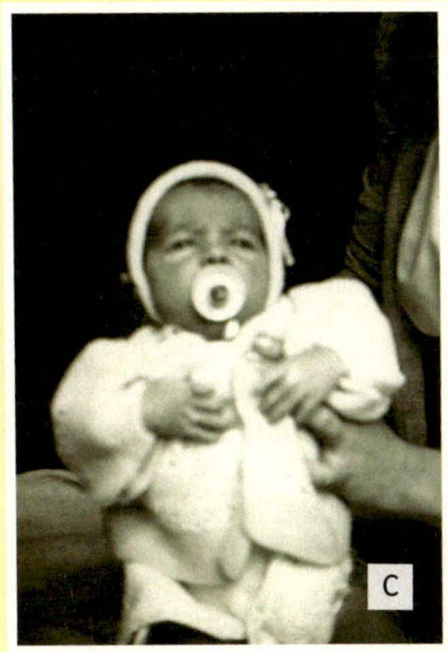

a Escuchad el texto del cedé y escribid una palabra o una frase en presente para cada foto. Después ordenad las fotos cronológicamente *(…in der richtigen zeitlichen Reihenfolge)*.

b Con vuestras notas de la parte a del ejercicio haced un árbol genealógico (*Stammbaum*) de la familia de Cristina. Trabajad en grupos.

nacer	geboren werden
en 19 … (mil novecientos …)	(im Jahr) 19…
en 20 … (dos mil …)	(im Jahr) 20…
a principios de …	Anfang …
a finales de …	Ende …
casarse con alguien	jdn. heiraten
una boda	eine Hochzeit
el marido	der Ehemann
un bebé	ein Baby

Una carta antigua

La abuela Inmaculada y Laura están en la cocina, mientras en la sala de estar Cristina sigue mirando las fotos de la abuela. Entre ellas encuentra una carta ya amarilla, con una foto. La foto es de un bebé. Y la carta dice…

Querido Pedro:

Llegamos a Buenos Aires hace dos semanas. Cuando salimos del barco, los argentinos nos recibieron como a hermanos.

Durante el viaje pensé mucho en vosotros. Sé que no entendisteis mi decisión. ¿Lloró mamá mucho? ¿Hablaste con papá? ¿Volvió la policía y le contasteis todo? Tú sabes que para mí no hay otra solución.

Ahora soy extranjero y emigrante. No sé si nos vamos a ver otra vez y os echo mucho de menos. Pero no tenemos que estar tristes: Argentina es un país rico, con mucho futuro y vamos a estar bien. Tampoco vamos a tener problemas con el idioma, como muchos otros inmigrantes.

Te mando aquí una foto de Leopoldito, de su primer día en Argentina. Durante el viaje no lloró nada y comió muy bien, pero aquí cayó enfermo y la semana pasada lo llevamos a un hospital de Buenos Aires. Pasamos cuatro

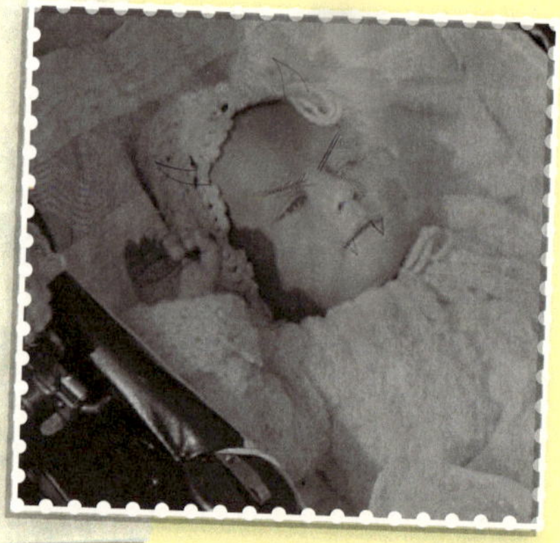

días allí y un día, imagínate, llegaron Eva Duarte de Perón y otras mujeres importantes. Saludaron a las enfermeras y la mujer del presidente también habló un rato con nosotros y nos preguntó sobre España.
También tengo una buena noticia: ayer conocí a un señor que me ofreció trabajo en su tienda. Ahora que voy a ganar dinero puedo buscar un piso para nosotros.
Entretanto puedes enviarme cartas a la dirección del primo Ignacio, donde estoy viviendo ahora:

Miguel Alonso
Avenida de los Italianos 1058
1107 Buenos Aires
Argentina

Manda saludos a todos y diles que estamos bien.
Saluda también a Inma, porque no la vi antes de irme.
Un abrazo muy fuerte también de parte de Rosa y de Leopoldito.

Miguel

Cristina piensa un momento: Miguel Alonso es el nombre de su padre. Durante un rato mira la foto del bebé. En ese momento entra Laura en la sala.

—Cris, ¿qué pasa? Estás muy seria.
—Sssh, habla bajo. Creo que… tengo un hermano.
—Pues, Mario, claro. ¿Por qué lo dices?
—No hablo de Mario. Me parece que tengo un hermano en Argentina. Creo que mi padre vivió hace muchos años en Argentina con otra familia. En 1980 ó 1985, no sé. La carta no tiene fecha.
—¿Le preguntamos a tu abuela?
—No, en mi familia nunca me han dicho nada. Creo que no quieren hablar de eso, pero … yo voy a saber qué pasó.

1 Los dibujos lo cuentan todo

a ¿Qué pasa en «Una carta antigua»? Ordenad los dibujos según el texto.

A

B

C

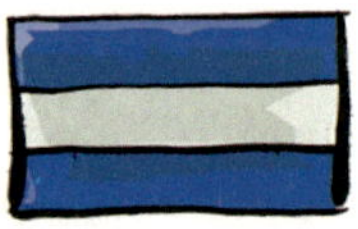
D

E

b Escuchad el texto «Una carta antigua» y haced gestos o mímica para representar los dibujos de arriba en el momento adecuado.

2 Hablamos del texto

a El texto «Una carta antigua» tiene tres partes: la introducción, la carta y el final. Dad un título a cada parte. Usad el presente.

b Escribid en un papel la información más importante del texto y las preguntas que tenéis. Marcad la información sobre Cristina y su familia con un color y la información sobre Argentina con otro.

c Hablad sobre vuestros resultados del ejercicio 2b en grupos.

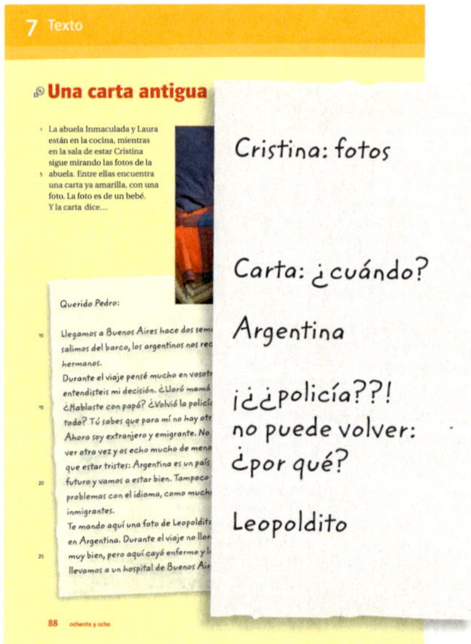
7 Texto

Una carta antigua

La abuela Inmaculada y Laura están en la cocina, mientras en la sala de estar Cristina sigue mirando las fotos de la abuela. Entre ellas encuentra una carta ya amarilla, con una foto. La foto es de un bebé. Y la carta dice…

Querido Pedro:

Llegamos a Buenos Aires hace dos sem… salimos del barco, los argentinos nos rec… hermanos.
Durante el viaje pensé mucho en vosotr… entendisteis mi decisión. ¿Lloró mamá… ¿Hablaste con papá? ¿Volvió la policí… todo? Tú sabes que para mí no hay otr… Ahora soy extranjero y emigrante. No… ver otra vez y os echo mucho de meno… que estar tristes: Argentina es un país… futuro y vamos a estar bien. Tampoco… problemas con el idioma, como much… inmigrantes.
Te mando aquí una foto de Leopoldit… en Argentina. Durante el viaje no llor… muy bien, pero aquí cayó enfermo y l… llevamos a un hospital de Buenos Air…

88 ochenta y ocho

Cristina: fotos

Carta: ¿cuándo?

Argentina

¡¿¿policía??!
no puede volver:
¿por qué?

Leopoldito

3 Juego de palabras

a Elegid en el texto «Una carta antigua» cinco palabras nuevas. Tomad cinco papeles: por un lado escribid estas palabras y por el otro lado su definición en español.

b Formad grupos de cuatro o cinco. Uno / una del grupo lee su definición. El alumno que responde primero con la palabra correcta se queda con el papel. Gana la persona que al final del juego tiene más papeles *(… Es gewinnt …)*.

4 Al ritmo del indefinido (§ 32)

El profesor / la profesora dice un verbo en infinitivo y vosotros lo conjugáis en voz alta en pretérito indefinido *(… konjugiert laut …)*. Aplaudid siempre que decís una sílaba tónica *(… betonte Silbe)*.

5 ¡A conjugar! (§ 32)

Formad las formas del pretérito indefinido según las caras del dado. Usad primero los verbos de la segunda columna y después los de la tercera. Jugad en grupos.

yo	mirar	conocer
tú	mandar	ver
él / ella	saludar	comer
nosotros	encontrar	recibir
vosotros	pasar	discutir
ellos / ellas	hablar	entender

6 ¿Qué pasó entonces? (§ 32)

a Leed las siguientes frases sobre lo que pasó cuando Miguel salió de España. Ordenad las letras de los verbos para tener la forma correcta del pretérito indefinido.

Ejemplo:
Cristina **cnonóetr** una carta antigua en casa de su abuela.
Cristina encontró una carta antigua en casa de su abuela.

1. Miguel **diecdió** irse de España para tener un futuro mejor.
2. La madre de Miguel y Pedro **olról** mucho.
3. El padre **mcorpednói** la decisión de Miguel.
4. La policía **greputnó** mucho sobre los motivos del viaje.
5. Miguel, Rosa y Leopoldo **rollenga** bien a Buenos Aires.
6. Durante el viaje todos **roiecnmo** bien.
7. Pero en Argentina Leopoldo **yóca** enfermo.
8. Sus padres lo **onavellr** a un hospital en Buenos Aires.
9. Allí **ratencoronn** a Evita Perón que les **prugeónt** sobre su viaje.
10. Al final Miguel **noóccio** a un señor argentino que le **refcióo** trabajo.

Emigración e inmigración

Durante muchísimos años predomina *(überwiegt)* la emigración de España a Latinoamérica. Las razones *(Gründe)* por las que los españoles se van de su país son políticas y económicas (*wirtschaftlicher Art*), sobre todo en los años 30 del siglo *(Jahrhundert)* pasado.

En los últimos 50 años la situación ha cambiado. Hoy en día España es un país de inmigrantes que vienen sobre todo de África y Latinoamérica.

b Escribid en un papel 5 frases sobre lo que os pasó ayer, con las letras de los verbos desordenadas. Dad estas frases a un compañero o una compañera que tiene que ordenar las letras.

7 La respuesta de Pedro (§§ 32, 33)

Pedro contesta a Miguel y le escribe una carta.

a Completad la carta de Pedro con los verbos en la forma correcta del pretérito indefinido.

b Leed la carta completa y resumidla en 2 ó 3 frases.

Querido Miguel:

¡ [1] **(Alegrarse – nosotros)** mucho cuando [2] **(recibir – nosotros)** tu carta! Aquí todos estamos muy bien, pero os echamos mucho de menos. Mamá [3] **(llorar)** mucho. [4] **(Pasar)** dos días llorando, pero después [5] **(entender)** que vuestro viaje ha sido una buena solución al problema con la policía. [6] **(Leer)** mil veces tu carta y [7] **(mirar)** la foto de Leopoldito durante mucho tiempo.

[8] **(Hablar – yo)** con papá y él también [9] **(entender)** vuestra decisión. Él cree, y yo también, que Rosa y tú [10] **(pensar)** mucho en vuestro futuro y en el de Leopoldito. ¿Has empezado ya a trabajar en la tienda del señor que [11] **(conocer – tú)**? ¿Qué os [12] **(preguntar)** Evita Perón sobre España? ¿Le [13] **(contar-tú)** nuestra situación difícil? ¿Qué tal Leopoldito?

Sobre la policía, no sé qué decirte. Creo que [14] **(encontrar – yo)** una solución a tu problema con ellos. Al menos no [15] **(volver – ellos)** a casa y no nos [16] **(preguntar)** nada más sobre vosotros. Creo que tienen problemas más importantes.

Bueno, un abrazo muy fuerte de todos, también de Inma. Un beso para mi sobrino Leopoldito.

Un abrazo de tu hermano Pedro

8 Tantos años (§ 34)

Elegid tres de los siguientes números y escribidlos en un papel. El profesor / la profesora lee los años de forma desordenada. El alumno / la alumna que ha escuchado sus tres números dice «bingo» y toma el papel del profesor / de la profesora.

1980	1857	1912	2005	1914	1744	1988	2009
1875	1991	1671	1952	2002	1978	1898	1907
1748	1935	1764	2113	1972	1966	1828	1948

9 La vida de Evita Perón (§§ 32 – 34)

En su carta Miguel Alonso cuenta que encontró a Eva Perón. ¿Quién es? En parejas hablad sobre su vida.

A
Eva Duarte **(nacer)** el 7 de mayo de **1919** en Los Toldos (Argentina).
A los **quince** años **viajó** a Buenos Aires y **se quedó** allí.
En **1944 (conocer)** a Juan Domingo Perón.
En **mil novecientos cuarenta y seis** Eva y Juan Domingo, entonces presidente de Argentina, **se casaron**.
Eva Perón **(trabajar)** mucho para el país y su gente.
La gente **llamó** a Eva Perón «Evita».
Evita **cayó** enferma y murió[1] el **veintiséis** de julio de **mil novecientos cincuenta y dos**.

B
Eva Duarte **nació** el siete de mayo de **mil novecientos diecinueve** en Los Toldos (Argentina).
A los **15** años **(viajar)** a Buenos Aires y **(quedarse)** allí.
En **mil novecientos cuarenta y cuatro conoció** a Juan Domingo Perón.
En **1946** Eva y Juan Domingo, entonces presidente de Argentina, **(casarse)**.
Eva Perón **trabajó** mucho para el país y su gente.
La gente **(llamar)** a Eva Perón «Evita».
Evita **(caer)** enferma y murió[1] el **26** de julio de **1952**.

10 Más personas interesantes (§§ 32 – 34)

a Aquí tenéis las fotos de dos personas importantes de Argentina. ¿Las conocéis?

b Leed la información sobre estas personas. Completad el texto con la forma correcta del verbo en pretérito indefinido. Después decid qué texto corresponde a qué foto.

Yo 1 **(nacer)** en Buenos Aires. **M**e gusta mucho jugar al fútbol, mi primer equipo de fútbol 2 **(llamarse)** «los Cebollitas». En 1982 3 **(llegar)** a B**a**rcelona para jugar en el Ba**r**ça y **d**os años más tarde a Italia. En Italia 4 **(ganar[2])** muchos títulos. En el Mundial[3] de México en 1986 mi equipo nacional y yo 5 **(jugar)** contra Inglaterra[4] en el Estadio **A**zteca, un partido muy con**o**cido en todo el mundo. 6 **(Ganar – nosotros)** a Inglaterra con un gol[5] que yo 7 **(llamar)** entonces un gol de «la mano de Dios». En el año 2000 8 **(escribir)** u**n** libro «Yo soy Diego». Ahora vivo en **A**rgentina.

Mi nombre es Joaquín Salvador Lavado, pero nadie me llama así. Yo 9 **(nacer)** en el año 1932 en Mendoza (Argentina). 10 **(Aprender)** a dibujar de pe**q**ueño. M**i** mujer se llama Alicia Colombo. En 1960 ella y yo 11 **(casarse)** y 12 **(viajar)** por primera vez fuera de Argentina. En 1963 13 **(escribir)** mi primer cómic y en 1964 14 **(nacer)** Mafalda, que n**o** es mi hija, es mi cómic más conocido. En 1982 15 **(recibir)** un premio[6] m**u**y importante. Ahora vivo en Argenti**n**a.

c ¿Ya sabéis cómo se llaman las dos personas? Si no, buscad las letras **en negrita** y ponedlas en el orden correcto.

[1] **murió** er / sie starb – [2] **ganar** gewinnen – [3] **el Mundial** die Weltmeisterschaft – [4] **Inglaterra** England – [5] **un gol** ein Tor – [6] **un premio** ein Preis *(Auszeichnung)*

11 ¿Quién es? (§§ 32, 33)

a Buscad a un personaje importante y conocido y escribid 4 ó 5 frases sobre lo que le pasó en la vida como en el ejercicio 10.

b Después buscad a un compañero o una compañera y hacedle preguntas sobre su personaje.

- nacer
- vivir
- casarse con
- trabajar
- tocar un instrumento
- escribir
- cantar[1]
- jugar a / en
- recibir (un premio[2])
- practicar (deporte)

12 Cristina busca ayuda (§§ 32, 33)

a Cristina quiere saber más sobre su familia en Argentina, pero no sabe qué hacer. Por eso le escribe un e-mail a Gabriel, su compañero argentino y le cuenta lo que pasó en casa de su abuela. Escribid vosotros el e-mail de Cristina y usad la información del texto «Una carta antigua».

Empezad así:
Ayer Laura y yo visitamos a mi abuela …

b Gabriel llama a Cristina porque tiene todavía muchas preguntas. Con ayuda de la información en alemán preparad el diálogo y apuntad las palabras clave de Gabriel o Cristina.

Gabriel	Cristina
Er will wissen, was sie von Miguel und seiner Familie weiß.	Sie antwortet, dass Miguel nach Argentinien reiste, zusammen mit seiner Frau und seinem Sohn Leopoldito und dass er von dort aus einen Brief an Pablo schrieb, ihren Großvater.
Er fragt, wann Miguel den Brief schrieb.	Sie sagt, dass sie das nicht weiß, da der Brief kein Datum hat.
Er fragt, ob sie sonst noch etwas über diesen Miguel weiß; wann er geboren wurde, wann er seine Frau Rosa heiratete oder wann Leopoldito geboren wurde.	Sie verneint und meint, dass sie nicht weiß, wann Miguel und Leopoldito geboren wurden und auch nicht, wann Rosa und Miguel heirateten.
Er sagt, dass sie (Cristina) wirklich nicht viel weiß. Vermutet, dass sie auch nicht weiß, wann diese ganze Geschichte in Argentinien passierte.	Sie stimmt zu. Sagt, es sei schade und dass Miguel in seinem Brief nicht viel schrieb; Leopoldito wurde krank, sie brachten ihn in ein Krankenhaus und trafen dort Eva Perón, die…
Er unterbricht Cristina und erklärt ihr, dass Evita im Jahr 1952 starb *(murió)*, so dass Miguel davor nach Argentinien kam.	

c Representad en clase la llamada de la siguiente forma: un alumno que en el ejercicio 12b ha apuntado las palabras clave de Gabriel llama a una «Cristina» (no aquella con la que ha trabajado en el ejercicio 12b) y le hace sus preguntas; «Cristina» tiene que responder, sólo con ayuda de sus notas.

d Mirad el árbol genealógico que habéis hecho en la página 87 y completadlo con la información que ahora tenéis sobre la familia de Cristina. ¿Quién es el Miguel de la carta antigua?

[1] **cantar** singen
[2] **un premio** ein Preis *(Auszeichnung)*

13 ¿Qué pasó entre Mario y Laura? (§§ 32, 33)

a Laura también tiene un problema. Ella piensa que Mario está raro con ella, pero no se puede imaginar por qué. ¿Qué pasó las semanas pasadas entre los dos? Mirad los dibujos y, con ayuda de las ideas, contad la historia.

- en el restaurante Laura hablar con Cristina
- Mario mirar a Laura todo el tiempo
- Laura no enterarse

- escuchar un concierto
- ver a Laura con otro chico
- no hablar con Laura
- volver a casa solo
- pensar mucho en Laura

- Mario invitar a Laura al cine
- Laura llegar con Cristina
- los tres mirar una película[1]
- Mario no hablar con las dos chicas
- los tres salir del cine
- Mario volver a casa solo

b Laura se encuentra con su amiga Beatriz para hablar sobre Mario. Escuchad su conversación. Decid de qué hablan y resumid el contenido en una o dos frases.

c Escuchad la conversación otra vez. Tomad nota y escribid la historia entre Mario y Laura.

d ¿Qué pensáis?: ¿por qué está Mario tan raro? Buscad una explicación y después continuad la conversación entre Beatriz y Laura con algunas frases más.

e Imaginaos qué va a pasar después con Mario y Laura. Escribid un pequeño texto y usad *ir a + infinitivo*. Trabajad en grupos.

[1] **una película** ein Film

14 Cristina se hace preguntas

- ir a + *infinitivo*
- pensar
- querer
- poder
- ¿Por qué no …?
- *imperativo*

Para Cristina ya hay muchas cosas claras. Pero ahora se pregunta dónde está la familia de Miguel y qué pasó con Leopoldito. Por eso habla con Laura y Gabriel, y juntos piensan qué pueden hacer.

a Mirad las ideas de los tres y haced frases.

b Hablad en clase sobre las ideas de Cristina, Gabriel y Laura. Elegid la mejor idea.

15 Cristina tiene una solución (§§ 3, 25, 26, 32–34)

Cristina quiere encontrar a su familia de Argentina. Ha decidido buscar a Leopoldo Alonso (Leopoldito) porque Miguel Alonso tiene que ser ahora muy mayor y a lo mejor ya no vive. En Internet ha encontrado las direcciones de varios Leopoldo Alonso en Buenos Aires. ¿Qué les escribe?

a Escribid vosotros el e-mail. Para hacerlo
- Primero escribid vuestras ideas sobre lo que Cristina tiene que explicar y qué quiere preguntar.
- Después escribid el e-mail. Pensad también en el saludo y en la despedida.

b Leed vuestro e-mail en clase. Los otros escuchan y toman nota cuando algo les parece raro o no queda claro. Después dan su opinión sobre el e-mail.

- Tu e-mail …
  … me ha gustado mucho / bastante / no tanto / no mucho.
  … ha sido genial / (muy) interesante / perfecto / divertido.
  … un poco largo / aburrido.
- Me falta información sobre … / Falta todavía … / No has pensado en … / Has olvidado decir que …
- Me ha gustado más / prefiero el e-mail de … porque …

[1] **una guía de teléfono** ein Telefonbuch

Estrategia

Informationen sammeln

In dieser Lektion werden einige Ereignisse und Personen aus Argentinien erwähnt, von denen ihr möglicherweise noch nie vorher gehört habt. Was könnt ihr tun, um euch Informationen zu beschaffen, sei es einfach aus Interesse oder auch für eine Aufgabe oder einen Kurzvortrag im Unterricht?

1 Notiert, was ihr schon über das Thema oder die Person wisst.

2 Überlegt, was ihr sonst noch wissen müsst oder was euch an dem Thema noch interessiert und tragt es mit einem Fragezeichen versehen als Stichpunkte in euere Notizen ein. Diese Vorüberlegungen erleichtern die gezielte Suche. Bedenkt aber auch, dass ihr in euren Quellen möglicherweise auf wichtige Aspekte stoßt, an die ihr selbst nicht gedacht habt.

3 Recherchieren könnt ihr z. B. in folgenden Quellen:

a euer Spanischlehrwerk. Hier findet ihr z. B. Landkarten, Informationen zu einigen Ländern oder zu Lebensgewohnheiten in Spanien und Lateinamerika. Auch euer Atlas, das Erdkunde- oder das Geschichtsbuch können hilfreich sein.

b Nachschlagewerke – auch deutsche – in Buchform oder auf CD-Rom.

c (Deutsche) Zeitungen und Zeitschriften sind wichtige Informationsquellen, vor allem für aktuelle Ereignisse in Spanien und Lateinamerika.

d Internet
- spanischsprachige Suchmaschinen, z. B. www.google.es, es.yahoo.com, www.terra.es
- Homepages einzelner Länder, z. B. www.spain.info; www.inspain.org (für Spanien) www.argentina-online.de; www.turismo.gov.ar (für Argentinien).

e Darüber hinaus könnt ihr
- in eine Bibliothek gehen und euch dort Material besorgen (und nötigenfalls den Bibliothekar / die Bibliothekarin um Hilfe bitten).
- im Reisebüro nach Prospekten und Broschüren fragen.
- als letzte Möglichkeit euren Lehrer / eure Lehrerin oder Bekannte nach Material fragen.

4 Wenn ihr einen Vortrag auf Spanisch halten müsst, solltet ihr auch auf spanischsprachige Quellen zurückgreifen.

5 Notiert die wichtigen Informationen aus den verschiedenen Quellen. In euren eigenen Büchern, Zeitschriften oder Ausdrucken könnt ihr die wichtigen Stellen auch markieren oder euch am Rand Notizen machen.

¡Ahora vosotros!

1. Buscad en *Línea amarilla* información sobre …
a) Colombia.
b) cómo comportarse en un restaurante español *(… sich verhalten …)*.

2. Pensad dónde podéis encontrar …
a) un mapa de Argentina *(eine Landkarte …)*.
b) información sobre una de las personas del ejercicio 10 de la página 93.

3. Apuntad los detalles que queréis saber sobre la persona que habéis elegido en el ejercicio 2b y buscad la información deseada.

¡Vamos a buscar información!

a Preparad para vuestros compañeros un pequeño juego para buscar información en diferentes sitios.

- Elegid temas que os interesan sobre España o Latinoamérica (ciudades o países, monumentos conocidos, personas famosas, historia, etc.).
- Escribid 10 preguntas sobre los temas que habéis elegido. Por lo menos una de las respuestas tiene que estar
  - en el libro de español
  - en una enciclopedia (*Lexikon*), por ejemplo en la biblioteca del instituto o de la ciudad
  - en el atlas
  - en Internet
  - en un periódico o una revista (*Zeitung oder Zeitschrift*) – puede ser alemán / alemana
- Buscad y escribid también las respuestas. Trabajad en grupos de 4 ó 5.

b Dad vuestras preguntas a otro grupo y éste os da a vosotros sus preguntas.
Contestad ahora las preguntas de vuestros compañeros. Para eso pensad dónde podéis encontrar qué información. Después controlad las respuestas con ayuda de las soluciones.

Ejemplo:

1. ¿En qué ciudad pierden el tren Cristina, Luis Alejandra y Gabriel cuando vuelven de Barcelona? ¿En qué comunidad autónoma está?
2. ¿Entre qué dos mares está México?
3. ¿Cómo va a ser el tiempo en Madrid los próximos dos días?
4. ¿Cómo se llama la montaña más alta de España?

So kann ich auf Spanisch ...

...Vermutungen und Schlussfolgerungen äußern
- ¿Qué crees?
- ¿Qué pensáis?
- ¿Sabes tú la respuesta?
- ¿Dónde podemos buscar la información?
- ¿Dónde hay información sobre este tema?

• Creo que • Pienso que • Sé que	la respuesta es «...». hay información sobre este tema en ... la respuesta está en ...

• ¿(No)	es va a ser puede ser	esta respuesta?

- A lo mejor la respuesta es «...».

... die Arbeit verteilen
- ¿Quién hace ...?
- ¿Quién puede buscar esta información?

• Yo puedo ... • ¿Puedes tú ...	buscar en ... ir a ...

¿Cómo es Argentina?

Ahora que Cristina piensa que a lo mejor tiene familia en Argentina, se interesa por el país. Está viendo un documental en la televisión.

a Mirad el mapa de la página 112, las siguientes fotos y escuchad el texto del cedé. Tomad nota.

b Comparad la información de la parte a del ejercicio con vuestros compañeros. Haced un esquema (por ejemplo una red) para apuntar la información que habéis encontrado. Trabajad en parejas o grupos. Guardad el esquema y completadlo luego con la información de las siguientes páginas.

A

B

D

C

E

un continente	ein Kontinent	un / una habitante	ein Einwohner / eine Einwohnerin
la tierra	das Land, die Ländereien	la capital	die Hauptstadt
la selva	der Regenwald	una frontera	eine Grenze
un lago	ein See	la agricultura	die Landwirtschaft
una cordillera	eine Gebirgskette	la ganadería	die Viehzucht
una catarata	ein Wasserfall		

Respuestas de Argentina

1

Queridísima Cristina, ¡qué sorpresa recibir tu mensaje! Mi papá fue el hermano de tu abuelo.

Desgraciadamente él murió el año pasado y ya no podemos preguntarle, pero todo es como vos dijiste en el e-mail: Miguel Alonso – mi padre – llegó a Argentina en barco en 1953.

Cuando llegó, los primeros meses fueron muy difíciles para él. Hizo varios trabajos y estuvo en muchas ciudades y sé que en Mendoza conoció a mi mamá. Con suerte y trabajo mis papás pudieron comprar unas tierras en Tupungato, donde todavía vivimos.

Primero tuvimos vacas, Cristina, y rápidamente papá quiso comprar más tierras. En fin, ahora exportamos vino y uvas a Europa y Estados Unidos, y somos muy conocidos en Tupungato, un lugar precioso.

¿Cómo es tu familia? ¿Cuántos hermanos tenés? Tienen que visitarnos, así podemos conocernos. ¿Por qué no vienen ustedes en las vacaciones? Vivimos en una casa grandísima y aquí pueden montar a caballo todo el día.

Cristina, en el archivo adjunto te envío fotos. Para nosotros, que no hemos tenido hijos, vos vas a ser como una hija.

Un abrazo muy, muy fuerte de

Leopoldo y Ernestina

2

Hola, gallega: me llamo Javier Mario, tengo veintidós años y vivo en Rosario. Mis papás leyeron tu e-mail y, pucha, dijeron que no somos parientes. Mis viejos nacieron aquí, en Rosario, y también mis abuelos.

Yo también leí tu e-mail y me dio una idea. Quiero ir a España y trabajar ahí, a lo mejor tus viejos me pueden ayudar. Necesito solamente un permiso de trabajo. ¿Me vas a responder?

3

Querida Cristina:

No sé si somos familia. Le pregunté ayer a mi madre, pero no conoce a ninguna Cristina. Y ya no dijo nada más. Es que ella ya es muy mayor y últimamente está muy enferma. Te voy a contar las cosas que sé.

Mis papás vinieron a Argentina en 1951. Primero estuvieron en Buenos Aires, pero un año después mi papá se puso enfermo y murió. Yo sólo lo recuerdo de fotos. Mi mamá, Rosa Montejo, se casó de nuevo y entonces nos fuimos a vivir al sur, a la Patagonia, donde crecí.

Cuando yo cumplí dieciséis años, mis papás prefirieron volver a Buenos Aires. Yo pude ir a la universidad e hice la carrera de Derecho. Ahora vivo en Buenos Aires y tengo dos hijos: Marcelo de 19 años y Alberto José de 16.

Mucho más no te puedo contar, porque mi mamá nunca habla de España. Sólo sé que ella vivió hasta los diecinueve años en Medina del Campo. A lo mejor somos parientes. Mi familia espera con impaciencia tu respuesta.

Muchos besos

Leopoldo

4

Querida niña:

Lo siento, pero soy de Madrid.

Actualmente vivo en Argentina. Vine hace dos años a Buenos Aires para trabajar en una multinacional española y pronto voy a volver a España.

Naturalmente te deseo mucha suerte en tu búsqueda.

Leopoldo Alonso, Ingeniero

El español de Argentina

Los argentinos usan «vos» en lugar de «tú». Las formas de la segunda persona del singular de los verbos también son diferentes, por ejemplo: *hablás, tenés, abrís, contás, podés, decís* y no *hablas, tienes*, etc.

En Argentina, como en todo Latinoamerica, el pretérito perfecto casi no existe. Los argentinos usan casi siempre el preterito indefinido en frases donde los españoles usan el pretérito perfecto. Además, hay palabras que no usan los españoles (o que tienen un significado diferente en España), como «gallego» o «pucha».

1 Los e-mails para Cristina

a ¿Quiénes son las personas que le escribieron a Cristina y por qué le mandaron los e-mails?

b Para saber si una de las personas que le escribieron puede ser su pariente, Cristina busca los detalles importantes y los compara con lo que ya sabe sobre su pariente. Copiad la siguiente tabla en vuestro cuaderno y contestad las preguntas. Añadid más información hasta saber quién es el pariente de Cristina.

	Información sobre el pariente de Cristina	Respuesta 1	Respuesta 2	Respuesta 3	Respuesta 4
¿Cuándo llegó Miguel Alonso a Argentina?					
¿Con quién llegó a Argentina?					
¿Dónde vivió / vive en Argentina?					

2 Leopoldo recibe el e-mail

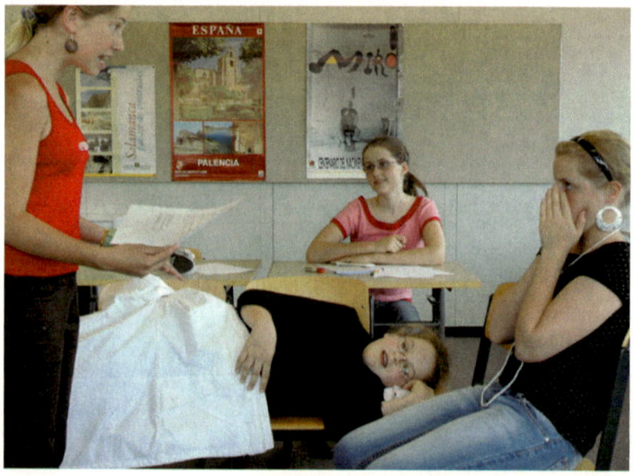

a Imaginaos qué pasa cuando Leopoldo recibe el e-mail de Cristina. Para eso:

– elegid uno de los cuatro e-mails de las páginas 100 y 101.
– inventad la escena según el esquema de abajo.
– repartid los papeles y apuntad las palabras importantes de cada papel.

Trabajad en grupos.

Leopoldo recibe el e-mail de Cristina (usad el e-mail que escribisteis en el ejercicio 15 de la página 96): su reacción

Las reacciones de las otras personas

Leopoldo habla del e-mail a otras personas: ¿con quién? ¿qué dice o pregunta?

Leopoldo escribe la respuesta a Cristina

- ha escrito
- dice que
- explica que
- cuenta que
- pregunta si / qué / cuándo
- habla de

b Representad la escena en clase. Vuestros compañeros intentan saber qué familia habéis representado.

3 Cristina habla con Gabriel sobre los e-mails (§ 35)

a Cristina informa a Gabriel sobre los resultados de su búsqueda. Completad el texto con las formas del pretérito indefinido de la casilla.

Yo no 1 nada de los e-mails a mis padres. Pero tú me 2 ayudar. ¡Qué suerte! La semana pasada 3 cuatro respuestas a mis e-mails. Leopoldo y Ernestina 4 fotos de la familia en el e-mail. Ellos me 5 a Tupungato.
Los padres y abuelos de Javier Mario 6 en Argentina (así que no podemos ser parientes). Pero por mi e-mail Javier Mario 7 la idea de venir a España y él me 8 ayuda.
El ingeniero es español y 9 que ir a Argentina para trabajar. Laura y yo 10 saber más cosas de Argentina, por eso 11 un programa en la televisión.
También te queremos preguntar muchas cosas, por ejemplo: ¿Qué nos 12 sobre la situación en Argentina hoy en día? Tú y tus padres, ¿por qué 13 a España? ¿Y qué 14 en Argentina antes?

- dije
- dijiste
- hicistéis
- invitaron
- nacieron
- pidió
- pudiste
- pusieron
- quisimos
- recibí
- tuvo
- tuvo
- vimos
- vinisteis

b Haced un ejercicio como el 3a: Preparad 4 ó 5 frases en pretérito indefinido sobre el tercer e-mail que recibió Cristina. Quitad los verbos y escribidlos en una casilla debajo del texto. Dad el ejercicio a un compañero o una compañera que tiene que poner las formas en su sitio correcto. Después controlad con vuestras frases.

4 Yo no fui (§ 35)

a Mirad las formas del pretérito indefinido de *ser*/*ir* de al lado. Buscad en el texto «Respuestas de Argentina» las formas que faltan para formar la serie completa del pretérito indefinido de estos verbos desde la 1ª persona del singular hasta la 3ª del plural. Escribid todas las formas en el orden correcto en vuestro cuaderno.

b Escribid una frase con cada forma.

fuiste

fui

fuisteis

5 Gabriel explica por qué vino a España (§ 35)

a Ordenad las siguientes formas del pretérito indefinido de los verbos *repetir*, *sentirse* y *dormir* desde la 1ª persona de singular hasta la 3ª del plural. Las letras delante de las formas os dan entonces el nombre y los dos apellidos de la bisabuela de Cristina (= la madre de su abuelo).

E se sintió | A repitió | E se sintieron | B repetimos | R nos sentimos | R os sentisteis

G me sentí | G durmió | O durmieron | L repitieron | R dormí | I repetí

S repetiste | O dormiste | U te sentiste | A dormimos | T dormisteis | E repetisteis

b Mirad las formas del ejercicio 5a: ¿Os recuerdan algo? Intentad formular una regla.

c Gabriel responde en un e-mail las preguntas que le hizo Cristina. Completad el texto con la forma correcta del pretérito indefinido.

Hola, Cristina:
Ayer **(buscar – yo)** la información sobre Argentina que me **(pedir – tú)**. **(divertirse – yo)** mucho porque esto me **(servir)** para recordar mi vida allí. Cuando **(llegar – nosotros)** a Valladolid mis padres **(preferir)** meter todo en un armario para no pensar en Argentina. Es un país muy bonito, ¡pero con tantos problemas! Por eso mis padres **(elegir)** venir a España. Ya sabes, al principio no **(sentirse – nosotros)** muy bien aquí. **(echar – yo)** tanto de menos a mis amigos. Incluso **(dormir)** fatal. Bueno, creo que tú me entiendes perfectamente. El año pasado tú (**despedirse)** de tu mejor amiga. Imagínate, yo **(despedirse)** de todos.
Bueno, mejor hablamos de otra cosa. ¿Nos vemos hoy por la tarde? Escríbeme.
Gabriel

6 La vida de Leopoldo (§ 35)

a Leed la siguiente información sobre Leopoldo Alonso y buscad en su e-mail de la página 101 los datos que faltan. Después contad su vida en pretérito indefinido.

Nombre y apellidos:	Leopoldo Alonso Montejo
Lugar y fecha de nacimiento:	Valladolid, España; 25-X-1950
?:	llega a Argentina
?:	su padre muere y su madre se casa de nuevo. La familia va a vivir a Bariloche.
1956–1963:	va a la escuela primaria en Bariloche.
1964–1966:	estudia en el Colegio Primo Capraro en Bariloche.
?–1969:	?; va al Colegio del Salvador de Buenos Aires
1970:	hace servicio militar
	Quiere estudiar historia, pero finalmente no lo hace.
1971–1976:	estudia ? en la UBA (Universidad de Buenos Aires)
1977–1978:	hace prácticas en TRACAM, una empresa[1] de transporte en Santiago de Chile
1979:	empieza a trabajar en la multinacional Repsol YPF
1986:	se casa con Beatriz Echavarría
1992:	se pone enfermo y pierde su trabajo
Desde 1993:	trabaja en La Serenísima, una empresa que produce leche, queso, yogur etc.
Dos hijos:	? (31-XI-1988) y ? (20-VI-1991)

Empezad así: Leopoldo Alonso Montejo nació en Valladolid, España, en 1950. Llegó a Argentina…

[1] **una empresa** eine Firma

b Escribid vuestro currículum vítae con los resultados del ejercicio 6a como ejemplo (… *euren Lebenslauf* …).

Mi nombre es Anne Waibel. Nací en Stuttgart en 1994. En 1999 empecé en la guardería «Regenbogen». Dos años después, en 2001, fui al colegio «Jakobschule» en Stuttgart, donde hice la «Grundschule». En 2004 terminé la «Grundschule» y empecé a estudiar en el «Königin-Charlotte-

7 El juego de los indefinidos (§ 35)

Preparad 16 papeles y escribid un verbo de la casilla en cada uno. Necesitáis, además, una ficha para cada jugador y un dado *(Würfel)*. Poned los papeles (con las palabras hacia abajo) en la mesa. Caminad tantas casillas como os dice el dado. Después tomad un papel con un verbo y formad una frase con éste y las palabras de la casilla. Si la frase es correcta, podéis quedaros en la casilla. Si la frase no es correcta, tenéis que volver a la casilla de donde habéis salido. En la casilla con 🛏 podéis descansar (= no tenéis que formar una frase.)
Jugad en grupos de 3 a 5.

- dar
- decir
- divertirse
- elegir
- estar
- hacer
- ir
- leer
- dormir
- poder
- poner
- preferir
- querer
- ser
- tener
- venir

Ejemplo: ⚁ + querer → Cristina y Laura quisieron hablar con Gabriel.

8 Mirad qué me pasó (§§ 32, 35)

Contad a vuestros compañeros algo que os pasó sin hablar, sólo con mímica o dibujos. Un compañero o una compañera «traduce» vuestros gestos o dibujos para los otros (*… übersetzt …*). El / la que hace los gestos niega con la cabeza si la «traducción» es falsa o asiente con la cabeza si es correcta *(… schüttelt den Kopf … nickt …)*. Trabajad en grupos de tres o cuatro e intercambiad los papeles después de algunos minutos.

9 Y esas fotos … (§§ 32, 35)

Son las 12:15 del sábado cuando la señora Alonso entra en la habitación de Cristina. Ella está durmiendo todavía.
En parejas completad el diálogo con la forma correcta del pretérito indefinido de los verbos entre paréntesis.

Madre de Cristina
Cristina, ¿todavía en la cama? ¿A qué hora **(acostarse)**, hija?
Bueno, **me acosté** un poco tarde, pero **estuve** todo el tiempo en casa. Y vosotros, ¿qué tal? ¿Os **gustó** la fiesta? ¿**Os divertisteis** mucho?
Sí, la fiesta **(ser)** fenomenal. **(Ver – nosotros)** a mucha gente y **(estar)** con unos amigos del colegio que no hemos visto estos últimos 20 años, ¡imagínate!
¿A qué hora **volvisteis**? No os **oí** llegar.
(Venir – nosotros) bastante tarde de la fiesta. Por cierto, **(querer – yo)** verte y **(entrar)** en tu habitación, te **(dar)** un beso, **(ver)** tu ordenador encendido[1] y …
¡Mamá!, ¿**leíste** mis e-mails? o ¿los **leyó** papá?
Claro que no **(leer)** tus e-mails. ¿Por qué te has puesto nerviosa?
Mira, mamá, es que **hice** algo que os tengo que contar…

Cristina
Cristina, ¿todavía en la cama? ¿A qué hora **te acostaste**, hija?
Bueno, **(acostarse – yo)** un poco tarde, pero **(estar)** todo el tiempo en casa. Y vosotros, ¿qué tal? ¿Os **(gustar)** la fiesta? ¿**(Divertirse)** mucho?
Sí, la fiesta **fue** fenomenal. **Vimos** a mucha gente y **estuvimos** con unos amigos del colegio que no hemos visto estos últimos 20 años, ¡imagínate!
¿A qué hora **(volver – vosotros)**? No os **(oír – yo)** llegar.
Vinimos bastante tarde de la fiesta. Por cierto, **quise** verte y **entré** en tu habitación, te **di** un beso, **vi** tu ordenador encendido[1] y …
¡Mamá!, ¿**(leer – tú)** mis e-mails? o ¿los **(leer)** papá?
Claro que no **leí / leímos** tus e-mails. ¿Por qué te has puesto nerviosa?
Mira, mamá, es que **(hacer – yo)** algo que os tengo que contar…

[1] **encendido, -a** *hier:* eingeschaltet

10 ¿Qué voy a decir a mis padres? (§ 36)

Antes de hablar con sus padres, Cristina está pensando qué les va a decir.

a Transformad los adjetivos de la casilla en adverbios en *-mente*.

animado • especial • largo • natural • rápido • solo • tranquilo • último

b Completad las ideas de Cristina: poned los adverbios que habéis formado en el ejercicio 10a en el lugar adecuado del texto.

¿Qué hacer, Dios mío? Pues, voy a explicarles muy [1] que [2] estoy muy nerviosa porque hace tres semanas fui a casa de la abuela con Laura y la abuela nos enseñó fotos y… No, no voy a explicarlo tan [3]. [4] le voy a preguntar [5] a mi padre por qué nunca me ha hablado de nuestros parientes en Argentina. O mejor no digo nada, me siento a la mesa, como [6] y hablo [7] con ellos y a lo mejor olvidan el tema. Pero creo que [8] mi padre tiene que darme una explicación a mí y no yo a él. Bueno, vamos a ver qué hago en el último momento.

11 Por fin Cristina habla con sus padres (§ 36)

a Durante la comida Cristina empieza a contar todo a sus padres que la escuchan sin decir nada.
Completad la explicación de Cristina con el adverbio en *-mente* del adjetivo entre paréntesis o la forma correcta del adjetivo.

[1] **(Normal)** voy los sábados a casa de la abuela. Así que un sábado en casa de la abuela saqué unas fotos y una carta [2] **(antiguo)**. En ella encontré el nombre de papá. La puse [3] **(rápido)** en un libro y vine a casa. Laura y Gabriel me ayudaron y comprendimos [4] **(rápido)** que el Miguel Alonso de la carta no eres tú sino[1] tu tío que ahora tiene que ser muy mayor. [5] **(solo)** tuve una idea: buscar a mis parientes. Por eso Laura y yo nos pusimos [6] **(terrible)** [7] **(nervioso)** y buscamos en Internet a todos los Leopoldo Alonso en Buenos Aires y les escribí unos correos electrónicos muy [8] **(largo)**. Unos días después me llegaron cuatro respuestas [9] **(interesante)**, pero [10] **(especial)** una de ellas me interesó mucho porque creo que es del hijo de tu tío, papá. Esperad, os voy a enseñar los e-mails.

b ¿Cómo creéis que reaccionan los padres de Cristina después de esto?

[1] **sino** sondern

12 ¿Por qué no me has hablado nunca de él?

Escuchad el texto del cedé y después explicad por qué el padre de Cristina nunca ha hablado con Cristina sobre sus parientes en Argentina.

13 Cristina contesta los e-mails

a Cristina empieza a contestar a las personas que le escribieron los e-mails, pero su impresora tiene un problema *(… ihr Drucker …)* y sus mensajes no se pueden leer bien. Completad lo que falta. (Para ayudaros: cada punto es una letra.)

Que●●●● señor Alonso:
Muchas gra●●●● p●● responderme. Vi●● en Valladolid, pero con●●●● Madrid porque te●●● una amiga que vi●● allí. A Arge●●●●● no he ido nu●●● – es que es●● tan lejos de Eur●●●… Pero a lo mejor al●●● día v●● porque creo que he encon●●●●● a mis pari●●●●● allí.
Abrazos, Cristina.

Que●●●● señor Alonso:
Muchísimas gra●●●● p●● su e-mail. Es muy inter●●●●●● todo lo que me di●● en él, pero desgraci●●●●●●●● su padre no pu●●● ser el Mig●●● que yo bu●●●. Es que mi pari●●●● con●●●● a su mu●●● en España y los dos fue●●● juntos a Argentina, o mejor dicho los tres, porque su hijo Leopoldo también f●● con el●●●. Él no tu●● mucha sue●●● y mu●●● poco desp●●● de llegar.
Por cierto, ¿pu●●● decirme el nombre del vi●● que exp●●●● a Europa? A mi padre le gusta el bu●● vino y a lo mejor lo puedo com●●●● para él.
¡Ah! casi lo olv●●●. Muchas gracias también p●● las fotos. Qué suerte tie●●● ustedes… yo de niña[1] qu●●● tener un caballo así como el de la foto.
Un saludo, Cristina

b Escribid el tercer e-mail con las siguientes ideas.

- saludar a Javier Mario
- preguntar por qué él piensa que ella es gallega
- decir su edad y de dónde es
- decir que no sabe si puede ayudarlo, pero que va a preguntar a sus padres

c Escribid también el último e-mail.

[1] **de niña** als Kind

14 Datos sobre Argentina (§ 34)

a Argentina es un país enorme. Contestad las preguntas con ayuda de los mapas de la página 112. Los números de la casilla os ayudan a encontrar información muy concreta que difícilmente podéis ver en el mapa. ~ significa *unos, -as*.

- ~ 80 mts
- 6959 mts
- 3700 kms
- casi 10 000 kms
- ~ 100 mts
- ~ 1500 kms
- ~ 4700 kms

A
¿Cuántos países vecinos tiene Argentina?
De norte a sur tiene unos **3700 (tres mil setecientos) kilómetros**.
¿Y cuántos kilómetros tiene de este a oeste?
El país tiene casi **10000 (diez mil) kilómetros** de frontera en total.
¿Con qué país tiene la frontera más larga **(que tiene unos 5.000 kms)**?
La frontera más corta **(que tiene unos 500 kms)** es la frontera con **Uruguay**.
¿Cuántos kilómetros de costa tiene Argentina?
El Aconcagua (la montaña más alta del continente americano) tiene **6959 (seis mil novecientos cincuenta y nueve)** metros de altura.
¿A cuántos metros bajo el nivel del mar está la Laguna del Carbón, que es el punto más bajo de América?
Las cataratas del Iguazú **(que son las más grandes del mundo)** tienen una altura de **unos 80 (ochentra) metros** metros.

B
Argentina tiene cinco países vecinos.
¿Cuántos kilómetros tiene Argentina de norte a sur?
De este a oeste tiene unos **1500 (mil quinientos) kilómetros.**
¿Cuántos kilómetros de frontera tiene el país en total?
La frontera más larga **(que tiene unos 5.000 kms)** es la frontera con **Chile**.
¿Y con qué país tiene la frontera más corta **(que tiene unos quinientos kms)**?
Argentina tiene unos **4700 (cuatro mil setecientos) kilómetros** de costa.
¿Cuántos metros de altura tiene el Aconcagua, la montaña más alta del continente americano?
La Laguna del Carbón **(que es el punto más bajo de América)** está a unos **100 (cien) metros** bajo el nivel del mar.
¿Qué altura tienen las cataratas del Iguazú, que son las más grandes del mundo?

b Añadid la información que os parece interesante a vuestro esquema del ejercicio de la página 99.

15 El chat con los primos (§§ 32 – 36)

Cristina chatea con su «nuevo» primo Alberto José.

a Preparad los temas sobre los que van a escribir. Pensad que es el primer contacto.

b En parejas, haced el chat: Uno / una es Alberto José y escribe una frase o una pregunta en un papel. El otro / la otra es Cristina; ella toma el papel y escribe la respuesta y otra pregunta, da el papel a «Alberto José» etc. Usad la información de la casilla sobre Alberto José y todo lo que ya sabéis sobre Cristina.

Ejemplo: >>> Hola Cristina, ¿qué tal?, ¿cómo estás? Mi padre me dio tu dirección. <<<
>>> Hola…

Información sobre Alberto José

- Cumpleaños: 20 de junio
- Le gusta: el deporte – sobre todo el fútbol –, los caballos, bailar en las discotecas. No le gusta Shakira, pero le gusta Gustavo Cerati, un argentino.
- No le gusta ordenar su habitación, por eso tiene problemas con su madre.
- Tiene muchos amigos y uno de ellos es de Madrid.
- En el colegio le gustan los idiomas y el deporte, pero no las matemáticas.
- Los domingos se encuentra toda la familia (también abuelos, tíos, primos, …) para comer.
- Acaba de desayunar (son las 10 de la mañana en Argentina).

Estrategia

Sprachmittlung

Ihr werdet öfter in Situationen kommen, in denen ihr etwas, was ihr auf Spanisch oder Deutsch gelesen oder gehört habt, in der jeweils anderen Sprache wiedergeben müsst. Das kann z. B. ein Hinweisschild oder eine Durchsage sein, die Touristen nicht verstehen, Information aus einem deutschen Lexikon, die ihr in einer Präsentation im Spanischunterricht verwenden möchtet, oder auch ein Zeitungsartikel, dessen Inhalt ein spanischsprachiger Freund kennen möchte.

Hier nun ein paar Tipps für die (mündliche oder schriftliche) Sprachmittlung.

1 Konzentriert euch auf das Wesentliche. Fragt euch dafür, was ist für euren Gesprächspartner wirklich wichtig ist.

2 Bei der Wiedergabe von längeren schriftlichen Texten hilft es, wenn ihr euch – wie bei Texten, die ihr selbst schreiben müsst – zunächst Stichpunkte notiert.

3 Versucht nicht zu übersetzen, sondern gebt die wichtigen Informationen mit euren eigenen Worten wieder und bildet (vor allem bei der mündlichen Vermittlung) kurze Sätze. Wenn es sich wie bei Aufgabe 16 um ein Interview oder einen Dialog handelt, müsst ihr z. B. nicht die Fragen und Antworten übernehmen, sondern ihr berichtet nur über die enthaltenen Informationen.

4 Wenn ihr wichtige einzelne Wörter nicht wisst, umschreibt sie oder setzt bei mündlicher Übermittlung Gestik und Mimik ein. Bei schriftlichen Arbeiten könnt ihr natürlich auch einige Wörter, die ihr für unbedingt nötig haltet, nachschlagen.

5 Bei der schriftlichen Sprachmittlung solltet ihr euren Text am Ende noch mal auf Fehler und Verbesserungsmöglichkeiten durchsehen (vgl. S. 64). Denn oft merkt man an manchen Stellen doch, dass ihr aus einer anderen Sprache übersetzt habt (z. B. falsche Satzstellung; Wörter, die zwar einzeln richtig klingen, sich aber im Satzzusammenhang komisch anhören). Am besten lasst ihr euren Text von jemandem lesen, der den Originaltext nicht kennt, und bessert dann noch mal nach.

¡Ahora vosotros!

1. Explicad al español del dibujo de arriba por qué no puede entrar en el restaurante.

2. Imaginaos que estáis en España con vuestros padres y que escucháis los anuncios del cedé. Explicadles en alemán qué pasa.

Manchmal hilft es auch, ein Wortfeld zu reaktivieren (z. B. über Vokabelnetze oder Mind Maps, die ihr in eurem Ordner abgelegt habt). Dann fallen euch ebenfalls viele Wörter wieder ein.

16 El fútbol argentino en Alemania

Cristina encontró en Internet no sólo datos sobre Argentina sino también una noticia en alemán sobre un jugador de fútbol argentino. El artículo le interesa y por eso le pide ayuda a Laura.
Leed el siguiente artículo y resumidlo en español con vuestras palabras (como lo hace Laura para Cristina). Seguid los consejos de la página 110 *(… befolgt die Tipps …)*.

Der Ballack aus Argentinien

Ernesto Sosa, 21 Jahre alt, kommt aus der argentinischen Provinz Santa Fe und soll bei Bayern München ab der Saison 2007/2008 das durch den Weggang von Michael Ballack entstandene Vakuum füllen. DW-WORLD.DE hat mit dem Jungstar gesprochen.

Kennen Sie Ihren zukünftigen Klub?
Wer kennt Bayern München nicht? Das ist einer der besten Vereine der Welt, eine überragende Mannschaft, eine tolle Adresse. Letzte Woche habe ich mir zum Beispiel das Spiel gegen Real Madrid angeschaut.

Hat es Ihnen gefallen?
Was ich gesehen habe, hat mich beeindruckt. Es ist nicht einfach, so ein gutes Ergebnis in Madrid zu erzielen. Bayern hat gezeigt, welche Klasse es hat.

Wie würden Sie sich selber beschreiben?
Ich bin ein ruhiger Junge, der sich immer verbessern will, der sehr viel Wert darauf legt, hart zu arbeiten. Ich bevorzuge das Kollektiv, im Fußball geht es nicht um Individuen, sondern um das, was sie für die Mannschaft als Team machen können.

Es ist nicht einfach für Lateinamerikaner, sich in Deutschland anzupassen.
Da ich noch keinen Menschen in Deutschland kenne und die Sprache nicht beherrsche, ist es eine logische Situation, die nicht für immer so bleiben wird. Ich habe gehört, dass München eine tolle Stadt ist, das ist schon schön zu wissen.

Haben Sie schon Kontakt mit Martin Demichelis aufgenommen? Er ist Ihr Landsmann bei Bayern München.
Ich kenne ihn leider noch nicht persönlich, aber wir haben einen gemeinsamen Freund. Über ihn hat mir Martin ausrichten lassen, dass ich mit seiner Hilfe und Unterstützung rechnen kann. Ein nettes Angebot, für das ich sehr dankbar bin. Ich werde noch auf ihn zukommen.

Was machen Sie privat am liebsten?
Am meisten Spaß macht es mir, mit Freunden und der Familie Zeit zu verbringen.

Das Interview führte Daniel Martínez

www.dw-world.de (fragmentos de un artículo del 06/03/2007)

¿Cómo es Argentina?

Buscad más información sobre Argentina.
Repartid las diferentes regiones de Argentina entre varios grupos. Cada grupo va a presentar una región o una ciudad importante.

- Mirad qué información ya tenéis, por ejemplo en la red que habéis hecho en esta lección.
- Pensad qué más es importante o interesante para vuestro tema y cómo encontrarlo.
- Organizad el trabajo de vuestro grupo.
- Si usáis información en alemán, pensad cómo resumirla en español.
- Guardad todo *(Hebt alles auf)*: en la próxima lección vais a aprender más sobre cómo hacer una presentación.

Lerntipp

Aquí encontráis ayuda para los siguientes temas:
- cómo buscar información: p. 97
- cómo organizar un trabajo en grupo: p. 60
- cómo trabajar con materiales en alemán: p. 110

So kann ich auf Spanisch ...

... über ein Land sprechen: s. Seite 99
... interessante Orte beschreiben: s. Seite 60
... Informationen zu Wetter und Klima geben: s. Seite 16

En la radio

a ¿Os gusta escuchar la radio? ¿Qué programas escucháis? ¿Qué otros medios de comunicación (televisión, radio, Internet, periódicos, revistas) usáis? ¿Cuántas horas a la semana los usáis? Haced una encuesta en clase *(… eine Umfrage …)*.

la radio	(das) Radio
un periódico	eine Zeitung
una revista	eine Zeitschrift
un programa	eine Sendung
una cadena	ein Sender
un artículo (sobre)	ein Artikel (über)

b Leed la programación de una cadena de radio y buscad programas

- de deporte
- de actualidad
- de cine
- de música
- para hablar de problemas personales

c Elegid dos programas interesantes y decid qué os gusta de ellos.

	L	M	X	J	V	S	D
6:00 7:00 8:00	**España por la mañana** Tres horas de información, con las últimas noticias y entrevistas						
9:00 10:00	**Todos tus clásicos** Programa de música clásica					**Todo Pop** Programa de música para la gente joven con los éxitos de la semana	**El planeta azul** Programa dedicado a la naturaleza y a los animales, con reportajes y entrevistas a expertos
11:00 12:00 13:00	**El día a día** Programa sobre la salud, la belleza y el amor. Los ciudadanos pueden preguntar a especialistas por sus problemas.						
14:00	**Noticias**						
15:00 16:00	**La calle** Un magazín dinámico sobre la actualidad, música y entretenimiento. Un espacio sobre Internet, libros y cine.					**De película** Programa dedicado al cine y a las películas de actualidad	
17:00	**Noticias**						
18:00	**Dando palmas** Programa de música flamenca	**Concierto Uno** Progama de música folk, rock y jazz		**Otros sonidos** Programa de músicas poco conocidas de otros continentes		**El mundo en la mochila** Programa de viajes, rutas y tiempo libre	
19:00 20:00	**Una historia verdadera** Programa de música y entrevistas, donde nuestros oyentes cuentan historias personales.					**Resumen semanal** Programa con las noticias más importantes de la semana	
21:00	**Noticias**						
22:00 23:00	**La pista** Programa sobre el mundo del deporte				**La noche viva** con propuestas de actividades de tiempo libre para el fin de semana		**El balón:** Programa dedicado al fútbol y a la Liga
24:00	**Noticias**						
1:00	**Para no dormir:** 5 horas de música, entrevistas, reportajes y mucho, mucho más						

Una historia verdadera

Ernesto: Ya estoy otra vez aquí con todos vosotros. Soy Ernesto Blanco y estamos en nuestro programa «Una historia verdadera» donde tenemos hoy una historia muy especial. Nos la está contando Cristina, que está en el estudio conmigo. Cristina ha tenido varias sorpresas últimamente y va a tener una más hoy. Cristina, tú ya nos has contado cómo empezó tu historia: hace algunas semanas, encontraste una carta vieja en casa de tus abuelos y no se la quisiste enseñar ni a tus abuelos ni a tus padres. Buscaste por tu cuenta en Internet y encontraste…

Cristina: … a Leopoldo, el hijo de un hermano de mi abuelo, y a su familia.

Ernesto: Y dinos, Cristina, ¿dónde viven? Porque, queridos amigos, ¡imagináoslo!: una chica de Valladolid encuentra una carta y de repente tiene toda una familia en…

Cristina: … en Argentina.

Ernesto: ¡¡En Argentina!! ¿Y qué más sabes de tus parientes argentinos? ¿Ya has hablado con ellos?

Cristina: Hablado no, sólo he chateado una vez con los hijos de Leopoldo que son un poco mayores que yo.

Ernesto: Espera, Cristina, espera. Te lo he dicho al principio: tengo una sorpresa para ti. Creo que hay una llamada y vamos a ver… ¿Hablo con … Marcelo Alonso?

Marcelo: Hola. Sí, soy Marcelo Alonso. ¡Un abrazo muy fuerte para todos y sobre todo para mi prima!

Ernesto: ¿Oyes, Cristina, oyes? Aquí está tu sorpresa. ¿Quieres decirle algo a tu primo?

Cristina: No sé … tengo muchas preguntas.

Ernesto: Por qué no se las preguntas, venga.

Cristina: Hola, Marcelo. ¿Qqqué tal? ¿Dddónde estás?

Marcelo: En casa, en Buenos Aires, claro.

Cristina: Jo, Buenos Aires, yo… no sé nada de Buenos Aires.

Marcelo: Bueeeno… ¿cómo describir la ciudad en pocas palabras? Acá encontrás las mejores cosas y las peores: los pubs más modernos, las chicas más lindas del mundo, gente muy rica, pero también mucha gente pobre… Cristina, esto no es una ciudad, es un mundo. Tenés que venir y verlo.

Ernesto: Sí, Marcelo, ¿qué hace un chico de tu edad en una ciudad de doce millones de habitantes? Nos lo cuentas, por favor.

Marcelo: Bueno pues… estudio en la universidad para ser profesor. Trabajo en un proyecto de ayuda a familias pobres… ¿Qué más? Me gustan los cómics y el deporte…

Cristina: ¡Qué bien! A mí me gusta el fútbol.

Marcelo: Bueno, el fútbol lo veo a veces en la tele, pero prefiero el tenis.

Ernesto: ¿Y la música? ¿Te gusta la música?

Marcelo: Sí, me gusta mucho. Los fines de semana salgo con los amigos por San Telmo, un barrio de Buenos Aires, y escuchamos música en uno de los pubs. Ahora hay muchos grupos, y muy buenos.

Ernesto: Pues voy a poner algo de música argentina: una canción de Andrés Calamaro. Además, va muy bien con el verano y el calor que tenemos.

Cristina: Menos mal que pronto empiezan las vacaciones. ¿En Argentina también?

Marcelo: ¿Verano y vacaciones? ¡Qué suerte tienen ustedes! Aquí hace un frío terrible. Pero yo sí les deseo unas buenas vacaciones a todos.

1 Cristina en la radio

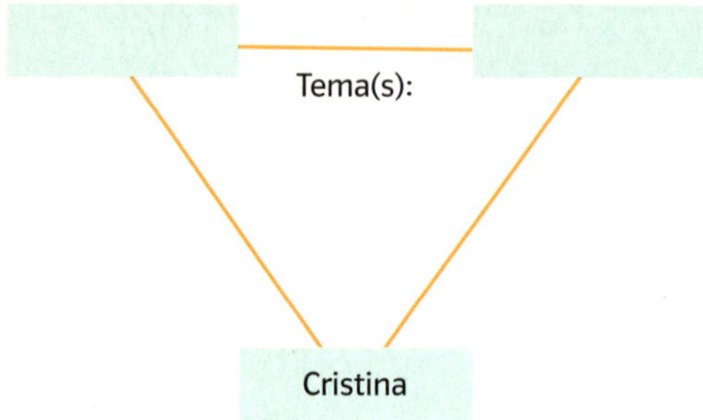

a Copiad el esquema en vuestro cuaderno y completadlo con la información del texto «Una historia verdadera». Para eso escribid los temas del texto en el interior del triángulo y los nombres de las personas en las casillas (*… ins Innere des Dreiecks …*).

b Apuntad más información del texto debajo de las casillas con los nombres.

c Buscad en el texto «Una historia verdadera» palabras y expresiones que son típicas de una entrevista, por ejemplo afirmación, negación, interrupción, y apuntadlas también (*… typische Ausdrücke für ein Interview, z. B. Zustimmung, Ablehnung, Unterbrechung …*).

d Con ayuda de vuestras notas de los ejercicios 1a–1c practicad la entrevista en grupos de tres, después representadla en clase.

2 La abuela quiere desearle suerte a Cristina (§§ 5, 16)

Antes de ir al programa de radio Cristina recibe una llamada de la abuela. Completad el diálogo con los pronombres correctos. Cuidado: a veces el verbo y el pronombre se escriben juntos.

Abuela: Cris… Cris, ¿me estás escuchando?
Cristina: Claro que [1] escucho, abuela. Es que estoy un poco nerviosa por el programa de la radio.
Abuela: Bueno, tranquila, [2] llamo para desear [3] suerte.
Cristina: Gracias. ¿Vas a escuchar el programa?
Abuela: ¡Pero claro! A tu abuelo y a mí no [4] gusta ese programa de música moderna, pero hoy [5] vamos a escuchar. [6] queremos oír a ti. Por cierto, a esos chicos de la radio… ¿Ya [7] conoces?
Cristina: Sí, [8] conozco. Bueno… he hablado con ellos por teléfono, pero no [9] he visto nunca. Por cierto, ellos [10] han preguntado si [11] puedo llevar la carta y la foto. ¿ [12] parece bien a vosotros si [13] enseño la foto y la carta?
Abuela: Claro, a nosotros no [14] importa. Puedes llevar [15] la foto y la carta. Puedes enseñar [16] a todo el mundo. Bueno, mucha suerte.
Cristina: Gracias, eres un sol y [17] quiero un montón, abuela. Vas a ver, a ti y al abuelo [18] voy a mandar un saludo enorme.
Abuela: Vale, vale, un beso para ti, Cristina.

3 A cambiar los pronombres (§ 37)

a Copiad las siguientes frases en vuestro cuaderno y marcad el objeto directo (*Akkusativobjekt*) con un color y el objeto indirecto (*Dativobjekt*) con otro. Después sustituid los objetos por su pronombre (*… ersetzt …*).

1. Ernesto pregunta: «¿Me das la carta, por favor?»
2. Leopoldo dio la dirección de Cristina a sus hijos.
3. Marcelo desea buenas vacaciones a todos.

Ejemplo: Cristina enseña la carta a Ernesto.

Cristina le enseña la carta.

Cristina se la enseña.

b Haced más frases como las del ejercicio 3a y escribid cada parte en un papel. Preparad también papeles para los pronombres. Trabajad en grupos. Cada persona de vuestro grupo toma un papel con una parte de una frase. Poneos delante de la clase o de otro grupo.
Un compañero o una compañera sustituye los objetos por pronombres y os dice si tenéis que cambiar de posición. Los otros controlan el resultado.

4 En el programa de radio (§ 37)

Durante el programa de radio Cristina y Marcelo hablan de muchas cosas.
Transformad las frases y sustituid los objetos por los pronombres, como en el ejemplo.

Ejemplo: Cristina está nerviosa y quiere un poco de agua. Alguien le trae agua.→ Alguien se la trae.

1. Cristina quiere saber cosas sobre Argentina. Marcelo le explica muchas cosas.
2. Marcelo pregunta muchas cosas sobre Valladolid. Cristina le cuenta a Marcelo muchas cosas sobre su ciudad.
3. Marcelo tiene fotos de Buenos Aires. Va a mandar a Cristina fotos de Buenos Aires.
4. Cristina piensa que sus amigos también quieren ver esas fotos. Va a enseñar las fotos a sus amigos.
5. Marcelo piensa que Argentina es preciosa. Dice a Cristina qué bonito es su país.
6. Marcelo dice que Cristina tiene que conocer su ciudad. Propone a Cristina ir a Buenos Aires.
7. A Cristina la idea le parece genial… ¿pero qué van a pensar sus padres? Primero tiene que preguntar a sus padres si puede ir.

5 Mario y la madre esperan el programa (§ 37)

Mientras Cristina y Laura están en la radio, Mario está ayudando a su madre en casa. Completad el diálogo con las respuestas de Mario y usad los pronombres como en el ejemplo.

Ejemplo:
Madre: Mario, ¿te limpias las manos y me ayudas con la ropa, por favor?
Mario: Sí, claro, me las limpio y después te ayudo.

Madre: ¿Me puedes dar esos pantalones, por favor?
Mario: Sí, claro, …
Madre: ¿Te dejo tu camiseta encima de la cama?
Mario: Vale, …
Madre: ¿Nos va a traer Laura la otra ropa?
Mario: No, creo que no …
Madre: ¿Y Cristina? ¿Nos ha dejado sus camisas para planchar antes de irse?
Mario: No, no …
Madre: Por cierto, ¿nos vas a hacer hoy tu famosa tarta de chocolate para celebrar este día – pero no con tanto chile?
Mario: Sí, …

Madre: ¡Qué historia todo esto! Cristina en la radio, ¿te lo puedes imaginar?
Mario: No, …

6 Todos quieren oírla (§ 37)

Mario y su madre quieren oír el programa con Cristina. Completad el diálogo con los pronombres correctos de objeto directo o indirecto según los colores.

- (azul) un pronombre de la 1ª persona
- (naranja) un pronombre de la 2ª persona
- (verde) un pronombre de la 3ª persona

La madre	**Mario**
Si[1] empieza el programa de Cristina, dí [1] [2].	Si¹ empieza el programa de Cristina, **dímelo**.
Mamá, que ya ha empezado, **te lo** estoy dicendo.	Mamá, que ya ha empezado, [3] [4] estoy dicendo.
¿Qué? … ¿y tu padre? ¿No [5] quiere oir? ¿ [6] [7] vas a preguntar? Está en el dormitorio.	¿Qué? … ¿y tu padre? ¿No **lo** quiere oír? ¿**Se lo** vas a preguntar? Está en el dormitorio.
Ya **se lo** he preguntado y **me** ha dicho que escucha el programa allí.	Ya [8] [9] he preguntado y [10] ha dicho que escucha el programa allí.
¿Ha dicho ya algo Cris?	¿Ha dicho ya algo Cris?
Sí, el locutor **le** ha preguntado por la historia de los primos de Argentina y Cristina **se la** está explicando.	Sí, el locutor [11] ha preguntado por la historia de los primos de Argentina y Cristina [12] [13] está explicando.
¿ [14] han dado a Cristina alguna noticia de Argentina?	¿**Le** han dado a Cristina alguna noticia de Argentina?
No, todavía no **se la** han dado, pero… escucha, creo que alguien quiere hablar con ella.	No, todavía no [15] [16] han dado, pero… escucha, creo que alguien quiere hablar con ella.

[1] **si** wenn

7 El proyecto de Marcelo

El programa «Una historia verdadera» todavía no ha terminado. Ernesto sigue haciendo preguntas a Marcelo.
Escuchad el texto del cedé y decid cómo se llama el proyecto y qué hace la gente allí.

8 La historia de Nik y Gaturro (§ 38)

A Marcelo le gustan mucho los cómics argentinos. Un dibujante bastante conocido en Argentina es Nik.

- empezar
- entrar
- estudiar
- hacer
- nacer
- recibir
- sacar

a Para completar el siguiente texto con información sobre su vida vais a necesitar el pretérito indefinido y el pretérito perfecto. Primero pensad cuándo tenéis que usar qué tiempo.

b Completad el siguiente texto con los verbos adecuados en pretérito perfecto o indefinido.

Nik, de verdadero nombre Cristian Dzwonik, [1] en Buenos Aires hace 36 años. Es dibujante, pero [2] publicidad. [3] a dibujar muy joven. A los 11 años [4] en una escuela de dibujo. [5] sus primeros dibujos como profesional[1] a los 17 años. Gaturro es su personaje más famoso, es el Garfield argentino. Hasta hoy Nik [6] más de 25 libros, por ejemplo: *¿Quién es Nik?* o *Pequeño Gaturro ilustrado.* [7] muchos premios[2] de dibujo.

c Mirad el cómic de Nik y contad la historia. Las siguientes preguntas os ayudan:

1. ¿Por qué se puso celoso Gaturro?
2. ¿Por qué el padre no le contó nada a Gaturro?
3. ¿Qué hizo Agustín, el hijo?

d Imaginaos qué pasó después y haced un dibujo con por lo menos un bocadillo *(Sprechblase)* o escribid algunas frases para terminar la historia.

[1] **un profesional** ein Profi – [2] **un premio** ein Preis *(Auszeichnung)* –
[3] **celoso,-a** eifersüchtig – [4] **insignificante** sin importancia –
[5] **tuyas** *hier:* die dir gehören – [6] **un gatito** un gato pequeño

9 Las experiencias de Laura

Laura acompaña a Cristina a la radio. Después de hablar con Cristina y Marcelo, Ernesto le pregunta a Laura sobre sus experiencias en el intercambio (… *ihre Erfahrungen* …).

a Reunid todo lo que sabéis sobre Laura e imaginad la continuación del programa. Trabajad en parejas o grupos.

b Apuntad las palabras clave de vuestro diálogo, practicadlo y después representadlo en clase.

- Al principio
- La primera semana
- Cuando llegué
- Después
- Después de unas semanas
- Desde | entonces / ese momento
- Ahora

10 ¡Aquí hace un frío terrible!

a Cristina pronto va a tener vacaciones de verano, pero en Argentina, según Marcelo, hace mucho frío. Explicad por qué.

b Decid qué meses forman qué estación del año en Europa y en Argentina.

c Escribid algunas frases con cosas típicas que pasan en cada estación del año. Después formad grupos de 3 (A, B, C). A dice una fecha, B un país y C tiene que decir qué estación del año es y leer su frase. Si la estación y la frase son correctas, gana un punto.

Ejemplo: A: El 15 de agosto.
B: España.
C: El 15 de agosto en España es verano.
En verano la gente tiene vacaciones.

Las estaciones del año	Die Jahreszeiten
el invierno	der Winter
la primavera	der Frühling
el verano	der Sommer
el otoño	der Herbst

11 Un podcast de Argentina

Una chica argentina ha puesto en Internet explicaciones de… Bueno, eso os la va a decir ella misma.

a Escuchad el texto del cedé y contestad las siguientes preguntas:

1. ¿Cómo se llama la chica que hace el podcast?
2. ¿Dónde vive?
3. ¿Qué va a explicar en el podcast? ¿Qué no?
4. ¿Por qué y para quién(es) lo hace?
5. ¿Dónde lo hace? ¿Por qué lo hace allí?

b Copiad la tabla de abajo en vuestro cuaderno. Escuchad la segunda parte del podcast y poned las siguientes expresiones en el lugar adecuado.

Saludos	Respuestas
	☺
	☹

Todo tranquilo · Cómo andás · Bárbaro · Todo bién · Cómo va · Y ahí · Qué hacés · Estoy tirando

12 Tienes que visitar Buenos Aires

Algunos días después del programa de radio, Alberto José escribe un e-mail a Cristina.

a Completad el texto con ayuda de las siguientes indicaciones:

▶ = pronombre (pronombre de objeto directo o / e indirecto, pronombre después de preposición)
◆ = verbo en la forma correcta del presente
■ = verbo en la forma correcta del pasado (pretérito indefinido o pretérito perfecto, según el contexto)

Cuidado: a veces los verbos y los pronombres se escriben juntos y / o el verbo lleva acento.

Hola Cristina:

¿Qué tal? El otro día todos nosotros ■1 **(escuchar)** la conversación que ■2 **(tener – tú)** con mi hermano. Te ■3 **(invitar – él)** a venir, pero él no te ■4 **(decir)** por qué, pero ▶5 ▶6 voy a decir yo, Cristina: Buenos Aires ◆7 **(ser)** una ciudad preciosa. ◆8 **(tener – tú)** que visitar ▶9. Hay cosas fenomenales, ▶10 ◆11 **(encontrar – tú)** en cada esquina. Buenos Aires ◆12 **(estar)** en el Río de la Plata. Aquí el río ◆13 **(ser)** enorme, no ◆14 **(poder – tú)** ver la otra orilla[1]. Bueno, aquí todo ◆15 **(ser)** enorme. Vas a ver cuántas cosas hay, ▶16 ▶17 voy a enseñar todas. ¿▶18 gusta el fútbol, verdad? ◆19 **(poder – nosotros)** ir a un partido del Boca Juniors, un equipo conocidísimo de Buenos Aires. Seguro que ■20 **(oír)** hablar de ▶21. Para ▶22 son el mejor equipo del mundo.

Aquí ◆23 **(tener – yo)** un montón de amigos. ◆24 **(saber – ellos)** que tengo una nueva prima en España, claro, ▶25 ▶26 ■27 **(decir – yo)** mil veces :-). ▶28 ▶29 ◆30 **(tener – yo)** que presentar. Todos ◆31 **(querer)** conocer ▶32.

Si ◆33 **(venir – tú)** en agosto, deja la ropa de verano en España. Saca tu ropa de invierno del armario y trae ▶34 toda, vas a tener que poner ▶35 ▶36. Aquí en agosto ◆37 **(hacer)** frío, mucho frío. De verdad, Cristina, ◆38 **(tener – tú)** que venir. Dí ▶39 ▶40 a tus padres. Ellos ◆41 **(poder)** venir también. ¿▶42 ▶43 vas a proponer, verdad? ▶44 ◆45 **(esperar – nosotros – a vosotros)** a todos.

Un abrazo y hasta pronto
tu primo de Argentina
Alberto José

b Después de leer el e-mail, Cristina quiere preguntar a sus padres por el viaje. Primero les dice lo que ha escrito Alberto José. Resumid el contenido del e-mail. Usad el estilo indirecto.

c ¿Qué pensáis?: ¿va a convencer Cristina a sus padres para viajar a Argentina (… *überzeugen* …)? En parejas escribid el final del diálogo entre ella y sus padres.

[1] **la orilla** das Ufer

Estrategia

Einen Kurzvortrag halten

Keine Panik, wenn ihr eure Arbeitsergebnisse in der Klasse vorstellen müsst. Wenn ihr die folgenden Punkte beachtet, kann eigentlich nichts schiefgehen.

1 Der Inhalt

– Bereits bei der Recherche (siehe Seite 97) habt ihr Informationen gesammelt. Überprüft noch einmal, ob all das, was ihr erarbeitet habt, auch wirklich zum Thema gehört. Wenn nötig: reduziert, wählt aus, fasst zusammen.

– Ordnet die Informationen und formuliert Gliederungspunkte. Verwendet dazu z. B. eure Notizen aus der Vorbereitung, oder kennzeichnet zusammengehörende Informationen mit einer Farbe.

– Bringt die Gliederungspunkte in eine sinnvolle Reihenfolge (siehe hierzu auch S. 53, Punkt 3).

– Überlegt euch für einen Vortrag einen Anfang, der eure Zuhörer neugierig auf das Thema macht, z. B. ein Rätsel oder eine ungewöhnliches Bild.

– Beendet das Referat mit einer Zusammenfassung oder einer persönlichen Einschätzung zum Sachverhalt.

2 Die Vorbereitung

– Ganz wichtig ist, dass ihr euren Vortrag so weit wie möglich frei sprecht. Fertigt dazu Karteikarten mit Stichwörtern an und unterstreicht Schlüsselwörter, damit ihr nach einem raschen Blick darauf weitersprechen könnt.

– Überlegt, welche wichtigen Vokabeln eure Zuhörer wahrscheinlich nicht kennen, und wann und wie ihr sie erklären könnt.

Arbeitet keinesfalls das Referat schriftlich komplett aus und lest es dann vor oder lernt es auswendig. Das ist für die Zuhörer sehr schwer zu verstehen.

– Sucht nach Möglichkeiten, das Referat zu veranschaulichen (z. B. durch Fotos, Landkarten, ein Lied o. Ä.).

– Wenn ihr als Gruppe vortragt, sprecht vorher ab, wer welchen Punkt übernimmt.

– Schreibt die Gliederung an die Tafel oder auf eine Folie. So können eure Zuhörer dem Vortrag leichter folgen.

– Macht einen Probedurchlauf, am besten vor Freunden. Fragt nach, ob Inhalt, Aufbau und Sprechgeschwindigkeit verständlich sind und verbessert ggf. euren Vortrag.

3 Der Vortrag

– Sprecht langsam, deutlich und in einfachen Sätzen, damit euch eure Zuhörer verstehen.

– Haltet Blickkontakt zum Publikum. Achtet vor allem auf verständnislose Blicke und versucht darauf zu reagieren.

– Denkt daran, dass eure Mitschüler über das Thema noch nichts wissen. Macht daher an geeigneten Stellen ruhig eine Pause und gebt ihnen kurz Zeit zum Nachdenken oder stellt Rückfragen, damit ihr seht, ob sie alles verstanden haben.

– Weist an den passenden Stellen auf eure vorbereiteten Materialien (Fotos, Tafelanschrieb usw.) hin und lockert so den Vortrag auf.

– Und dann: fest mit beiden Beinen auf die Erde stellen (das gibt Sicherheit), gut durchatmen… und los!

¿Cómo es Argentina? (Parte 2)

Continuad vuestro trabajo sobre una región o una ciudad de Argentina (ver página 112).

a Mirad los materiales que habéis encontrado y elegid la información importante.
– Decidid, por ejemplo, si allí hay información sobre la región que tenéis que presentar.
– Tomad sólo la información que pertenece a uno de los puntos de la estructura de vuestro trabajo *(... zu einem eurer Gliederungspunkte gehört ...)*.
– Buscad sobre todo la información general, no los detalles sin importancia *(... die allgemeinen Informationen ...)*.

b Preparad la presentación y seguid los consejos de la página 122.

Lerntipp

Recordad: no es necesario leer los textos que habéis encontrado desde la primera hasta la última línea. Buscad primero rápidamente las palabras clave y leed sólo los párrafos *(die Abschnitte)* donde veis éstas.
De estos párrafos intentad comprender la idea global y usad el diccionario sólo para algunas palabras importantes.

So kann ich auf Spanisch ...

... ein Thema vorstellen
- Hoy vamos a hablar de ...
- Os vamos a explicar ...
- La ciudad / región nos parece interesante porque ...
- Antes de empezar os voy a enseñar ...
- Al principio quiero decir ...
- Primero vamos a mirar el mapa *(die Landkarte)*.

... zu einem neuen Punkt überleiten
- Acabamos de ver ...
- Ahora pasamos a ...
- Llegamos al segundo / tercer / ... / último punto / aspecto de nuestro tema.

... Sätze oder Ideen verbinden
- Primero ... después ... entonces ... al final ...
- Además
- También
- Por cierto
- Sabéis que
- Es que
- ... porque ...
- Por un lado ... por otro lado ...
- En fin

... ein Thema abschließen
- Para terminar
- Al final
- Después de ver todo eso
- Para resumir *(zusammenfassen)* lo que he dicho

... nachfragen oder auf Unverständnis reagieren
- ¿Está todo claro?
- ¿Habéis entendido todo?
- ¿Tenéis preguntas?
- ¿Tengo que repetir algo?
- ¿Tengo que explicar algo otra vez?
- Veo que me miráis asombrados / preocupados / aburridos.
- Me parece que no me comprendéis / entendéis.
- ¿Qué no está claro?

A todo ritmo

España

En España hay música folklórica muy variada y cada región tiene su propio tipo de música y baile. El tipo de música más conocido internacionalmente es el flamenco, que es la música típica de Andalucía. Hay grupos y cantantes que han mezclado la música folklórica con otros tipos de música, como pop, rock, funk y, así, han hecho una música más moderna, que es muy popular entre los jóvenes españoles, como El Mago de Oz o Hevia con influencias celtas, o Los Gipsy Kings y Ketama con los ritmos flamencos. Naturalmente también hay otros estilos de música, como pop o rock. Los grupos Estopa, La Oreja de Van Gogh o cantantes como Alejandro Sanz, Rosario Flores o Rosana son muy conocidos en España y en América Latina. Naturalmente los españoles escuchan también a cantantes y grupos internacionalmente conocidos; pero los españoles son más populares, y la música española suena muchísimo en la radio y en las discotecas.

América Latina

América Latina es muy rica en música. Los ritmos musicales son muy diferentes y son una mezcla de la cultura europea, la americana y la africana, que llegó con los esclavos. La más famosa es la salsa, pero no es la única: de Cuba es el cha-cha-chá o la rumba y de la República Dominicana es el merengue, que Juan Luis Guerra ha llevado a Europa y Estados Unidos. Estos ritmos caribeños han influido también en cantantes de rock o pop como Shakira, Ricky Martin o Jennifer Lopez.

2 **propio, -a** eigen – 7 **mezclar** mischen – 12 **celta** keltisch – 29 **un esclavo** ein Sklave – 34 **influir** beeinflussen

En México el género musical más típico es la ranchera. Los temas de las canciones son normalmente la Revolución mexicana, los caballos o historias tristes de amor. Actualmente algunos grupos modernos como Maná, han cantado con mucho éxito versiones de antiguas rancheras. Pero en México, no hay sólo música ranchera. Grupos y cantantes de rock y pop son muy populares nacional e internacionalmente, un ejemplo son Molotov o Julieta Venegas.

En Argentina nació un estilo de música que hoy es famoso en todo el mundo: el tango. El instrumento típico del tango es el bandoneón, instrumento que llegó a Argentina desde Alemania.

El tango fue primero la música de los barrios pobres de Buenos Aires, pero después tuvo mucho éxito en París y volvió a Argentina como un baile elegante. De Argentina también han salido grupos de rock y pop muy conocidos como Los Fabulosos Cádillacs, Los Rodríguez o Andrés Calamaro.

43 **el éxito** der Erfolg – 52 **un bandoneón** *akkordeonartiges Musikinstrument*

1 ¡Cuánto ritmo!

a Copiad la tabla en vuestro cuaderno y completadla con ayuda del texto «A todo ritmo» de las páginas 124 y 125.

estilo musical	país	cantantes y grupos	más información

b Preparad preguntas sobre las diferentes partes del texto. Después hacédselas a un compañero o una compañera y controlad sus respuestas.

c Escuchad los ejemplos de los diferentes estilos musicales en el cedé e intentad imitar el ritmo con palmadas (… *den Rhythmus zu klatschen*).

d Escuchad los demás ejemplos de música e intentad identificar los estilos.

2 Un programa de música

«Los 40 principales» es un programa de radio para jóvenes que presenta cada semana los éxitos musicales. Mirad en *www.los40.com* qué cantantes y qué grupos tienen en este momento éxito en España. Comparadlos con los éxitos actuales en Alemania, por ejemplo:

- Decid cuáles son los mismos en España y Alemania.
- Intentad saber cuáles de los éxitos españoles podéis comprar en Alemania.
- Buscad información sobre el tipo de música de un intérprete o un grupo que todavía no conocéis.

3 Mi música

¿Qué tipo de música os gusta? Elegid un / una cantante o un grupo. Puede ser vuestro cantante / grupo favorito, uno del texto «A todo ritmo» o uno de «Los 40 principales».
Preparad un programa de radio de unos 3 minutos sobre este cantante o grupo. Hablad en él sobre su vida, su obra, sus éxitos más grandes, etc.

Para hacer el programa:

- Buscad información en diferentes fuentes (… *Quellen*).
- Si tenéis información en alemán, recordad que no tenéis que traducir palabra por palabra.
- Elegid la información importante o interesante y ordenadla. Pensad también cuánto podéis decir en 3 minutos.
- Preparad explicaciones de vocabulario para vuestros compañeros.
- Practicad vuestro programa en casa o delante de algunos compañeros. Podéis también grabarlo en casete o MP3 (… *aufnehmen* …) y presentarlo después en clase .

El curso termina

a Mirad los dibujos e imaginaos dónde están los jóvenes y qué pasa.

b ¿Cómo creéis que se sienten Laura, Mario y los otros chicos? ¿Por qué?

c ¿Qué creéis que se pueden decir? Escribid 2 ó 3 frases para cada uno de ellos. Después leed las frases a vuestros compañeros y ellos dicen quién puede decir eso.

Hasta el año que viene

Laura está haciendo las maletas. Esta noche es la última que pasa en casa de los Alonso. Mañana la habitación será otra vez sólo para Cristina, y seguro que ella estará contenta. Pero ya no hablarán por la noche, ni irán juntas al cine, ni Cristina la ayudará con los deberes.

Cristina: Me escribirás pronto y me contarás cómo te va, ¿eh? —le dice Cristina.

Laura: Claro, Cris. Te lo prometo.

Cristina: ¿Y volverás en Navidades?

Laura: Ya veré … ¿Me pasas ese jersey, por favor?

Cristina: Sí, toma.

Laura: Ya les he contado a mis compañeras que quiero venir, pero no sé cuándo. ¿Dónde estaréis tú y tu familia durante las vacaciones?

En este momento alguien llama a la puerta. Es Mario.

Mario: Os molesto sólo un momento —dice—. Mira, Laura, para tu viaje, porque sé que te gusta.

Laura: ¿Para mí? Pero … es tu MP3. Tiene todas las canciones que te gustan. No puedo aceptarlo.

Cristina: Jo, Mario —dice Cristina—. No puedes regalarle tu MP3 …

Mario: No, no es un regalo. Laura, sólo te lo dejo. El próximo año, estoy seguro, nos veremos. Y entonces me lo devolverás, ¿vale?

Laura no dice nada. Está pensando. Mira a Mario y después el MP3.

1 Laura vuelve a Alemania

a Explicad el título del texto «Hasta el año que viene".

b En parejas pensad un nuevo título para el texto.

c De las siguientes frases elegid cuáles son las dos que mejor corresponden al texto *(… am besten entsprechen …)*. Después hablad con un compañero o una compañera y explicad por qué habéis elegido estas frases.

1. Cristina está contenta porque tiene otra vez su habitación para ella sola.
2. Para Laura está claro que vuelve en Navidades a Valladolid.
3. Mario le deja su MP3 a Laura, así ella puede venir pronto para devolvérselo.
4. Para Mario es muy importante su MP3.
5. Laura acepta el regalo de Mario.

2 ¿Qué tiempo es? (§ 39)

a Leed otra vez el texto «Hasta el año que viene». En él hay un tiempo verbal nuevo *(… eine neue Zeitform)*. Mirad otra vez las frases del texto con estas formas y decid a qué se refiere el tiempo nuevo o qué tiempo verbal es (*… worauf … sich bezieht …*).

b Buscad las formas y escribidlas en una tabla. Mirad las formas y decid:

1. ¿Cómo se forma este tiempo? *(… wird gebildet …)*
2. ¿Hay diferencias entre los verbos en *-ar, -er* e *-ir*?

3 ¿Qué pasará? (§ 39)

Cuando termina de hacer la maleta, Laura se queda sola en la habitación y piensa en la despedida del siguiente día en el aeropuerto.
Formad frases sobre lo que pasará. Usad la forma correcta del futuro.

	hablar	el próximo año
Los señores Alonso	estar	nervioso, -a
Mario	preguntar	mucho
Cristina	escribir	un beso
Yo (Laura)	ir	un poco triste
Mario y yo	despedirse	otra vez
Todos	dar	una carta de despedida
La despedida	estar	al aeropuerto
	volver	hasta el próximo año

4 Laura, Mario y el MP3 (§ 39)

Después de cenar, Laura quiere hablar con Mario que ha estado un poco nervioso durante la cena.
Haced el diálogo y poned los verbos entre paréntesis en la forma correcta del futuro.

Laura
Lo siento Mario, pero no **(llevarme – yo)** tu MP3.
Pero … ¿por qué? Ya me lo **devolverás** el año que viene.
Mira, Mario, muchas gracias, pero sé que lo **(echar – tú)** de menos.
Claro, pero a ti también te **echaremos** todos de menos.
¡Jo! No va a ser tan duro. Nos **(escribir – nosotros)** e-mails como antes y **(chatear – nosotros)**.
Sí, pero eso no **será** lo mismo. **Llegarás** a Berlín y nos **olvidarás**.
Claro que no os **(olvidar – yo)**. Además, toma, os **(dejar – yo)** mi póster de *Matrix*, así **(pensar – vosotros)** también en mí, ¿vale?
¡Vaaale! Pero, ¿**volverás** no? **Pasaremos** las Navidades juntos. Cristina y mis padres también **se alegrarán**.
También **(alegrarse – yo)**. Pero ahora me voy a dormir, porque mañana **(ser)** un día muy duro.
Bueno, yo **veré** un poco la televisión. Hasta mañana, Laura…

Mario
Lo siento Mario, pero no **me llevaré** tu MP3.
Pero … ¿por qué? Ya me lo **(devolver – tú)** el año que viene.
Mira, Mario, muchas gracias, pero sé que lo **echarás** de menos.
Claro, pero a ti también te **(echar – nosotros)** todos de menos.
¡Jo! No va a ser tan duro. Nos **escribiremos** e-mails como antes y **chatearemos**.
Sí, pero eso no **(ser)** lo mismo. **(llegar – tú)** a Berlín y nos **(olvidar – tú)**.
Claro que no os **olvidaré**. Además, toma, os **dejaré** mi póster de *Matrix*, así vosotros **pensaréis** también en mí, ¿vale?
¡Vaaale! Pero, ¿**(volver – tú)** no? **(Pasar – nosotros)** las Navidades juntos. Cristina y mis padres también **(alegrarse)**.
También yo **me alegraré**. Pero ahora me voy a dormir, porque mañana **será** un día muy duro.
Bueno, yo **(ver)** un poco la televisión. Hasta mañana, Laura…

5 ¿Cómo será la vida ahora? (§ 39)

Laura ha vivido mucho tiempo con la familia Alonso. Seguro que los primeros días después de volver a Berlín serán diferentes para ella y para la familia Alonso. Elegid a una persona (Cristina, Laura, Mario, la señora Alonso, …) y pensad cómo serán las próximas semanas para ella. Escribid vuestras ideas y usad el futuro. Después presentadlas a la clase.

6 Un año escolar está teminando (§§ 1, 27, 28, 32, 33, 35, 39)

Para Laura está terminando un año lleno de experiencias nuevas y pronto va a empezar otro. Seguro que en el año escolar a vosotros también os han pasado muchas cosas – buenas y malas, divertidas y tristes. Escribid por lo menos cinco frases sobre lo que os ha pasado y cinco más sobre cómo será probablemente el año que viene o sobre las cosas que queréis hacer.

- En (+ mes) *(+ pret. indef.)*
- Este año *(+ pret. perf.)*
- El año que viene | quiero *(+ inf.)* / *(+ futuro)*
- Este año ha sido más *(+ adj.)* que el año pasado.
- La cosa menos *(+ adj.)* del año ha sido …
- El día más *(+ adj.)* fue cuando *(+ indef.)*
- Me gustó muchísimo el / la …

Vamos a repasar *(... wiederholen)*

Para el juego necesitáis una ficha por grupo, un dado *(Würfel)* y papeles pequeños para las preguntas. En grupos de 4 ó 5 preparad para cada casilla una pregunta:

- Para las casillas con el símbolo haced una pregunta sobre España o Latinoamérica.
- Para las casillas con el símblo haced una pregunta de vocabulario.
- Para las casillas con el símblo § haced una pregunta sobre verbos o gramática.

Escribid la pregunta por un lado del papel y por el otro la respuesta.
Jugad ahora contra otro grupo. Poned vuestras fichas en la casilla «salida». Empieza un grupo y tira el dado, que le dice cuántas casillas puede avanzar (*vorwärtsgehen*). El otro grupo le hace una pregunta que ha preparado sobre el tema que dice la casilla y controla la respuesta. Si el primer grupo dice la respuesta correcta, puede seguir jugando. Si es falsa, juega el otro grupo. El primer grupo que llega a la casilla «llegada» gana.

Cajón de sastre

Vacaciones otra vez

Hoy sobre el mar
el sol brilla.
Un día perfecto es,
no hay nada mejor.
Es verano y voy a verte.
Apuesto a que irás,
a que me extrañas
y te pienso mientras voy al sur.
Quiero correr contigo bajo el
cielo azul.
Y sueño sólo en ti
y estar ya frente a ti.

Fiesta bajo el sol.
Vacaciones son.
Voy volando espérame.
Fiesta y diversión,
vacaciones son,
vacaciones otra vez.

Y al llegar a la playa,
reírnos sin parar,
y así nadar
en el agua y disfrutar
tostando mi piel en la arena,
escuchándote entre olas.
Voleibol, fútbol, vamos a jugar.
Sabes que voy a ganar.
Y sueño sólo en ti
y estar ya frente a ti.
Fiesta bajo el sol.
Vacaciones son.
Voy volando espérame.
Fiesta y diversión,
vacaciones son,
vacaciones otra vez.

Voy volando espérame.
Y un adiós no puedo ver,
separarnos sin querer.

Fiesta bajo el sol.
Vacaciones son.
Voy volando espérame.
Fiesta y diversión,
vacaciones son,
vacaciones otra vez.

4 **nada** nichts – 6 **apostar a que** wetten, dass – **irás** du wirst gehen – 7 **extrañar** vermissen – 8 **mientras** während – 9 **correr** rennen, laufen – **contigo** mit dir – 10 **el cielo** der Himmel – 12 **frente a** gegenüber – 15 **ir volando** fliegen – 16 **la diversión** das Vergnügen, der Zeitvertreib – 20 **reírse** lachen – **parar** terminar – 22 **disfrutar** genießen – 23 **la piel** die Haut – **la arena** der Sand – 24 **una ola** eine Welle – 26 **ganar** gewinnen – 37 **separarse** sich trennen

La empanada gallega

Necesitáis:
500 gramos de harina
1 vaso de agua
30 gramos de levadura
sal
una cucharada de pimentón
300 gramos de atún
1/2 de cebolla
aceite
1 huevo

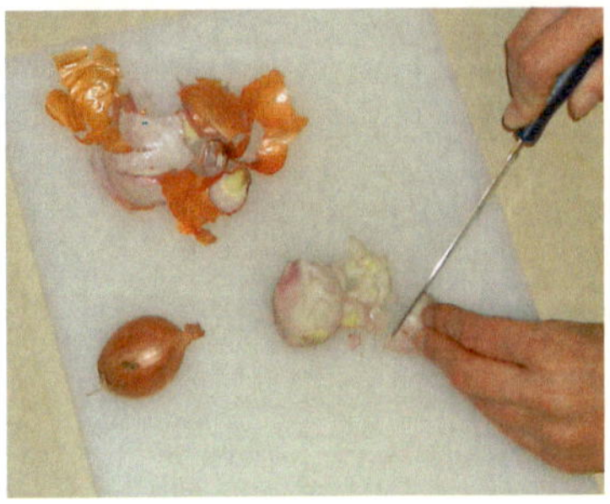

1. Pelamos y cortamos las cebollas en trocitos y las freímos en aceite de oliva. Al final añadimos el pimentón.

2. Ponemos la harina sobre la mesa en forma de volcán y añadimos el agua, la sal, la levadura y dos cucharadas del aceite de freír las cebollas. Amasamos todo hasta hacer una masa lisa.

3. Con la masa hacemos dos bolas y las dejamos descansar media hora.

4. Estiramos una bola de la empanada sobre un papel de horno.

5. Ponemos sobre la masa la cebolla y el atún.

6. Estiramos la otra bola de masa y la ponemos encima de la masa con el relleno.

la levadura die Hefe – **la sal** das Salz – **una cucharada** ein Teelöffel voll – **el pimentón** Paprika – **el atún** der Thunfisch – **freír** frittieren, braten – **liso, -a** glatt – **descansar** ruhen – **el relleno** die Füllung

7. La pintamos con huevo y la metemos en el horno a 180° unos 45 minutos.

8. Ya está lista la empanada. ¡Buen provecho!

¿Habrá pizza?

La empanada gallega: **el horno** der Backofen
¿Habrá pizza?: **una empresa** eine Firma – **con tantas estrellas** *aquí:* muy bueno y caro – **una guía de Gourmets** ein Restaurantführer – **célebre** conocido, -a – **el toque delicado** *hier:* die Leichtigkeit – **el sabor** das Aroma – **descubrir** entdecken – **¿habrá ...?** Ob es wohl ... gibt? – **mierda** *(vulg.)* Scheiße – **tonto, -a** dumm

¿Por qué te gusta el cuadro?

Kepa es un chico de 15 años y vive en Bilbao. En su clase está Sofía que le gusta mucho. Para clase tienen que hacer un trabajo sobre el Museo Guggenheim. Los dos deciden hacer el trabajo juntos y comparar el Guggenheim con otro museo de la ciudad.

El Museo de Bellas Artes es antiguo, y la fachada es clásica, con escaleras y columnas. Está en el Parque de Bilbao, que es muy bonito. [...]

—Pero, a ti, ¿cuál te gusta más? ¿El Museo Guggenheim Bilbao o éste? —me pregunta Sofía.

—No son comparables —digo yo.

—A ver, explícate. Piensa que soy la profe y que te estoy interrogando, venga.

—Éste es un edificio neoclásico, es decir un clásico hecho ahora. Es decir que no es antiguo de veras, sino la copia de un modelo griego, ¿vale?

—Vale. ¿Y el "Guggen"?

—Pues no sé. Lo que llaman posmoderno, supongo.

—¿Y eso qué es?

—Pues un estilo donde caben todas las tendencias.

—¿Y tú has entrado en el "Guggen"?

—Sí, claro.

—¿Y qué hay?

—Pues... bueno... arte abstracto, arte povera, pop, minimalismo...

—Pero ¿cómo puedes saber todo eso?

—¡Toma! Porque me lo he estudiado. Por eso. Ven a ver un cuadro que me gusta muchísimo —digo yo.

La llevo a ver el cuadro de la *Condesa de Noailles*, de Zuloaga, y le cuento todo el rollo que me sé al dedillo porque es un cuadro que me gusta cantidubi.

—Ves. Aquí tienes un ejemplo de pintura realista. [...] ¿Te gusta? —pregunto.

—Sí, mucho. Es... preciosa.

Pienso que se refiere a la condesa más que al cuadro. La mujer está tumbada en un sillón y

tiene un vestido largo de seda rosa por donde le asoma un piececito muy fino con media negra. Su pelo es muy oscuro y el flequillo le llega hasta los ojos, que son verdes, muy grandes, y que te miran hasta dentro dentro.

—¿Sabes decirme por qué te gusta? —le pregunto.

—Dime por qué te gusta a ti —contesta.

—Pues a mí me gusta porque, si comparas a esta mujer tan guapa con muchas, no sé, con casi todas las demás modelos de Zuloaga, por lo menos las que he visto yo, ves que el pintor la respeta. Respeta no sólo su belleza sino su persona, ¿me explico?

—Sí, tío, te explicas perfectamente —dice.

—Pues ese respeto era una cosa la mar de rara en esa época. [...]

—Sí, tienes razón —dice Sofía—. El pintor la respeta, y la condesa sostiene su mirada sin dejarse intimidar ni por un segundo. Está... muy segura de sí misma. [...]

Luego vemos los Arrúe, los Aranoa, los Iturrino ... A ella le gusta Aranoa el que más.

—Tiene algo muy suave —dice—. Mola.

¿Te gustan los hombres suaves? —pregunto medio en broma.

—Sí —dice muy seria—. [...]

Tomo nota mental.

Asun Balzola, *El efecto Guggenheim Bilbao*, Madrid: Ediciones SM, 2003, pp. 30 – 39 (fragmento simplificado).

17 **sino** sondern – **griego,-a** griechisch – 20 **suponer (-g-)** vermuten – 22 **caber** hineinpassen, enthalten sein – 33 **una condesa** eine Gräfin – 34 **todo el rollo** *(col.)* todas las cosas – 35 **saber algo al dedillo** saberlo muy bien – 40 **referirse a** sich beziehen auf – 41 **estar tumbado,-a** liegen – 43 **asomar** sich zeigen, erscheinen – **una media** ein (Damen-) Strumpf – 44 **el flequillo** der Pony – 53 **la belleza** die Schönheit – 56 **era** war – **raro,-a** selten – 59 **sostener** halten – 60 **intimidar a alguien** jdn. einschüchtern – 61 **seguro,-a de sí mismo,-a** selbstsicher – 62 **Arrúe, Aranoa, Iturrino** pintores españoles (*aquí:* sus cuadros) – 64 **suave** sanft – **molar** gustar mucho – 66 **una broma** ein Scherz

Un juego de adultos

Ramón, Gonzalo y Juanma son tres amigos de unos 13 años que viven en una ciudad pequeña. Como juego para probar su valentía hacen pequeñas apuestas que casi siempre gana Ramón. Y ahora Gonzalo tiene una nueva apuesta para él.

— Si haces eso es que estás loco, tío — dice Juanma.

Ramón no responde. Están los tres en la terraza de su casa sentados en un muro. [...] Gonzalo y Ramón se miran sin hablar. Ramón mira hacia el horizonte. La ciudad no es muy grande, y desde allí puede verse el campo, los montes bajos que en verano parecen azules y en invierno grises, la carretera. Ramón no ha salido muchas veces por aquella carretera. Todavía no ha estado en una verdadera gran ciudad. [...]

—Tres días —dice Ramón—. Me comprometo a aguantar tres días en una gran ciudad.

—La cuestión —dice Gonzalo— es cuánto dinero necesitas. Ya lo habéis visto, podemos ir a un restaurante y pedir una comida, y te sirven igual que a un adulto. Y no digamos en un McDonald's. Y supongo que para dormir es lo mismo. La pasta: la pasta es lo que importa, no tu edad.

—Un tío de nuestra edad no puede ir por ahí solo sin buscarse problemas —responde Juanma— y vosotros lo sabéis. ¿Para qué te sirve la pasta si te sale un chorizo y te atraca con una pistola?

—Para lo mismo que a un adulto... para dársela al chorizo—responde Gonzalo.

—Lo voy a hacer con la cantidad que vosotros digáis—anuncia Ramón.

—Vas a necesitar unas diez mil pesetas —propone Juanma.

—¿Estás loco? — se escandaliza Gonzalo—. ¿De dónde vamos a sacar diez mil pesetas? Cinco mil.

—¿Qué opinas tú, Ramón? [...]

—Lo voy a hacer con tres mil.

Juanma suelta una exclamación. [...]

—¡Idea! ¿Sabéis lo que se me ha ocurrido?

—No, si no nos lo dices.

—Yo me voy a Madrid dentro de dos semanas, ya sabéis que todos los años paso parte de las vacaciones de Navidad con mi familia de allí. Podemos decir a los padres de Ramón que se viene conmigo, y en Madrid...

—Que se busque la vida—completó Gonzalo—. ¿Estás de acuerdo, Ramón?

—De acuerdo.

Un juego de adultos: 3 **la valentía** der Mut – 4 **una apuesta** eine Wette – 7 **loco,-a** verrückt – 10 **un muro** eine Mauer – 13 **un monte** una montaña (pequeña) – 16 **comprometerse a** sich verpflichten zu – **aguantar** aushalten – 18 **digamos** *aquí:* por ejemplo – 19 **suponer (-g-)** vermuten – **la pasta** *(col.)* el dinero – 20 **la edad** das Alter – 21 **buscarse** *aquí:* tener – 22 **un chorizo** *(col.)* *hier:* ein Gauner – **atracar** überfallen – 25 **que digáis** welche auch immer ihr sagt – 26 **la peseta** *spanische Währung bis 2002*; 10.000 ptas son unos 60 euros – 29 **opinar** pensar – 31 **soltar (-ue-)** loslassen – 32 **ocurrirse algo a alguien** tener una idea – 37 **que se busque la vida** tiene que buscarse la vida *(sich durchschlagen)* – **estar de acuerdo** einverstanden sein

—Tenemos—dice Gonzalo—que proponer unas normas. Primera: Ramón tiene derecho a hacer lo que quiera, legal o ilegal, pero no puede pedir ayuda a nadie conocido.

—Puedes atracar un banco, si quieres—se ríe Juanma.

—No conozco a nadie en Madrid, así que por ese lado podéis estar tranquilos.

—Segunda: nunca puede decir a nadie que lo que está haciendo es intentar ganar una apuesta.

—Muy bien.

—Cuando se considere vencido—sigue diciendo Gonzalo—, basta con que te llame a ti, Juanma. Lo vas a buscar con tus abuelos o con quien sea, y eso pone punto y final a la partida.

—¿La partida?

—Bueno, al fin y al cabo es como una especie de juego, ¿no?

—En cualquier caso —dice serio Juanma— no es un juego de niños sino de adultos.

—¿Qué quieres decir?

—Pues eso es lo que hacen los adultos. Van a buscarse la vida como pueden. Pero se supone que ellos se han preparado muchos años.

Manuel L. Alonso, *Juego de Adultos*, Madrid: Ediciones SM, 1999, pp. 20 – 24 (fragmento simplificado).

Mi diario personal

Hoy no he escrito nada
en mi diario personal.
No había nada personal
que escribir en mi diario.
Y entre páginas en blanco
no he sabido qué escribir,
nada que decir.

Mi diario personal
tan pequeño y tan legal
donde viven los recuerdos
que me ayudan a vivir.
Mi diario personal
con una página en blanco
que no he sabido escribir.

Mi diario personal
con frases desordenadas,
fechas que no son exactas,
páginas no numeradas,
sin nombre ni titulares,
sólo efectos personales
y páginas en blanco.

Mi diario personal
tan pequeño y tan legal
donde viven los recuerdos
que me ayudan a vivir.
Mi diario personal
con una página en blanco
que no he sabido escribir.

Mi diario personal
tan pequeño y tan legal
donde viven los recuerdos
entre manchas de carmín.
Mi diario personal
con una página en blanco
que he guardado para ti.

40 **el derecho** das Recht – **lo que quiera** was auch immer er will – 42 **reírse** lachen – 44 **intentar** versuchen – **ganar** gewinnen – 47 **considerarse vencido, -a** sich geschlagen geben – 48 **quien sea** wer auch immer – 51 **al fin y al cabo** letzten Endes – 52 **en cualquier caso** in jedem Fall – 55 **se supone** man geht davon aus
Mi diario personal: 9 **legal** *hier:* treu – 17 **una fecha** ein Datum – 19 **un titular** Überschrift – 20 **los efectos personales** cosas y recuerdos – 32 **una mancha** ein Fleck – **el carmín** rot; *hier* Lippenstift – 35 **guardar** behalten

Viajando

1 Domitilo
Llegó al río Nilo,
Montado en un cocodrilo.

2 Ramona
Llegó a Barcelona
Montada en una mona.

3 Simeona
Llegó a Gerona
Montada en una leona.

4 Un estudiante
Llegó a Alicante
Montado en un elefante.

5 Enriqueta
Llegó a la meta
Montada en una avioneta.

6 Y Glori, la autora,
Llegó al fin
Montada en un delfín.

Gloria Fuertes: "Viajando", en: *Poesías de animales. La selva en verso.* Madrid: Susaeta Ediciones, 1995 (fragmentos)

Vamos a Las Flores

El padre de Mara, una chica de unos 15 años que vive en Buenos Aires, es médico, pero no tiene trabajo. Un día el padre vuelve a casa con la noticia de que ha encontrado trabajo.

Yo grité y corrí a abrazarlo.

—¿De verdad?

—Sí, —sonrió—, un trabajo de médico.

Sentí que algo no estaba del todo bien.

—Es un poco lejos —explicó—. Tenemos que mudarnos.

—¿Mudarnos? —la sonrisa de mi mamá también empezó a desvanecerse—. ¿Adónde?

—Al sur —dijo papá—. A la Patagonia. Es un pueblo que se llama Las Flores. Me dijeron que el paisaje es maravilloso.

De a poco, fue diciendo los detalles. Dijo que en Las Flores no hay hospital. Apenas un puesto sanitario, con un médico y una enfermera. El último se jubiló, a los setenta y ocho años. Y ahora necesitan otro: le ofrecieron el cargo a papá por un año. Es un pueblo chico, aclaró, muy chico.

—¿Cuánto? —quiso saber mamá.

—No más de quinientos habitantes.

Viajando: 5 **la meta** das Ziel
Vamos a Las Flores: 4 **gritar** rufen, schreien – 6 **sonreír** lächeln – 7 **estaba** war – 8 **mudarse** umziehen – 9 **desvanecerse (-zco)** verschwinden, verfliegen – 11 **el paisaje** die Landschaft – **maravilloso, -a** precioso, -a, muy bonito, -a – 13 **un puesto sanitario** eine Sanitätsstation – 14 **el cargo** *aquí:* el trabajo – **chico, -a** muy pequeño, -a – 15 **aclarar** explicar

Entonces empezamos a entender. Las Flores queda a setenta kilómetros de una ciudad importante, San Marcos, pero sólo los primeros veinte están asfaltados. Y el camino es malo. Peor: es horrible. En invierno, cuando nieva mucho, el pueblo queda aislado. En primavera, cuando llueve mucho, también. No hay cines, ni teatros, ni discotecas. Por suerte, aclaró papá, hay escuelas. Dos.

A mi hermano la cara se le puso verde.

—¿Hay videojuegos? —preguntó en pleno ataque de pánico.

—No me dijeron —respondió cauteloso papá—, pero francamente lo dudo.

El labio superior de Leo tembló cuando dijo:

—¿Y conexión a Internet?

Papá ni siquiera le contestó. [...]

Salimos en la mañana de un viernes. El viaje desde Buenos Aires hasta San Marcos llevó un día entero. Ya llegábamos a la ciudad cuando el ómnibus tomó una curva y frente a nosotros apareció un increíble lago rodeado por montañas. Me acordé entonces de la frase de mi papá en una de sus cartas: «El paisaje es tan espectacular que te corta el aliento». A lo mejor, después de todo no va a estar tan mal vivir aquí.

21 **aislado, -a** isoliert - 24 **la cara** das Gesicht - 25 **en pleno** ... mitten in ... - 27 **cauteloso, -a** vorsichtig - 28 **francamente** offen gesagt - **dudar** creer que no - 29 **el labio** die Lippe - **superior** obere, -r, -s - 31 **ni siquiera** nicht einmal - 33 **entero, -a** ganz - 34 **llegábamos** wir kamen an - **un ómnibus** un autobús - 35 **aparecer (-zco)** auftauchen - 36 **rodeado, -a por** umgeben von - 38 **cortar el aliento** den Atem nehmen

Una fiesta en Las Flores

Poco después de la llegada de Mara y su familia, el pueblo de Las Flores celebra una fiesta e invitan a familia del médico. Pero sobre todo los chicos no quieren ir. Mara propone una excursión a la ciudad para no tener que ir a la fiesta.

—Sí, —dijo la madre—, podemos excusarnos con la gente del pueblo, explicarles que les prometimos a los chicos ir a la ciudad.
Mi padre negó con la cabeza.
—Sería un desaire insoportable para ellos. Nosotros somos el principal evento de esta fiesta: hoy cuatro personas vinieron a mi consultorio y otras tres me pararon por la calle para recordármela. No podemos faltar.
—Pero al fin y al cabo: ¡qué se cree esta gente! —gritó enfadado mi hermano que se levantó de la mesa tan abruptamente que su silla se cayó al piso—. Qué somos, ¿bichos?, ¿artistas de cine?, ¿marcianos?, ¿una banda de rock and roll? ¿Por qué no se divierten con otra cosa? ¡Por qué no nos dejan en paz! [...]
Todos nos quedamos en silencio. Papá intentó serenar el ambiente.
—Es un tiempo nomás —dijo—. Por ahora somos una novedad, pero esto va a pasar. Hay que tener un poco de paciencia.
—Pero ¿por qué tanto interés por nosotros? —pregunté yo—. ¿Nunca vieron una familia de otro lugar?
—Ustedes no entienden —dijo papá—. Éste es un pueblo que está muriendo.
—¿Cómo muriendo?
—Sí, se acaba. No hay trabajo y la gente se va a la ciudad. Cada vez son menos: si la tendencia sigue así, en pocos años no va a haber más pueblo. Este año desde la capital provincial quisieron cerrarles la escuela secundaria porque no hay suficientes alumnos. La directora viajó hasta allá a discutirlo y logró al menos mantenerla un período más. Y eso pasa con todo. Las Flores se muere.
—¿Y nosotros qué tenemos que ver? —preguntó mi hermano—.
—Somos los únicos que vinimos cuando todos se van. Y les gustaría que nos quedemos a vivir.
—Pero no has aceptado —dijo nervioso Leonardo.
—No, yo voy a cumplir mi palabra. Voy a trabajar aquí un año, pero, como ya hablamos, voy a seguir buscando un trabajo en Buenos Aires. En un año espero tener algo en vista para volver a la capital.
—¿Prometido?
—Prometido –dijo papá—. Tienen mi palabra de honor.
Leonardo sonrió por primera vez en varios días.
—Bueno —dijo—, pero en esa fiesta yo no bailo. Ni soñarlo.

4 **excusarse** sich entschuldigen – 5 **prometer** versprechen – 7 **sería un desaire insoportable** das wäre eine unerträgliche Kränkung – 8 **un consultorio** eine Arztpraxis – 10 **al fin y al cabo** letzten Endes – 12 **un bicho** un animal – **un marciano** ein Marsmensch – 13 **la paz** der Friede – 14 **intentar** versuchen – **serenar** beruhigen, besänftigen – 15 **nomás** sólo – 24 **suficiente** genügend – 25 **mantener (-g-)** erhalten – 27 **único, -a** einzige, -r, -s – **les gustaría que nos quedemos** sie würden sich freuen, wenn wir blieben – 30 **cumplir** erfüllen – 32 **en vista** in Aussicht – 35 **sonreír** lächeln

Salta

Salí de casa con la sonrisa puesta.
Hoy me he levantado contento de verdad.
El sol de la mañana brilla en mi cara.
Una brisa fresca me ayuda a despertar.
Yo digo …

La ciudad parece mi amiga.
Hoy es mi día y nadie me lo va a arruinar.
Las chicas en la esquina ríen con picardía.
Yo sé lo que quieren y se lo voy a dar.

Yo digo, ¡salta!, salta conmigo.
Digo, ¡salta!, salta conmigo.
¡Salta!, salta conmigo.

Voy por mi camino sin preocupación.
Pasa la gente y me mira mal.
Pero no me importa, a mí me da lo mismo.
Hoy estoy alegre y tengo ganas de saltar.

Yo digo, ¡salta!, salta conmigo.
Digo, ¡salta!, salta conmigo.
¡Salta!, salta conmigo.

T: Julián Infante Martín Nieto,
Ariel Eduardo Rotenberg Gutkin,
Alejandro Stivelberg Katz

saltar springen, hüpfen – 1 **una sonrisa** ein Lächeln – 3 **la cara** das Gesicht – 8 **reír** lachen – **con picardía** kokett – 15 **me da lo mismo** me da igual – 16 **alegre** fröhlich – **tener ganas de** Lust haben zu

Vocabulario

Lektionsbegleitendes Vokabular und Signalgrammatik

Das *Vocabulario* enthält den Lernwortschatz jeder Lektion. Außerdem findet ihr Hinweise auf ähnliche englische Wörter, bereits bekannte spanische Wörter aus der gleichen Wortfamilie sowie Wörter mit der gleichen oder entgegengesetzten Bedeutung. Besonders wichtig sind die farbig gedruckten Beispielsätze. Lernt sie immer mit, denn in einem sinnvollen Zusammenhang kann man sich neue Wörter besser merken. Nicht aufgeführt werden hier erschließbare Wörter, z. B. aus den Arbeitsanweisungen. Ihr könnt sie aber ggf. im *Diccionario* nachschlagen.
In den gelben Übersichtskästchen wird die neue Grammatik jeder Lektion anhand von Beispielen verdeutlicht. Die Angabe § (+ *Zahl)* verweist auf den entsprechenden Paragraphen im Grammatischen Beiheft.

Abkürzungen

adj.	*adjetivo* (= Adjektiv)
adv.	*adverbio* (= Adverb)
col.	*coloquial* (= umgangssprachlich)
etw.	etwas
f.	*femenino* (= feminin, weiblich)
jdm. / jdn.	jemandem / jemanden
inf.	*infinitivo* (= Infinitiv)
lat.am.	*latinoamericano* (= lateinamerikanisch)
m.	*masculino* (= maskulin, männlich)
pl.	*plural* (= Plural)
pron.	*pronombre* (= Pronomen)
sg.	*singular* (= Singular)
ugs.	umgangssprachlich

≡ Synonym
⇨ Wortfamilie
⇔ Antonym

D Deutsch
E Englisch

Unidad 1

Primer paso: De vacaciones

una montaña	ein Berg, ein Gebirge
Me encanta ir de vacaciones a la montaña.	Ich fahre in den Ferien sehr gerne ins Gebirge.
el campo	das Land, die ländliche Gegend
un viaje	eine Reise, eine Fahrt
Queremos hacer un viaje a Madrid.	Wir möchten eine Reise nach Madrid machen.
viajar ⇨ un viaje	reisen ⇨ eine Reise, eine Fahrt
una excursión	ein Ausflug
ir de excursión	einen Ausflug machen
Este año vamos a ir de excursión a las montañas.	Dieses Jahr machen wir einen Ausflug in die Berge.
hacer una excursión	einen Ausflug machen
Toda la clase va a hacer una excursión a la playa.	Die ganze Klasse wird einen Ausflug an den Strand machen.
una colonia	ein Ferienlager, eine Jugendfreizeit D Kolonie
Luis ha estado en una colonia en los Pirineos.	Luis ist in einem Ferienlager in den Pyrenäen gewesen.
quedarse	bleiben
Esta tarde Cristina se ha quedado en casa.	Heute Nachmittag ist Cristina zu Hause geblieben.
caminar	wandern
Me gusta caminar.	Ich wandere gerne.

un hotel	ein Hotel
Mis abuelos pasan las vacaciones en un hotel.	Meine Großeltern verbringen die Ferien in einem Hotel.
un albergue juvenil	eine Jugendherberge
Los chicos pasan la noche en un albergue juvenil.	Die Jugendlichen verbringen die Nacht in einer Jugendherberge.
una tienda de campaña	ein Zelt
En el campo vamos a dormir en una tienda de campaña.	Auf dem Land werden wir in einem Zelt schlafen.
ir en *(+ Verkehrsmittel)*	mit *(+ Verkehrsmittel)* fahren Ⓔ to go by bus
un tren	ein Zug Ⓔ train
El tren llega a las dos y media.	Der Zug kommt um halb drei an.
el coche	das Auto
Mis padres y yo vamos en coche al centro.	Meine Eltern und ich fahren mit dem Auto ins Zentrum.
la bicicleta	das Fahrrad Ⓔ bicycle
—¿Cómo vas a casa de Luis? —En bicicleta.	„Wie fährst du zu Luis nach Hause?" „Mit dem Fahrrad."
un avión	ein Flugzeug
Laura ha viajado a España en avión	Laura ist mit dem Flugzeug nach Spanien gereist.

Texto: ¿Qué tal las vacaciones?

un grupo	eine Gruppe Ⓔ group
Hoy ha llegado un grupo de alumnos alemanes.	Heute ist eine Gruppe deutscher Schüler angekommen.
un andaluz, una andaluza	ein Andalusier, eine Andalusierin
Alba ha conocido a un andaluz muy simpático.	Alba hat einen sehr netten Andalusier kennengelernt.
un caballo	ein Pferd
montar a caballo	reiten
—¿Alba sabe montar a caballo? —Ni idea.	„Kann Alba reiten?" „Keine Ahnung."
así	solche, -r, -s
No he visto a chicos así.	Ich habe keine solchen Jungs gesehen.
sin	ohne
Quiero el bocadillo sin queso, por favor.	Ich möchte bitte das Brötchen ohne Käse.
ser una pasada *(col.)*	der Hammer sein
¡Las playas de Roses son una pasada!	Die Strände von Roses sind der Hammer!
(estar) agotado, -a ≡ cansado, -a	erschöpft (sein) ≡ müde
He caminado mucho y por eso estoy agotado.	Ich bin viel gewandert und deshalb bin ich erschöpft.
tarde *(adv.)* ⇔ pronto *(adv.)*	spät *(adv.)* ⇔ bald
—¿Qué hora es? —Muy tarde. Son ya las once.	„Wie viel Uhr ist es?" „Sehr spät. Es ist schon elf Uhr."
(el) mediodía ⇨ el día	(der) Mittag, mittags ⇨ der Tag
Hoy es sábado y me he levantado a mediodía.	Heute ist Samstag und ich bin mittags aufgestanden.
un grado	ein Grad
Hace treinta grados.	Es ist 30 Grad warm.
hace sol	die Sonne scheint
Hace sol. ¿Por qué no vamos a la playa?	Die Sonne scheint. Warum gehen wir nicht an den Strand?
un abrazo	eine Umarmung
querido, -a	lieb; liebe, -r *(Anrede)*
Querida Alba: Te escribo …	Liebe Alba, ich schreibe dir …
una postal	eine Postkarte
Le he mandado una postal a Mario.	Ich habe Mario eine Postkarte geschickt.
el calor	die Hitze, die Wärme
En esta ciudad hace un calor terrible.	In dieser Stadt ist es schrecklich heiß.
llover (-ue-)	regnen
Llueve muy poco.	Es regnet sehr wenig.
una empanada	eine Pastete *(galizische Spezialität)*
Todavía no he comido la empanada de mi abuela.	Ich habe die Pastete meiner Großmutter noch nicht gegessen.
un saludo	ein Gruß
¡Muchos saludos desde Barcelona!	Viele Grüße aus Barcelona!
desde	aus, von
He venido desde Madrid en tren.	Ich bin im Zug von Madrid gekommen.
Galicia *(f.)*	Galizien

Colombia *(f.)* ⇨ un colombiano, una colombiana	Kolumbien ⇨ ein Kolumbianer, eine Kolumbianerin
Ana Lucía es de Colombia.	Ana Lucía stammt aus Kolumbien.
tío / tía *(col.)*	Mensch; hey du *(ugs. Anrede)*
Tío, ¿qué estás haciendo?	Hey du, was machst du gerade?
los Pirineos	die Pyrenäen
Los Pirineos son preciosos.	Die Pyrenäen sind wunderschön.
un kayak	ein Kayak
Este verano voy a aprender a ir en kayak.	Diesen Sommer werde ich lernen, Kayak zu fahren.
caerse (caigo)	fallen
Alejandra se ha caído de la bicicleta.	Alejandra ist vom Fahrrad gefallen.
el tiempo	das Wetter
(hacer) mal tiempo	schlechtes Wetter (sein)
Hace muy mal tiempo.	Es ist sehr schlechtes Wetter.
el frío	die Kälte
un fuego	ein Feuer
Hemos hecho un fuego porque hace mucho frío.	Wir haben ein Feuer gemacht, weil es sehr kalt ist.
un accidente	ein Unfall Ⓔ accident
Alba ha tenido un accidente.	Alba hat einen Unfall gehabt.
un hospital	ein Krankenhaus Ⓔ hospital
Han llevado a Alba al hospital.	Sie haben Alba ins Krankenhaus gebracht.
una pierna	ein Bein
(estar) roto, -a	gebrochen, kaputt (sein)
Mi pierna está rota.	Mein Bein ist gebrochen.
(el) Internet	(das) Internet
He buscado en Internet un albergue juvenil en Madrid.	Ich habe im Internet eine Jugendherberge in Madrid gesucht.
el horario ⇨ una hora	der Fahrplan ⇨ eine Stunde
¿Dónde puedo encontrar el horario de trenes?	Wo kann ich den Zugfahrplan finden?
una estación de tren	ein Bahnhof Ⓔ train station
¿La estación de tren está lejos de tu casa?	Ist der Bahnhof weit weg von deinem Haus?
nervioso, -a ⇔ tranquilo, -a	nervös ⇔ ruhig Ⓔ nervous
Laura está nerviosa porque va a viajar a España.	Laura ist nervös, weil sie nach Spanien reisen wird.
responder(le) algo a alguien	jdm. etw. antworten
Tengo que responder a Laura.	Ich muss Laura antworten.

Ejercicios

la niebla	der Nebel
hay niebla	es ist nebelig
—¿Qué tiempo hace? —No hace frío, pero hay mucha niebla.	„Wie ist das Wetter?" „Es ist nicht kalt, aber es ist sehr nebelig.
nevar (-ie-)	schneien
Este año todavía no ha nevado.	Dieses Jahr hat es noch nicht geschneit.
el viento	der Wind
—¿Hace frío? —No, pero hace mucho viento.	„Ist es kalt?" „Nein, aber es ist sehr windig."
la tormenta	das Gewitter
Esta noche hemos tenido una tormenta terrible.	Heute Nacht haben wir ein schreckliches Gewitter gehabt.
un río	ein Fluss
una isla	eine Insel
un monumento	ein Denkmal, eine Sehenswürdigkeit Ⓔ monument
una comunidad autónoma	eine autonome Region (entspricht etwa: Bundesland)

Unidad 2

Primer paso: La llegada de Laura

sentirse (-ie- / -i-) *(+ adj.)*	sich fühlen
Laura se siente muy bien en casa de los Alonso.	Laura fühlt sich sehr wohl bei den Alonsos zu Hause.

alegrarse de *(+ inf.)*	sich freuen über / auf
Laura se alegra mucho de ir a España.	Laura freut sich sehr, nach Spanien zu gehen.
echar de menos (algo / a una persona)	jdn. / etw. vermissen
Laura echa de menos la comida alemana.	Laura vermisst das deutsche Essen.
(estar) deprimido, -a	deprimiert (sein)
Cristina está deprimida porque los deberes son muy difíciles.	Cristina ist deprimiert, weil die Hausaufgaben sehr schwierig sind.
(estar) aburrido, -a	gelangweilt (sein)
Mario está aburrido.	Mario ist gelangweilt.
animado, -a	lebhaft, fröhlich
Laura está muy animada porque los profesores son simpáticos.	Laura ist sehr fröhlich, weil die Lehrer nett sind.
(estar) ilusionado, -a	begeistert (sein)
Laura está ilusionada con su viaje a España.	Laura ist von ihrer Reise nach Spanien begeistert.
(estar) preocupado, -a	besorgt (sein)
Los padres de Laura están preocupados porque su hija está muy lejos.	Lauras Eltern sind besorgt, weil ihre Tochter sehr weit weg ist.
(estar) impresionado, -a	beeindruckt (sein)
La señora Alonso está impresionada porque Laura habla muy bien español.	Frau Alonso ist beeindruckt, weil Laura sehr gut Spanisch spricht.
(estar) asombrado, -a	erschrocken, erstaunt (sein)
(estar) enamorado, -a	verliebt (sein)
El chico está enamorado de una compañera de clase.	Der Junge ist in eine Klassenkameradin verliebt.

Texto: Los zapatos de Laura

una redacción	ein Aufsatz
Tenemos que escribir una redacción sobre las vacaciones.	Wir müssen einen Aufsatz über die Ferien schreiben.
2º (segundo)	die zweite Klasse der Sekundarstufe *(entspricht der 8. Klasse in Deutschland)*
duro, -a	hart, beschwerlich
Segundo es muy duro.	Die zweite Klasse ist sehr hart.
1º (primero)	die erste Klasse der Sekundarstufe *(entspricht der 7. Klasse in Deutschland)*

Los números ordinales	**§ 15**
primer, primero, -a	sexto, -a
segundo, -a	séptimo, -a
tercer, tercero, -a	octavo, -a
cuarto, -a	noveno, -a
quinto, -a	décimo, -a

Es mi **primer / tercer** día en el instituto.
Este coche es el **primero / tercero** que me he comprado.
Es mi **primera / tercera** noche lejos de casa.

una pregunta	eine Frage
⇨ preguntar algo	⇨ etw. fragen
⇔ una respuesta	⇔ eine Antwort
la importancia	die Bedeutung, die Wichtigkeit E importance
¡No tiene importancia!	Das ist nicht von Bedeutung! / Das ist nicht wichtig!
unos, -as	einige
Mario sale hoy con unos amigos.	Mario geht heute mit einigen Freunden weg.
cerrar (-ie-) algo	etw. schließen
Las tiendas cierran a las ocho.	Die Läden schließen um acht Uhr.
abrir algo	etw. öffnen
una cortina	ein Vorhang
Las cortinas de mi habitación son verdes.	Die Vorhänge in meinem Zimmer sind grün.
quejarse de algo/ alguien	sich über etw. / jdn. beschweren
El profesor se ha quejado porque hemos llegado tarde.	Der Lehrer hat sich beschwert, weil wir zu spät gekommen sind.
un camión	ein Lastwagen, ein LKW
la basura	der Abfall
un camión de la basura	ein Müllfahrzeug
El camión de la basura pasa por la mañana.	Das Müllfahrzeug kommt morgens vorbei.
esto	dies *(neutrales Demonstrativpron.)*
la lluvia	der Regen
⇨ llover (-ue-)	⇨ regnen
A mí me gusta la lluvia.	Ich mag den Regen.

un vecino, una vecina	ein Nachbar, eine Nachbarin
Los vecinos del quinto son muy simpáticos.	Die Nachbarn aus dem fünften Stock sind sehr nett.
(estar) mojado, -a	nass (sein)
Ha llovido y mi ropa está mojada.	Es hat geregnet und meine Kleider sind nass.
gracias a	dank
Gracias a los Alonso Laura ha podido venir a España.	Dank der Alonsos konnte Laura nach Spanien kommen.
encontrarse (-ue-) con	sich treffen (mit)
una escalera	eine Treppe, ein Treppenhaus
Me he encontrado con tu padre en las escaleras.	Ich habe deinen Vater auf der Treppe getroffen.
acabar	enden
⇔ acabar de hacer algo	⇔ gerade etw. getan haben
≡ terminar algo	≡ etw. beenden
Las vacaciones han acabado.	Die Ferien sind zu Ende.
pasar	passieren, geschehen
¿Qué ha pasado con los zapatos de Laura?	Was ist mit Lauras Schuhen passiert?
el comienzo	der Anfang, der Beginn
El comienzo de las clases es siempre un poco duro.	Der Schulbeginn ist immer etwas hart.

La apócope de algunos adjetivos § 14

¡Qué **mal** día! ¡Qué día tan **malo**!	Es una **mala** idea. La idea no es tan **mala**.
¿Es un **buen** libro? El libro es **bueno**.	Eva es una **buena** amiga. La profesora es **buena**.
El **primer** día es duro. Juan es el **primero**.	Es mi **primera** semana en España. Marina es la **primera**.
El **tercer** día ya es más fácil. Joaquín es el **tercero** de la derecha.	La **tercera** habitación es pequeña. Irene es la **tercera** de la izquierda.

el final	das Ende
Quiero saber el final de la historia.	Ich möchte das Ende der Geschichte wissen.
al final	schließlich, letztendlich
Al final Cristina y Laura van a ser buenas amigas.	Letztendlich werden Cristina und Laura gute Freundinnen sein.

estar + gerundio § 13

Los chicos **están hablando** y **bebiendo**.
Laura **le está escribiendo** una carta a su madre.
Cristina **está leyendo** un libro.
Mario **está durmiendo** y Laura **se está divirtiendo**.

Unidad 3

Primer paso: En el restaurante

desear algo	etw. wünschen
¿Qué desea?	Was wünschen Sie?
un camarero, una camarera	ein Kellner, eine Kellnerin
traer (traigo) algo	etw. (mit)bringen, (her)bringen
El camarero trae las bebidas.	Der Kellner bringt die Getränke.
una carta	eine Speisekarte
una tapa	ein Häppchen, ein kleines Gericht
Vamos a comer unas tapas.	Wir werden ein paar Häppchen essen.
un plato	ein Gericht
En la carta hay platos muy ricos.	Auf der Speisekarte stehen sehr leckere Gerichte.
el primer plato	die Vorspeise
No voy a tomar primer plato.	Ich werde keine Vorspeise nehmen.
el segundo plato	das Hauptgericht
el postre	der Nachtisch
¿Qué tienen de postre?	Was haben sie / gibt es als Nachtisch?

Texto: La cena con Laura

una marisquería	*ein Spezialitäten-restaurant für Meeresfrüchte*

la llegada	die Ankunft, die Ankunftszeit
⇨ llegar	⇨ ankommen
Vamos a celebrar la llegada de Laura.	Wir werden die Ankunft von Laura feiern.
el hambre *(f.)*	der Hunger
tener hambre	Hunger haben
Cristina y Laura tienen mucha hambre.	Cristina und Laura haben großen Hunger.
un marisco	eine Meeresfrucht
⇨ una marisquería	⇨ *Restaurant für Meeresfr.*
Me encanta comer marisco.	Ich esse gerne Meeresfrüchte.

Los pronombres de objeto directo § 16

¿**Me** estás escuchando?
Sí, **te** estoy escuchando.
Aquí está Mario: yo **lo** ayudo.
—¿Ves mi nueva bicicleta? —Sí, **la** veo.
Mamá, no **nos** entiendes.
Chicos, de verdad no **os** entiendo.
—¿Escuchas a los chicos? —Sí, **los** escucho.
—¿Ves a las chicas? —No, no **las** veo.

nuevo, -a	neu
⇔ viejo, -a, antiguo, -a	⇔ alt
Para Laura en España muchas cosas son nuevas.	Für Laura sind viele Dinge in Spanien neu.
caro, -a	teuer
⇔ barato, -a	⇔ billig
Este restaurante es muy caro.	Dieses Restaurant ist sehr teuer.
libre	frei
sentarse (-ie-)	sich setzen
Me he sentado en una mesa libre.	Ich habe mich an einen freien Tisch gesetzt.
pedir (-i-/-i-) algo	etw. bestellen
Le he pedido la carta al camarero.	Ich habe beim Kellner die Karte bestellt.
elegir (-i-/-i-) algo	etw. (aus)wählen
¿Qué eliges para beber?	Was wählst du zum Trinken?
un centollo	eine Meeresspinne *(Delikatesse)*
El centollo es un animal grande y feo.	Die Meeresspinne ist ein großes und hässliches Tier.
beber algo	etw. trinken
⇨ una bebida	⇨ ein Getränk
el gas	*hier:* die Kohlensäure
Para beber quiero agua con gas.	Zum Trinken möchte ich Mineralwasser mit Kohlensäure.
último, -a	neueste, -r, -s
Acabo de leer el último mensaje de Alba.	Gerade habe ich die neueste Nachricht von Alba gelesen.
el ruido	der Lärm
El camión de la basura hace mucho ruido.	Das Müllfahrzeug macht viel Lärm.
un vaso	ein Glas
el vino	der Wein
El señor Alonso pide una botella de vino blanco y dos vasos.	Herr Alonso bestellt eine Flasche Weißwein und zwei Gläser.
un momento	ein Moment, ein Augenblick
¿Puedes esperar un momento, por favor?	Kannst du bitte einen Augenblick warten?
un brindis (por)	ein Trinkspruch (auf)
Los Alonso hacen un brindis por Laura.	Die Alonsos machen einen Trinkspruch auf Laura.
arriba	hoch, hinauf
abajo	hinunter
⇨ debajo de	⇨ unter
al centro	in die Mitte
⇨ el centro	⇨ das Zentrum
adentro	hinein
—¿Adónde vas? —Adentro.	„Wohin gehst du?" „Hinein."
seguir (-i-/-i-) *(+ gerundio)*	mit etw. fortfahren, weiterhin etw. tun
Seguimos estudiando español.	Wir lernen weiterhin Spanisch.
molestar	stören
Me molesta mucho el calor.	Die Hitze stört mich sehr.
un cuenco	eine kleine Schüssel, ein Schälchen
¿para qué?	wofür?
servir (-i-/-i-)	nützen, nützlich / gut sein
¿Para qué sirve esto?	Wofür ist das gut?
despedirse (-i-/-i-)	sich verabschieden
Tengo que despedirme de mis abuelos, porque se van de viaje.	Ich muss mich von meinen Großeltern verabschieden, weil sie auf Reisen gehen.
el dinero	das Geld
¿Tienes dinero para pagar las bebidas?	Hast du Geld, um die Getränke zu bezahlen?
limpiarse algo	sich (etw.) waschen
un dedo	ein Finger
Tienes que limpiarte los dedos.	Du musst dir die Finger waschen.

repetir (-i-/-i-) algo No te he oído, ¿puedes repetir?	etw. wiederholen Ich habe dich nicht gehört, kannst du das wiederholen?
por suerte Por suerte no tengo deberes.	zum Glück Zum Glück habe ich keine Hausaufgaben auf.
enorme ≡ grande ⇔ pequeño, -a	riesig, groß ≡ groß ⇔ klein

> **Verbos con cambio de vocal (e → i)** § 18
>
> Para beber yo **elijo** agua.
> ¿Te **despides** ya?
> Toda la familia **pide** centollo.
> ¿Qué **servimos** de postre?
> ¿Por favor, **repetís** la pregunta?
> Los chicos **siguen** comiendo.

Unidad 4

Primer paso: En Barcelona

famoso, -a	berühmt [E] famous
un pintor, una pintora ⇨ pintar algo Picasso es un pintor español muy famoso.	ein Maler, eine Malerin ⇨ etw. malen Picasso ist ein sehr berühmter spanischer Maler.
un arquitecto, una arquitecta	ein Architekt, eine Architektin
una palabra ¿Qué significa esta palabra?	Wort Was bedeutet dieses Wort?
(el) catalán	Katalanisch *(Sprache)*
un significado ⇨ significar algo ¿Conoces el significado de esa palabra?	eine Bedeutung ⇨ etw. bedeuten Kennst du die Bedeutung dieses Wortes?
(el) castellano En Barcelona la gente habla castellano y catalán.	Spanisch *(Sprache)* In Barcelona sprechen die Leute Spanisch und Katalanisch.
(estar) terminado, -a ⇨ terminar algo	vollendet (sein) ⇨ etw. beenden
cuál ¿Cuál es tu abrigo?	welche, -r, -s Welcher ist dein Mantel?

> **Los pronombres interrogativos *cuál / cuáles* y *qué*** § 19
>
> —¿A **qué** <u>museo</u> vamos? ¿**Cuáles** conoces?
> —En Barcelona conozco el Museo Picasso y el Museo del Barça.
> —¿**Cuál** prefieres?

una fachada La fachada de esa casa es muy bonita.	eine Fassade Die Fassade dieses Hauses ist sehr hübsch.
describir algo a alguien Describid vuestro cuadro preferido.	jdm. etw. beschreiben [E] to describe Beschreibt euer Lieblingsbild.
un paseo Hay un paseo precioso al lado del mar.	eine Promenade, eine Allee Es gibt eine wunderschöne Promenade am Meer entlang.
mismo, -a El arquitecto de las dos casas es el mismo.	der-, die-, dasselbe Der Architekt der zwei Häuser ist derselbe.
un tejado	ein Dach
un dragón El tejado de la casa es como un dragón.	ein Drache [E] dragon Das Dach des Hauses sieht aus wie ein Drache.
un barcelonés, una barcelonesa Los barceloneses son muy simpáticos.	ein Einwohner / eine Einwohnerin von Barcelona Die Einwohner von Barcelona sind sehr nett.
un novio, una novia Ese chico es el novio de mi hermana.	ein Verlobter / ein fester Freund, eine Verlobte / eine feste Freundin Dieser Junge ist der Verlobte meiner Schwester.
una obra En el museo hay obras de Picasso.	ein (Kunst)Werk Im Museum gibt es Werke von Picasso.

Texto: ¡Barcelona es genial!

antes Quiero ir al cine, pero antes tengo que hacer los deberes.	vorher Ich will ins Kino gehen, aber vorher muss ich die Hausaufgaben machen.

antes de *(+ inf.)* — bevor
Antes de comer, vamos a comprar. — Bevor wir essen, gehen wir einkaufen.

un plano — ein Plan
¿Me puede dar un plano de la ciudad? — Können Sie mir einen Stadtplan geben?

deprisa *(adv.)* — schnell *(adv.)*
¡Deprisa! Tenemos que contestar las preguntas. — Schnell! Wir müssen die Fragen beantworten.

según — entsprechend, laut, nach
Según mi padre la Sagrada Familia no está terminada. — Laut meinem Vater ist die Sagrada Familia nicht vollendet.

una iglesia — eine Kirche

hacia — in Richtung von, auf … zu
Vamos hacia la playa. — Wir gehen in Richtung Strand.

la publicidad — die Werbung
Ⓔ publicity

Cristóbal Colón — Christoph Kolumbus
Allí está el monumento a Cristóbal Colón. — Dort steht das Denkmal für Christoph Kolumbus.

un / una turista — ein Tourist, eine Touristin
En las Ramblas hay muchos turistas. — Auf den Ramblas gibt es viele Touristen.

un / una guía — ein Führer, eine Führerin
Ⓔ guide
Necesitamos un guía porque no conocemos la ciudad. — Wir brauchen einen Führer, da wir die Stadt nicht kennen.

enseguida *(adv.)* — sofort *(adv.)*
—Cristina, vamos a cenar.
—¡Enseguida voy! — „Cristina, wir essen gleich."
„Ich komme sofort."

El superlativo absoluto con *-ísimo* — § 23

Antes del viaje los estudiantes están **nerviosísimos**.
Muchísimas gracias por tu ayuda.
Jordi es **simpatiquísimo**.
El viaje es **larguísimo**.

explicar algo a alguien — jdm. etw. erklären
Ⓔ to explain
Explícame tu problema. — Erkläre mir dein Problem.

una rosa — eine Rose
¿Quién te ha regalado la rosa? — Wer hat dir die Rose geschenkt?

Cataluña *(f.)* — Katalonien
Barcelona está en Cataluña. — Barcelona liegt in Katalonien.

el Barça — FC Barcelona *(Fußballclub von Barcelona)*
El Barça ha jugado muy bien. — Der FC Barcelona hat sehr gut gespielt.

un cuadro — ein Gemälde
¿Cuál es tu cuadro preferido? — Welches ist dein Lieblingsgemälde?

lo — das *(neutrales Pronomen)*
—¿Quién ha venido?
—No lo sé. — „Wer ist gekommen?"
„Ich weiß es nicht."

lo mejor de lo mejor — das Beste vom Besten

El pronombre de objeto neutro *lo* — § 21

—**¿Vienes a la fiesta de Marco**?
—**Lo** voy a pensar.

—¿Crees que **va a hacer buen tiempo mañana**?
—Sí, **lo** han dicho en la televisión.

un campo de fútbol — ein Fußballfeld

un banquillo — eine (Spieler)Bank *(Fußball)*
Nos podemos sentar en el banquillo. — Wir können uns auf die Bank setzen.

¡Jo! — He!
¡Jo, qué suerte! — He, was für ein Glück!

una oficina de turismo — ein Tourismusbüro, eine Touristeninformation
¿Dónde está la oficina de turismo? — Wo ist die Touristeninformation?

un minuto — eine Minute

un folleto — ein Prospekt
¿Tiene folletos en alemán? — Haben Sie Prospekte auf Deutsch?

la Primera Comunión — die Erste Heilige Kommunion, die Erstkommunion

pintar algo — etw. malen
⇨ un pintor — ⇨ ein Maler
Ⓔ to paint

fatal *(adv.)* — schrecklich *(adv.)*
Ⓓ fatal
Juego fatal al tenis. — Ich spiele schrecklich Tennis.

después de *(+ inf.)* — nachdem
Después de comer, hacemos los deberes. — Nachdem wir gegessen haben, machen wir die Hausaufgaben.

Subordinadas temporales con *antes de* y *después de* § 20

Antes de ir, tenemos que despedirnos.
Tenemos que despedirnos **antes de** ir.
Después de contestar las preguntas, encuentran a Luis.
Encuentran a Luis **después de** contestar las preguntas.

alguien	jemand
¿Alguien sabe la respuesta?	Weiß jemand die Antwort?
menos	weniger
⇔ más	⇔ mehr
Necesito menos de una hora.	Ich brauche weniger als eine Stunde.
presentar algo / alguien a alguien	etw. / jdn. jdm. vorstellen Ⓔ to present
Hola, Cristina, te presento a Jordi.	Hallo Cristina, ich stelle dir Jordi vor.

La colocación del pronombre con imperativo, infinitivo y gerundio § 22

¡Míra**me**!
—Quiero duchar**me**. —Yo **me** quiero duchar también.
—¿Sigues escuchándo**me**? —Sí, **te** sigo escuchando.

Ejercicios

subirse a algo	einsteigen
Tenemos que subir al metro.	Wir müssen in die U-Bahn einsteigen.
bajar(se) de algo	aussteigen
una línea	eine (Bus-, U-Bahn-)Linie
cambiar de línea	umsteigen
¿Hay que cambiar de línea?	Müssen wir umsteigen?
cambiarse de tren	umsteigen
No necesitamos cambiarnos de tren.	Wir brauchen nicht umzusteigen.
una parada	eine Haltestelle
Bajamos en la tercera parada.	An der dritten Haltestelle steigen wir aus.

Unidad 5

Primer paso: Volver a casa

Los números de cien a mil § 24

100	cien	600	seiscientos, -as
101	ciento uno	700	setecientos, -as
200	doscientos, -as	800	ochocientos, -as
300	trescientos, -as	900	novecientos, -as
400	cuatrocientos, -as	1000	mil
500	quinientos, -as	1001	mil uno

321 kilómetros = trescientos ventiún kilómetros
831 personas = ochocientas treinta y una personas

una autopista	Autobahn
una carretera	eine Straße, eine Landstraße
un kilómetro	ein Kilometer
la salida	die Abfahrt, die Abfahrtszeit
⇨ salir (salgo)	⇨ weggehen, verlassen
la ida	die Hinfahrt
⇨ ir	⇨ gehen, fahren
la vuelta	die Rückfahrt
⇨ volver (-ue-)	⇨ zurückkommen
la ida y vuelta	die Hin- und Rückfahrt
¿Cuánto cuesta la ida y vuelta a Barcelona?	Wieviel kostet die Hin- und Rückfahrt nach Barcelona?
el precio	der Preis
un autobús	ein Autobus
El autobús a Barcelona sale ahora.	Der Bus nach Barcelona fährt jetzt ab.

Texto: Una idea genial

parar	anhalten
⇨ una parada	⇨ eine Haltestelle
El tren ha parado en la estación.	Der Zug hat am Bahnhof angehalten.
estar sentado, -a	sitzen
⇨ sentarse (-ie-) en algo	⇨ sich setzen
Cristina está sentada en su cama.	Cristina sitzt auf ihrem Bett.
un vagón	ein Wagen, ein Waggon
El tren tiene siete vagones.	Der Zug hat sieben Waggons.
llevar	sein *(+ Zeitraum)*
Los chicos llevan siete horas en el tren.	Die Kinder sind seit sieben Stunden im Zug.

tampoco ⇔ también Yo tampoco tengo dinero.	auch nicht ⇔ auch Ich habe auch kein Geld.
fuera Un chico está esperando fuera.	draußen Ein Junge wartet draußen.
una máquina de bebidas	ein Getränkeautomat Ⓔ machine
nadie ⇔ todos, -as Nadie me ha visto. / No me ha visto nadie.	niemand ⇔ alle Niemand hat mich gesehen.
un / una cobardica Eres una cobardica, Cristina.	ein Feigling Du bist ein Feigling, Cristina.
nada No ha pasado nada.	nichts Es ist nichts passiert.
correr Los chicos corren hacia el tren.	rennen, laufen Die Kinder laufen zum Zug.
un pitido He oído un pitido: el tren se va.	ein Pfiff Ich habe einen Pfiff gehört: der Zug fährt ab.
¡Maldita sea! ¡Maldita sea! ¡Hemos perdido el tren!	Verflixt!, Verflucht! Verflixt! Wir haben den Zug verpasst!
echar una bronca a alguien Mi padre me ha echado una bronca.	jdn. zurechtweisen, mit jdm. schimpfen Mein Vater hat mich zurechtgewiesen.
un revisor	ein Schaffner
pasar *(+ Verkehrsmittel)*	(durch)fahren, vorbeikommen *(+ Verkehrsmittel)* Ⓔ to pass
próximo, -a ¿Cuándo pasa el próximo tren?	nächste, -r, -s Wann kommt der nächste Zug vorbei?
unos, -as En el museo hay unos 50 autobuses.	ungefähr Im Museum gibt es ungefähr 50 Busse.
ó Necesito 2 ó 3 horas para terminar.	oder *(zwischen zwei Zahlen)* Ich brauche 2 oder 3 Stunden um fertig zu werden.
un metro	ein Meter
ni … ni	weder … noch
decidir algo He decidido llamar a mi madre.	etw. entscheiden, etw. beschließen Ⓔ to decide Ich habe beschlossen, meine Mutter anzurufen.
colgar (-ue-) algo Acabo de colgar el teléfono.	auflegen *(Telefon)* Ich habe gerade aufgelegt.
si No sé si me ha entendido.	ob Ich weiß nicht, ob er mich verstanden hat.
venir (vengo) a buscar algo / a alguien No pueden venir a buscarnos.	etw. / jdn. abholen Sie können uns nicht abholen.
la cabeza Pero ¿qué tenéis en la cabeza?	der Kopf Was geht in eurem Kopf bloß vor?
estar a … kilómetros Valladolid está a 300 kilómetros	… Kilometer entfernt sein Valladolid ist 300 Kilometer entfernt.
¡Qué rollo! *(ugs.)* Tenemos muchos deberes. ¡Qué rollo!	Wie blöd! *(ugs.)* Wir haben viele Hausaufgaben auf. Wie blöd!
nunca No he estado en esa ciudad nunca.	niemals Ich bin noch nie in dieser Stadt gewesen.

La doble negación	§ 25
¿**No** has ido **nunca** a España? **No** me ha visto **nadie**. No me gustan ni la discoteca ni el cine. No nos gusta nada. ¿Tú **no** quieres salir **tampoco**?	¿**Nunca** has ido a España? **Nadie** me ha visto. **Ni** la discoteca **ni** el cine me gustan. **Nada** nos gusta. Tú **tampoco** quieres salir.

(las) Navidades En Navidades visitamos a mis abuelos.	Weihnachten, die Weihnachtszeit An Weihnachten besuchen wir meine Großeltern.
preocuparse	sich Sorgen machen
un billete Un billete para Valladolid, por favor.	eine Fahrkarte Eine Fahrkarte nach Valladolid, bitte.

perder (el autobús)	(den Bus) verpassen
Hemos perdido el autobús.	Wir haben den Bus verpasst.

El estilo indirecto	§ 26
Luis dice: «Tengo hambre.»	Luis dice **que** tiene hambre.
Laura pregunta: «¿Nos vamos ya?»	Laura pregunta **si** nos vamos ya.
Cristina pregunta: «¿**Cuándo** comemos?»	Cristina pregunta **cuándo** comemos.
Mario dice: «Ahora me voy.»	Mario dice **que** se va ahora.

Unidad 6

Primer paso: ¿Dónde te gusta vivir?

más + *adj.* + que	*Steigerungsform der Adjektive (mehr)*
El pueblo es más pequeño que la ciudad.	Das Dorf ist kleiner als die Stadt.
menos + *adj.* + que	*Steigerungsform der Adjektive (weniger)*
Este libro es menos interesante que el otro.	Dieses Buch ist weniger interessant als das andere.

El comparativo y el superlativo de los adjetivos §§ 27 + 28

Alba es **más** tranquila **que** Cristina.
La televisión es **menos** interesante **que** el libro.
Shakira es **tan** guapa **como** Cristina Aguilera.

—¿Quién es más tranquila, Alba o Cristina?
—Alba es **la más** tranquila.
Es **el** libro **más** aburrido que conozco.
Son **las** chicas **más** simpáticas que he conocido.
Estos son **los** chiles **más** picantes que tengo.

Texto: Las mejores fiestas

donde	wo
He llegado a la estación donde me espera mi padre.	Ich bin am Bahnhof angekommen, wo mich mein Vater erwartet.
un hombre ⇔ una mujer	ein Mann ⇔ eine Frau
mientras *(+ verbo)*	während *(+ Verb)*
Mientras esperas, yo compro los billetes.	Während du wartest, kaufe ich die Fahrkarten.
la mujer	die Ehefrau
La tía Celia es la mujer de Joaquín.	Tante Celia ist die Ehefrau von Joaquín.
bienvenido, -a	willkommen
¡Bienvenidos a Nájera!	Willkommen in Nájera!
ningún, ninguno, -a	keine, -r, -s
(el) Dios	(der) Gott
¡Dios mío!	Mein Gott!
¡Dios mío! No tenemos ninguna maleta.	Mein Gott! Wir haben keinen Koffer.
olvidar algo / a alguien ⇔ recordar (-ue-) algo / a alguien	etw. / jdn. vergessen ⇔ sich an etw. / jdn. erinnern
He olvidado llamar a mi madre.	Ich habe vergessen, meine Mutter anzurufen.
peor ⇔ mejor	schlimmer ⇔ besser
Tu padre es peor que tú.	Dein Vater ist schlimmer als du.
perder (-ie-) algo / a alguien ⇔ encontrar (-ue-) algo	etw. / jdn. verlieren ⇔ etw. finden
subir algo	etw. hinaufgehen
Estoy subiendo la escalera.	Ich gehe gerade die Treppen hinauf.
algún, alguno, -a ⇔ ningún, ninguno, -a	irgeneine, -r, -s ⇔ keine, -r, -s
¿Necesitas alguna cosa?	Brauchst du irgendetwas?

Adjetivos y pronombres indefinidos § 29

—¿Tienes **algún** amigo en España?
—No tengo **ningún** amigo en España.

—¿Has visto **algunos** de mis cedés?
—No, no he visto **ninguno**.

Tengo **algunas** faldas de color rojo, pero **ninguna** amarilla.
¿Hay **alguien** de tu familia aquí?

al menos	wenigstens
Me voy a quedar al menos dos días.	Ich werde wenigstens zwei Tage bleiben.
viejo, -a ⇔ nuevo, -a	alt ⇔ neu
En la habitación hay muebles viejos.	Im Zimmer stehen alte Möbel.

llamar algo a alguien Llámame Celia.	jdn. etw. nennen Nenn mich Celia.
un cepillo de dientes ¿Dónde está mi cepillo de dientes?	eine Zahnbürste Wo ist meine Zahnbürste?
una cena ⇨ cenar Celia prepara la cena.	ein Abendessen ⇨ zu Abend essen Celia bereitet das Abendessen zu.
como Dios manda Es una cena como Dios manda.	ordentlich, wie es sich gehört Es ist ein ordentliches Abendessen.
tocar algo El grupo toca una canción.	spielen *(Lied, Musikinstrument)* Die Gruppe spielt ein Lied.
el ambiente	das Ambiente, die Stimmung
espectacular En el paseo hay un ambiente espectacular.	spektakulär, herrlich, toll Auf der Promenade ist eine tolle Stimmung.
durante *(+ subst.)* Durante el verano el pueblo es divertido.	während *(+ Subst.)* Während des Sommers ist es im Dorf lustig.

La diferencia entre *mientras* y *durante* § 30

Durante la noche todos están durmiendo.
Mientras duermen, todos sueñan con la fiesta.

aburrido, -a ⇔ divertido, -a	langweilig ⇔ lustig
el mundo Es el pueblo más aburrido del mundo.	die Welt Es ist das langweiligste Dorf der Welt.
una peña Maribel tiene una peña de amigos.	eine Clique Maribel hat eine Clique von Freunden.
sin duda Sin duda la gente es muy amable.	ohne Zweifel, zweifellos Die Leute sind zweifellos sehr nett.

Los pronombres personales con preposiciones § 31

¿Este regalo es para **mí**?
La fiesta sin **ti** no es divertida.
Estoy enamorado, -a de **él / ella / usted**.
¿Has pensado en **nosotros, -as**?
¿Hay problemas entre **vosotros, -as**?
Hemos hablado mucho con **ellos / ellas**.

—¿Vienes **conmigo** al cine?
—Claro que voy **contigo** al cine.

Unidad 7

Primer paso: Una visita a la abuela

nacer (-zco) en 19 … (mil novecientos …) Josefa nació en 1990.	geboren werden im Jahr 19 … (neunzehnhundert …) Josefa wurde 1990 geboren.
en 20 … (dos mil …)	im Jahr 20 … (zweitausend …)

Los números a partir de mil § 34

1000 mil	1300 mil trescientos
1001 mil uno	2000 dos mil
1099 mil noventa y nueve	15 000 quince mil

421 000 euros = cuatrocient**os** veinti**ún** mil euros
651 000 personas = seiscient**as** cincuenta y **una** mil personas

a principios de *(+ Zeitraum)* A principios de agosto siempre visito a mis abuelos.	Anfang *(+ Zeitraum)* Anfang August besuche ich immer meine Großeltern.
a finales de *(+ Zeitraum)* Llegaron a Argentina a finales de los años 40.	Ende *(+ Zeitraum)* Sie kamen Ende der 40er Jahre nach Argentinien.
casarse con alguien Miguel se casa con Rosa.	jdn. heiraten Miguel heiratet Rosa.
una boda La boda ha sido preciosa.	eine Hochzeit Die Hochzeit ist wunderschön gewesen.
el marido ⇔ la mujer Pedro es el marido de Inmaculada.	der Ehemann ⇔ die Ehefrau Pedro ist der Ehemann von Inmaculada.
un bebé La vecina ha tenido un bebé.	ein Baby Die Nachbarin hat ein Baby bekommen.

Texto: Una carta antigua

una carta Laura escribe una carta a su madre.	ein Brief Laura schreibt einen Brief an ihre Mutter.
entre Entre las fotos hay una carta.	zwischen, unter Zwischen den Fotos befindet sich ein Brief.

hace *(+ Zeitangabe)*	vor *(zeitlich)*
un barco	ein Schiff
Miguel llegó en barco hace tres semanas.	Miguel kam vor drei Wochen mit dem Schiff an.
argentino, -a; un argentino, una argentina	argentinisch; ein Argentinier, eine Argentinierin
una decisión ⇨ decidir algo	eine Entscheidung ⇨ etw. entscheiden Ⓔ decision
La decisión es difícil.	Die Entscheidung ist schwierig.
una solución	eine Lösung Ⓔ solution
Ha encontrado la solución al problema.	Sie hat die Lösung des Problems gefunden.
un extranjero, una extranjera	ein Ausländer, eine Ausländerin Ⓔ stranger
En verano hay muchos extranjeros en las costas de España.	Im Sommer sind viele Ausländer an den Küsten Spaniens.
un / una emigrante	ein Emigrant, eine Emigrantin
Argentina *(f.)*	Argentinien
rico, -a	reich
el futuro	die Zukunft Ⓔ future
¡Piensa en el futuro!	Denke an die Zukunft!
estar bien	gut gehen
Estamos muy bien en esta ciudad.	In dieser Stadt geht es uns sehr gut.
un idioma	eine Sprache
El español no es un idioma difícil.	Spanisch ist keine schwierige Sprache.
enfermo, -a ⇨ una enfermera	krank ⇨ eine Krankenschwester
caer (caigo) enfermo, -a	krank werden
Hace tres días cayó enferma.	Vor drei Tagen wurde sie krank.
pasado, -a	vergangene, -s, -r; letzte, -r, -s
llevar algo a alguien	jdm. etw. bringen
El año pasado llevamos al niño al hospital.	Letztes Jahr brachten wir den Jungen ins Krankenhaus.
un día	eines Tages

saludar a alguien	jdn. grüßen, jdn. begrüßen
He saludado a los vecinos.	Ich habe die Nachbarn gegrüßt.
un presidente, una presidenta	ein Präsident, eine Präsidentin Ⓔ president
Un día conocimos al presidente del país.	Eines Tages lernten wir den Präsidenten des Landes kennen.
ayer	gestern
ofrecer (-zco) algo a alguien	jdm. etw. anbieten Ⓔ to offer
Ayer le ofrecieron trabajo.	Gestern boten sie ihm Arbeit an.
ganar algo	etw. verdienen
Con ese trabajo gana mucho dinero.	Mit dieser Arbeit verdient er / sie viel Geld.
entretanto ⇨ entre	in der Zwischenzeit ⇨ zwischen
fuerte	kräftig, stark
Mario es muy fuerte. ¡Un abrazo muy fuerte!	Mario ist sehr stark. Einen ganz lieben Gruß!
(estar) serio, -a ⇨ en serio	ernst (sein) ⇨ im Ernst Ⓔ serious
¿Cristina, por qué estás tan seria?	Cristina, warum bist du so ernst?
una fecha	ein Datum
¿Qué fecha tiene la carta?	Welches Datum hat der Brief?

Formación y uso del pretérito indefinido §§ 32 + 33

verbos en -ar:

Trabajé el sabado pasado hasta las nueve.
¿**Hablaste** con papá ayer?
Bailó toda la noche.
Llegamos a Argentina hace tres semanas.
¿**Encontrasteis** ya un trabajo?
Estudiaron mucho para el examen.

verbos en -er e -ir:

Escribí una carta.
¿**Comiste** bien en este restaurante?
Aprendió mucho el año pasado.
Salimos juntos hace tres semanas.
¿**Vendisteis** el coche en mayo?
Nos **recibieron** como a hermanos.

Unidad 8

Primer paso: ¿Cómo es Argentina?

un continente	ein Kontinent
la tierra	das Land, die Ländereien
Sus abuelos compraron tierras hace años.	Seine Großeltern kauften vor Jahren Ländereien.
una selva	ein (Regen)Wald
En la selva hay muchos animales.	Im Regenwald gibt es viele Tiere.
un lago	ein See Ⓔ lake
Quiero nadar en el lago.	Ich möchte im See schwimmen.
una cordillera	eine Gebirgskette, ein Gebirgszug
Los Pirineos son una cordillera.	Die Pyrenäen sind eine Gebirgskette.
una catarata	ein Wasserfall
un / una habitante	ein Einwohner, eine Einwohnerin Ⓔ inhabitant
¿Cuántos habitantes tiene Valladolid?	Wieviele Einwohner hat Valladolid?
la capital	die Hauptstadt Ⓔ capital
Buenos Aires es la capital de Argentina.	Buenos Aires ist die Hauptstadt von Argentinien.
una frontera	eine Grenze Ⓔ frontier
la agricultura	die Landwirtschaft Ⓔ agriculture
la ganadería	die Viehzucht
La agricultura y la ganadería son muy importantes para Argentina.	Landwirtschaft und Viehzucht sind sehr wichtig für Argentinien.
el este	der Osten Ⓔ east
Berlín está en el este de Alemania.	Berlin liegt im Osten Deutschlands.
el norte	der Norden Ⓔ north
En el norte hace más frío.	Im Norden ist es kälter.
el oeste	der Westen
Al oeste del país está la frontera con Chile.	Im Westen des Landes befindet sich die Grenze zu Chile.
el sur	der Süden
Van siempre al sur, a la playa.	Sie fahren immer in den Süden, an den Strand.

Texto: Respuestas de Argentina

desgraciadamente	leider
Desgraciadamente no puedo ayudarte.	Leider kann ich dir nicht helfen.
morir (-ue- / -u-)	sterben
⇔ vivir	⇔ leben
Su padre murió en 1997.	Sein Vater starb 1997.

Verbos con cambio de vocal en pretérito indefinido § 35

verbos del grupo **pedir (-i- / -i-)**:

El viernes pasado le **pedí** ayuda a Juan. / **pediste** / **pidió** / **pedimos** / **pedisteis** / **pidieron**

verbos del grupo **preferir (-ie- / -i-)**:

Ayer **preferí** estar en casa. / **preferiste** / **prefirió** / **preferimos** / **preferisteis** / **prefirieron**

verbos del grupo **dormir (-ue- / -u-)**:

El sábado **dormí** hasta las doce. / **dormiste** / **durmió** / **dormimos** / **dormisteis** / **durmieron**

varios, -as	mehrere; verschiedene Ⓔ various
Tengo varios amigos allí.	Ich habe mehrere Freunde dort.
vos	*(in Arg., Urug., Par., Mittelamerika) Anrede für die 2. Person Sg.*
una vaca	eine Kuh
Su familia compró muchas vacas.	Ihre Familie kaufte viele Kühe.
en fin	kurz und gut
En fin, me voy.	Kurz und gut, ich gehe.
exportar algo	etw. exportieren
Los argentinos exportan vino.	Die Argentinier exportieren Wein.
una uva	eine Traube
Sus padres venden uvas y vino.	Ihre Eltern verkaufen Trauben und Wein.

Europa [eu'ropa]	Europa
España está en Europa.	Spanien liegt in Europa.
(los) Estados Unidos	(die) USA, die Vereinigten Staaten [E] United States
Quiero ir a los Estados Unidos.	Ich möchte in die USA gehen.
un archivo	eine Datei
adjunto, -a	angehängt, beigefügt
En el archivo adjunto tienes la carta.	In der beigefügten Datei erhältst du den Brief.
enviar(le) algo a alguien ⊟ mandar(le) algo a alguien	jdm. etw. schicken ⊟ jdm. etw. schicken
gallego, -a; un gallego, una gallega	galizisch; ein Galizier, eine Galizierin *(in vielen lat.am. Ländern auch Bezeichnung für die Spanier allgemein)*
¡Pucha! *(arg.)*	Hoppla!; Na so was! *(arg.)*
un / una pariente	ein Verwandter, eine Verwandte
¡Pucha! ¡Somos parientes!	Hoppla! Wir sind Verwandte!
un permiso de trabajo	eine Arbeitserlaubnis
Los extranjeros necesitan un permiso de trabajo.	Ausländer brauchen eine Arbeitserlaubnis.
mayor	alt; älter
Cristina tine un hermano mayor. Mi abuelo ya es muy mayor.	Cristina hat einen älteren Bruder. Mein Großvater ist schon sehr alt.
últimamente ⇨ último, -a	in letzter Zeit ⇨ letzte, -r, -s
Últimamente hace mucho frío.	In letzter Zeit ist es sehr kalt.
ponerse (pongo) *(+ adj.)*	werden
Se ha puesto nervioso.	Er ist nervös geworden.

Formas irregulares del pretérito indefinido § 35

Ayer estuv**e** / estuv**iste** / estuv**o** / estuv**imos** / estuv**isteis** / estuv**ieron** en la ciudad.

estar: estuve, estuviste … hacer: hice, hiciste, hizo … poder: pude, pudiste … poner(se): puse, pusiste …	querer: quise, quisiste … tener: tuve, tuviste … venir: vine, viniste …

Más formas irregulares del pretérito indefinido § 35

dar: di, diste, dio, dimos, disteis, dieron
decir: dije, dijiste, dijo, dijimos, dijisteis, dijeron
ir / ser: fui, fuiste, fue, fuimos, fuisteis, fueron

de nuevo ⊟ otra vez	wieder, erneut ⊟ noch einmal
Hoy hemos comido de nuevo paella.	Heute haben wir wieder Paella gegessen
crecer (-zco)	heranwachsen, aufwachsen
Yo crecí en Madrid.	Ich wuchs in Madrid auf.
cumplir … años ⇨ el cumpleaños	… Jahre alt werden ⇨ der Geburtstag
Hoy ha cumplido 15 años.	Heute ist er 15 Jahre alt geworden.
una carrera	eine Laufbahn, eine Studienrichtung [E] career
Quiere estudiar una carrera.	Sie möchte einen Beruf erlernen.
(el) Derecho	(das) Recht, Jura
Un primo de Alejandra estudia Derecho.	Ein Cousin von Alejandra studiert Jura.
la impaciencia	die Ungeduld [E] impatience
Espero tu respuesta con impaciencia.	Ich warte ungeduldig auf deine Antwort.
actualmente ⊟ ahora	zur Zeit, heutzutage ⊟ ahora
una multinacional	ein (internationaler) Konzern
Su padre trabaja actualmente en una multinacional.	Sein Vater arbeitet zur Zeit in einem internationalen Konzern.
naturalmente	natürlich
Naturalmente te deseo suerte.	Ich wünsche dir natürlich Glück.

Adverbios terminados en *-mente* § 36

Mi madre habló …
tranquil**amente** / nuev**amente** / rápid**amente**.

una búsqueda ⇨ buscar algo / a alguien	eine Suche ⇨ etw. / jdn. suchen
¿Sigues con la búsqueda de tus parientes?	Suchst du immer noch deine Verwandten?
un ingeniero, una ingeniera	ein Ingenieur, eine Ingenieurin
Mi tío trabaja como ingeniero.	Mein Onkel arbeitet als Ingenieur.

Unidad 9

Primer paso: En la radio

la radio ¿Escuchas la radio?	(das) Radio Hörst du Radio?
un periódico Todos los días lee el periódico.	eine Zeitung Er / sie liest jeden Tag die Zeitung.
una revista Compra la revista todas las semanas.	eine Zeitschrift Er / sie kauft jede Woche diese Zeitschrift.
un programa Es un programa de deporte.	eine Sendung Es ist eine Sportsendung.
una cadena ¿Cuántas cadenas de televisión podéis ver?	ein Sender Wieviele Fernsehsender könnt ihr empfangen?
un artículo Ese artículo es muy intersante.	ein (Zeitungs)Artikel Dieser Artikel ist sehr interessant.

Texto: Una historia verdadera

verdadero, -a ⇨ la verdad	wahr, richtig ⇨ die Wahrheit
un estudio Hemos ido al estudio de televisión.	ein Studio Wir sind ins Fernsehstudio gegangen.
por + *Possessivbegleiter* + cuenta He venido por mi cuenta.	auf eigene Faust Ich bin auf eigene Faust gekommen.

Dos pronombres de objeto con el verbo § 37

Le regalo **el libro a Laura**. → **Se lo** regalo.
Le doy **la foto a Mario**. → **Se la** doy.
¿Le regalas **los libros a Cristina**? → **Se los** regalo.
¿Le has mandado **las cartas a Marcelo**? → **Se las** he mandado.

Ya **te** he enviado **las fotos de las vacaciones**. → Ya **te las** he enviado.

de repente De repente me encontré con mi madre.	plötzlich Plötzlich begegnete ich meiner Mutter.
chatear con alguien Cristina ha chateado con sus primos.	mit jdm. chatten [E] to chat Cristina hat mit ihren Cousins gechattet.
el principio ⇔ el final Al principio no me gustó.	der Beginn, der Anfang ⇔ das Ende Am Anfang gefiel er mir nicht.
una llamada ⇨ llamar a alguien He hecho una llamada importante.	ein Anruf ⇨ jdn. anrufen Ich habe einen wichtigen Anruf gemacht.
acá *(lat. am.)*	dort *(lat.am.)*
un pub *(lat. am.)* Hay unos pubs muy animados.	eine Bar *(lat. am.)* [E] pub Es gibt einige sehr lebhafte Bars.
lindo, -a ≡ bonito, -a ¡Qué foto tan linda!	hübsch ≡ hübsch Was für ein hübsches Foto!
pobre ⇔ rico, -a Hay mucha gente pobre.	arm ⇔ reich Es gibt viele arme Leute.
la edad ¿Qué hacen las chicas de tu edad?	das Alter Was machen Mädchen in deinem Alter?
(un) millón La ciudad tiene dos millones de habitantes.	(eine) Million Die Stadt hat zwei Millionen Einwohner.
un proyecto Trabajo en un proyecto de ayuda.	ein Projekt Ich arbeite in einem Hilfsprojekt mit.
un cómic	ein Comic
un fin de semana Los fines de semana me gusta leer cómics.	ein Wochenende Am Wochenende lese ich gerne Comics.

El uso del pretérito perfecto y del pretérito indefinido § 38

Hoy he hablado con Laura y **ayer** hablé con Alba.
Esta semana ha ido a Madrid, pero **la semana pasada** fue a Barcelona.
Este mes hemos visto a mis abuelos de Valladolid y **el mes pasado** vimos a los abuelos de Alicante.

Ejercicios

una estación del año	eine Jahreszeit
la primavera	der Frühling
el otoño	der Herbst
el invierno	der Winter
Hay cuatro estaciones: la primavera, el verano, el otoño y el invierno.	Es gibt vier Jahreszeiten: Frühling, Sommer, Herbst und Winter.

Unidad 10

Texto: Hasta el año que viene

prometer algo a alguien	jdm. etw. versprechen E to promise
Le he prometido que lo ayudaré.	Ich habe ihm versprochen, dass ich ihm helfen werde.

El futuro simple § 39

Mañana **hablaré** con él.
El jueves **verás** a tus amigos de Madrid.
La semana que viene **trabajará** hasta las ocho.
En Navidades **visitaremos** a Raúl.
Mañana **escribiréis** el e-mail a Marcelo.
La próxima semana **comprarán** el coche nuevo.

pasar(le) algo a alguien	jdm. etw. (hinüber)reichen, geben E to pass
¿Me puedes pasar ese libro?	Kannst du mir dieses Buch geben?
un MP3 [emepe'tres]	ein MP3-Player
Está escuchando una canción en MP3.	Er / sie hört gerade ein Lied im MP3-Player.
aceptar algo	etw. akzeptieren E to accept
He aceptado el dinero.	Ich habe das Geld akzeptiert.
(estar) seguro, -a	sicher (sein)
¿Estás seguro?	Bist du sicher?
devolver(-ue-) algo a alguien	jdm. etw. zurückgeben
Por favor devuélvele el dinero.	Gib ihm bitte das Geld zurück.

Diccionario

Alphabetisches Wörterverzeichnis

Das alphabetische Wörterverzeichnis enthält alle in *Línea amarilla* 1 und *Línea amarilla* 2 verwendeten Wörter und Ausdrücke.
Hier findet ihr auch Wörter aus den Übungen, den Arbeitsanweisungen oder dem *Cajón de sastre*, die ihr nicht gelernt habt, die ihr aber mit Hilfe der bekannten Lerntechniken zur Wortschatzerschließung (vgl. hierzu S. 15) verstehen könnt. Dieser Wortschatz ist fakultativ, d. h. ihr müsst ihn nicht lernen, und er wird später auch nicht vorausgesetzt. Im folgenden Verzeichnis ist jeweil das erste Vorkommen genannt und durch < > gekennzeichnet.
Wörter, die direkt auf der entsprechenden Seite in einer Fußnote erklärt werden, sind hier jedoch nicht noch einmal aufgeführt und brauchen ebenfalls nicht gelernt zu werden.
Die Ziffern und Buchstaben hinter den Vokabeln geben den Ort an, an dem das Wort zum ersten Mal vorkommt. Bei den Verben ist jeweils in Klammern angegeben, wenn sie von den regelmäßigen Formen abweichen. Mehr dazu findet ihr im Grammatischen Beiheft, S. 40–45.

Zeichen in den Stellenangaben	
I	*Línea amarilla* 1
II	*Línea amarilla* 2
2B	Text der Unidad 2B
5	Text der Unidad 5
4A, 3	Unidad 4A, Übung 3
6, 3	Unidad 3, Übung 6
CS	Cajón de sastre
Estr.	Estrategia
PM	Un paso más
PP	Primer paso
TA	Taller
< >	fakultativ (nicht verpflichtend)

Kennzeichnungen der Verben	
c-qu	*c* wird zu *qu* (vor Endungen, die mit *e* beginnen)
g-gu	*g* wird zu *gu* (vor *e*)
g-j	*g* wird zu *j* (vor *o*)
-ie-	*e-ie*-Wechsel im Präsens
-ie-/-i-	wie -ie-, zusätzlich *i* statt *e* im *gerundio* sowie in der 3. Person des *pretérito indefinido*
-i-/-i-	*e-i*-Wechsel im Präsens sowie im *gerundio* und in der 3. Person des *pretérito indefinido*
irr.	*irregular* (unregelmäßig)
-ue-	*o-ue-* bzw. *u-ue*-Wechsel im Präsens
-ue-/-u-	wie -ue-, zusätzlich *u* statt *o* iim *gerundio* sowie in der 3. Pers. des *pretérito indefinido*
z-c	*z* wird zu *c* (vor *e*)
-zco	*zco* statt *o* in der 1. Pers. Sg. Präsens

español – alemán

A

a **I 4A** nach, (hin) zu
a favor **<I 8A, 1>** dafür
a finales de *(+ Zeitraum)* **II 7, PP** Ende *(+ Zeitraum)*
a la derecha **I 4B, PP** rechts
a la izquierda **I 4B, PP** links
a lo mejor **I 3B** vielleicht
a mí también **I 2B, PP** mir auch
a mí tampoco **I 2B, PP** mir auch nicht
a principios de *(+ Zeitraum)* **II 7, PP** Anfang *(+ Zeitraum)*
¿**A** qué hora? **I 4A** Um wieviel Uhr?
a su lado **I 7A** neben ihm / ihr
a ti también **I 8B** dir auch
a veces **<I PM 3>** manchmal
a ver **I 2A** (lass) mal sehen
al centro **II 3** in die Mitte
al final **II 2** schließlich, letztendlich
al lado de **I 4B, PP** neben
al llegar **<II CS>** bei der Ankunft
al menos **II 6** wenigstens
al mismo tiempo **<II 1, 8>** gleichzeitig
al natural **<II 3, PP>** natur *(Zubereitungsart von Speisen)*
estar *(irr.)* **al** servicio de **<II 1, 8>** zur Verfügung stehen
abajo **II 3** hinunter
el **abecedario** **<I 1, 3>** das Alfabet
abrazar (z-c) a alguien **<II CS>** jdn. umarmen
un **abrazo** **II 1** eine Umarmung
un fuerte **abrazo** **<I 7B, 7>** liebe Grüße *(in Briefen)*
un **abrigo** **I 6, 10** ein (leichter) Mantel
(el) **abril** **I 7B, PP** (der) April
abrir algo **I 3A** etw. öffnen
abruptamente **<II CS>** abrupt, plötzlich

abstracto, -a <**II CS**> abstrakt
el **abuelo**, la **abuela** **I 3A, PP** der Großvater, der Opa, die Großmutter, die Oma
los **abuelos** **I 3A, PP** die Großeltern
aburrido, -a **II 2, PP** gelangweilt; **II 6** langweilig
acá *(lat. am)* **II 9** dort *(lat. am)*
acabar **II 2** enden
acabar de hacer algo **I 8A** gerade etw. getan haben
acabarse <**II CS**> *hier:* sterben
un **accento** <**II 4, 6**> ein Akzent
un **accento** ortográfico <**II 4, 6**> ein Akzentzeichen
un **accidente** **II 1** ein Unfall
una **acción** <**I 8B, 6**> eine Handlung
el **aceite** <**I CS**> das Öl
el **aceite** de oliva <**II 4, 16**> das Olivenöl
una **aceituna** <**II 3, PP**> eine Olive
aceptar algo <**II 10**> etw. akzeptieren
acompañar a alguien <**II 9, 9**> jdn. begleiten
acostarse (-ue-) **I 6, PP** ins Bett gehen, sich hinlegen
una **actividad** **I 5A** eine Tätigkeit, eine Beschäftigung
un **actor**, una **actriz** <**I 9**> ein Schauspieler, eine Schauspielerin
un salón de **actos** <**I 9, PP**> eine Aula, ein Veranstaltungsraum
una **actriz** <**I 9**> eine Schauspielerin
la **actualidad** <**II 9, PP**> die Aktualität, das Zeitgeschehen
actual <**II PM 3, 2**> aktuell, augenblicklich
actualmente **II 8** zur Zeit, heutzutage
actuar <**II 6, 2**> spielen *(Theater)*, etw. vorführen
adecuado, -a <**I 7A, 9**> passend
además **I 4A, PP** außerdem
adentro **II 3** hinein
Adiós. **I 2A** Auf Wiedersehen.
una **adivinanza** <**I 7B, TA**> ein Rätsel
adivinar (algo) <**I 3B, 11**> raten, etw. erraten
un **adjetivo** <**I 6, 3**> ein Adjektiv
adjunto, -a **II 8** angehängt, beigefügt
¿adónde? **I 4A, PP** wohin?
un **adulto** <**II CS**> ein Erwachsener
un **aeropuerto** **I 8A, PP** ein Flughafen
África *(f.)* <**II 7, 6**> Afrika
africano, -a <**II PM 3**> afrikanisch
una **agenda** <**I 5B, 14**> ein Terminkalender
(el) **agosto** **I 7B, PP** (der) August
(estar) **agotado, -a** <**I 9**>; **II, 1** erschöpft (sein)
la **agricultura** **II 8, PP** die Landwirtschaft
el **agua** *(f.)* **I 7A, 7** das Wasser
el **agua mineral** <**I 4A, 9**> das Mineralwasser
un **aguacate** **I 2B** eine Avokado
ahí **I 4B** da, dort
ahora **I 3A** jetzt
ahora mismo **I 5B** jetzt gleich, sofort
Ahora vosotros. <**I 1, Estr.**> Jetzt seid ihr dran.
el **ajo** <**II 4, 16**> der Knoblauch
un **albergue** juvenil **II 1, PP** eine Jugendherberge
una **albóndiga** <**II 3, PP**> ein Fleischklößchen, eine Frikadelle
alegrarse de *(+ inf. / +subst.)* **II 2, PP** sich freuen über / auf
un **alemán**, una **alemana** **I 2B, PP** ein Deutscher, eine Deutsche
alemán, alemana **I 8A** deutsche, -r, -s
el **alemán** **I 2A** Deutsch, die deutsche Sprache
en alemán <**I 2A, 3**> auf Deutsch
Alemania *(f.)* **I 3B** Deutschland
algo **I 3A** etwas
¿Algo más? **I 7A, PP** Noch etwas?
alguien **II 4** jemand
algún, alguno, -a **II 6** irgendeine, -r, -s
allí **I 4A** dort
los **Alonso** **I 8B** die Alonsos
alto, -a **I 4B** hoch, groß
alto *(adv.)* <**II 6, 2**> laut *(adv.)*
un **alumno**, una **alumna** **I 5B** ein Schüler, eine Schülerin
amable **I 4B** nett
amarillo, -a **I 6, 10** gelb
amasar algo <**II CS**> etw. kneten
el **ambiente** **II 6** das Ambiente, die Stimmung
América Latina <**II PM 3**> Lateinamerika
americano, -a <**II PM 3**> amerikanisch
un **amigo**, una **amiga** **I 2A** ein Freund, eine Freundin
el **amor** <**II 9, PP**> die Liebe
añadir algo <**I CS**> etw. hinzufügen
Anda. **I 4A** Ach, komm. *(Ausruf)*
un **andaluz**, una **andaluza** **II 1** ein Andalusier, eine Andalusierin
un **ángel** <**I 9, PP**> ein Engel
en **ángulo** recto <**I 9, 5**> im rechten Winkel
la **animación** <**I 5A, 5**> die Animation
animado, -a **II 2, PP** lebhaft, fröhlich
un **animal** **I 2B, PP** ein Tier
un **año** **I 8A** ein Jahr
tener ... **años** **I 8A** ... Jahre alt sein
¡Feliz **año** nuevo! <**I PM 1**> Gutes Neues Jahr!
una estación del **año** **II 9, 9** eine Jahreszeit
cumplir ... **años** **II 8** ... Jahre alt werden
un **año** escolar <**II 10, 6**> ein Schuljahr
anterior <**I 9A, 6**> vorherig
antes <**I CS**>; **II 4** vorher
antes de *(+ inf.)* **II 4** bevor
antiguo, -a **I 7A** alt *(bei Sachen)*
anunciar(le) algo a alguien <**I 5A, 5**> jdm. etw. ankündigen
un **anuncio** **I 5B** eine Ankündigung
el **aparato** <**II 2, 14**> der Fernseher
la **aparición** <**I 9, PP**> der Auftritt
un **apellido** <**I 3A, 3**> ein Familienname
apenas <**II CS**> kaum
aplaudir <**I 9**> applaudieren, klatschen
un gran **aplauso** <**I CS**> ein großer Applaus
aprender algo **I 3A** etw. lernen
apuntar algo <**II 1, PP**> etw. notieren, etw. aufschreiben
aquél, aquélla, aquéllos, -as *(pron.)* **I 7A** jene, -r, -s
aquel, aquella, aquéllos, -as *(adj.)* **I 7A** jene, -r, -s
aquí **I 3A** hier
árabe <**I PM 2**> arabisch
un **árbol** <**II 1, 8**> ein Baum
el **árbol** de Navidad <**I PM 1**> der Weihnachtsbaum
un **archivo** <**II 4, 3**> ein Archiv; **II 8** eine Datei
Argentina *(f.)* **II 7** Argentinien
argentino, -a **II 7** argentinisch
un **argentino**, una **argentina** **II 7** ein Argentinier, eine Argentinierin
un **argumento** <**I 5A, 5**> ein Argument
un **armario** **I 6** ein (Kleider)Schrank
un **arquitecto**, una **arquitecta** <**I PM 2**>; **II 4, PP** ein Architekt, eine Architektin
arriba **II 3** hoch, hinauf
una **arroba** <**I 3B, 3**> ein at-Zeichen *(@)*
el **arroz** <**II 3, PP**> der Reis
arruinar algo / a alguien <**II CS**> etw. / jdn. ruinieren
un **artículo** **II 9, PP** ein (Zeitungs)Artikel
(los) fuegos **artificiales** <**I PM 1**> das Feuerwerk
un / una **artista** <**II 4**> ein Künstler, eine Künstlerin
así **I 5A** so, auf diese Weise; **II 1** solche, -r, -s
una **asignatura** **I 5A** ein Unterrichtsfach
(estar) **asombrado, -a** **II 2, PP** erschrocken, erstaunt (sein)
el **aspecto** <**II 1, 4**> das Aussehen, das Äußere
un **aspecto** <**II 2, 14**> ein Ding
<**II 9, TA**> ein Aspekt, ein Gesichtspunkt
pasar la **aspiradora** **I 8A, 6** staubsaugen
un **ataque** de pánico <**II CS**> eine Panikattacke
el océano **Atlántico** <**I PM 2**> der Atlantik
el **atún** <**I 4A, 9**> der Thunfisch
un **autobús** **II 5, PP** ein Autobus
un **autógrafo** <**I 7B, 10**> ein Autogramm
una comunidad **autónoma** **II 1, 11** eine autonome Region *(entspricht etwa: Bundesland)*
una **autopista** **II 5, PP** die Autobahn
una **autora** <**II CS**> eine Autorin, eine Schriftstellerin
una **avenida** *(abrev. avda.)* **I 3B, PP** eine Allee
una **aventura** <**II 1, 8**> ein Abenteuer
un **avión** **II 1, PP** ein Flugzeug
ir *(irr.)* en **avión** **II 1, PP** fliegen

una **avioneta** <II CS> **ein** kleines Flugzeug
ayer **II 7** gestern
la **ayuda** **I 2A** die Hilfe
ayudar a alguien *(Akk.)* (a hacer algo) **I 5B** jdm. helfen (etw. zu tun)
los **aztecas** <**I PM 3**> die Azteken
el **azúcar** **I 7A, 7** der Zucker
azul **I 6, 10** blau

B

bailar **I 7B** tanzen
un **baile** <**II PM 3**> ein Tanz
bajar(se) de algo **II 4, 12** aus etw. aussteigen
bajo, -a **I 4B** niedrig; **I 5B, PP** klein
bajo *(Präp.)* <**II CS**> unter
el **ballet** <**I 3B, TA**> das Ballett
un **balón** <**II 9, PP**> ein Ball
el **baloncesto** **I 5B** der Basketball *(Spiel)*
un **banco** **I 4B, PP** eine Bank
un **banquillo** **II 4** eine (Spieler)Bank *(Fußball)*
un **bar** **I 3A** eine Bar, eine Kneipe
barato, -a **I 7A, PP** billig
el **Barça** **II 4** Fußballclub von Barcelona
un **barcelonés**, una **barcelonesa** **II 4, PP** ein Einwohner / eine Einwohnerin von Barcelona
un **barco** **II 7** ein Schiff
un **barrio** **I 4B, PP** ein Stadtviertel
¡**Ya basta**! **I 3A** Es reicht jetzt!
bastante **I 4B** ziemlich
tirar la **basura** **I 8A, 6** den Abfall wegwerfen
un camión de la **basura** **II 2** ein Müllfahrzeug
batir algo <**I CS**> etw. schlagen
un **bebé** **II 7, PP** ein Baby
beber algo <**I 9**>; **II 3** etw. trinken
una **bebida** **I 2A** ein Getränk
una máquina de **bebidas** **II 5** ein Getränkeautomat
un **beduino**, una **beduina** <**I 9, PP**> ein Beduine, eine Beduinin
un **belén** <**I PM 1**> eine (Weihnachts)-krippe
la **belleza** <**II 9, PP**> die Schönheit
besar a alguien <**II 2, 14**> jdn. küssen
un **beso** **I 5A** ein Kuss *(auch Grußformel)*
una **biblioteca** **I 4A, PP** eine Bibliothek, Bücherei
una **bicicleta** <**I 4B, TA**>; **II 1, PP** ein Fahrrad
ir *(irr.)* en **bicicleta** **II 1, PP** mit dem Fahrrad fahren
bien *(adv.)* **I 2A** gut
está **bien** **I 7A** Ist gut. / In Ordnung.
estar *(irr.)* **bien** **II 7** (jdm.) gut gehen
bienvenido, -a **II 6** willkommen
un **billete** **II 5** eine Fahrkarte
un **billete** de avión **I 8A, PP** ein Flugticket
la **bisabuela**, el **bisabuelo** <**II 8, 5**> die Urgroßmutter, der Urgroßvater
blanco, -a **I 6** weiß
una **blusa** **I 6, 10** eine Bluse
un **bocadillo** **I 3A** ein belegtes Brötchen
una **boda** **II 7, PP** eine Hochzeit
una **bola** <**I 2B, 7**> eine Kugel
una **bolsa** **I 8B** eine Tüte, ein Beutel
bonito, -a **I 4B** hübsch, schön
una **bota** <**I 6, 9**> ein Stiefel
una **botella** <**I 4A, 9**> eine Flasche
bravo <**I 9**> Bravo!
brillar <**I CS**> leuchten
brillar *(sol)* <**II CS**> scheinen *(Sonne)*
un **brindis** (por) **II 3** ein Trinkspruch (auf)
una **brisa** <**II CS**> eine Brise
echar una **bronca** a alguien **II 5** jdn. zurechtweisen, mit jdm. schimpfen
bueno, -a **I 7A** gut
Buenas noches. **I 3B, 4** Guten Abend. Gute Nacht.
Buenas tardes. **I 3B, 4** Guten Tag. *(nachmittags)*
bueno **I 2A** na ja, na gut
Buenos días. **I 3B** Guten Tag.
una **bufanda** **I 6, 10** ein Schal
buscar (c-qu) algo / a alguien **I 2A** etw. / jdn. suchen
venir *(irr.)* a **buscar** algo / a alguien **II 5** etw. / jdn. abholen
una **búsqueda** **II 8** eine Suche

C

un **caballo** <**I 5A, 6**>; **II 1** ein Pferd
montar a **caballo** **II 1** reiten
la **cabeza** **II 5** der Kopf
cada <**I 3B, 1**> jede, -r, -s
cada vez <**II CS**> immer
una **cadena** **II 9, PP** ein Sender
caer (caigo) enfermo, -a **II 7** krank werden
caerse (caigo) **II 1** fallen
el **café** <**I 4A, 9**> der Kaffee
un **café** solo <**I 4A, 9**> ein schwarzer Kaffee, ein Espresso
los **calamares** **I 4A** panierte Tintenfischringe
los **calcetines** **I 6, 10** die Socken
un **calendario** <**I 7B, PP**> ein Kalender
calentar algo <**I CS**> etw. erhitzen
caliente <**I CS**> warm
una **calle** **I 3B, PP** eine Straße
el **calor** **II 1** die Hitze, die Wärme
una **cama** **I 6** ein Bett
un **camarero**, una **camarera** **II 3, PP** ein Kellner, eine Kellnerin
cambiar algo **I 8A** etw. (ver)ändern
cambiar de línea **II 4, 12** umsteigen
cambiarse <**I 9**> sich umziehen
cambiarse de tren **II 4, 12** umsteigen
un **cambio** <**II 5, 5**> ein Wechsel, eine Änderung
un **camello** <**I PM 1**> ein Kamel
caminar **II 1, PP** wandern
un **camino** **I 4B** ein Weg
un **camión** **II 2** ein Lastwagen, ein LKW
un **camión** de la basura **II 2** ein Müllfahrzeug
una **camisa** **I 6** ein Hemd, eine Bluse
una **camiseta** **I 6, 10** ein T-Shirt
una tienda de **campaña** **II 1, PP** ein Zelt
una **campanada** <**I PM 1**> ein Glockenschlag
campesino, -a <**II 3, PP**> Bauern-
un **campesino**, una **campesina** **I 9, PP** ein Bauer, eine Bäuerin
el **campo** **II 1, PP** das Land, die ländliche Gegend
un **campo** de fútbol **II 4** ein Fußballfeld
un **canal** <**II 1, 8**> ein Kanal
un **canario** <**I 5A, 6**> ein Kanarienvogel
las Islas **Canarias** <**I PM 2**> die Kanarischen Inseln
una **canción** **I 2A** ein Lied
(estar) **cansado, -a** **I 6** müde (sein)
un una **cantante** <**I 5B, TA**> ein Sänger, eine Sängerin
cantar <**I 3B, TA**> singen
la **cantidad** <**I 7A, 7**> die Menge
cantidubi *(col.)* <**II CS**> *hier:* sehr
la **capital** <**I PM 2**>; **II 8, PP** die Hauptstadt
un **capítulo** <**II 3, TA**> *hier:* eine Folge *(einer Fernsehserie)*
el **carácter** <**II 1, 4**> der Charakter
el **caramelo** <**II 3, PP**> Karamellsirup
el **Caribe** <**II PM 1**> die Karibik
caribeño, -a <**II PM 3**> karibisch
la **carne** **I 7A** das Fleisch
la **carne** picada <**II 3, PP**> das Hackfleisch
caro, -a **II 3** teuer
una **carrera** **II 8** eine Laufbahn, ein Beruf
una **carretera** **II 5, PP** eine Straße, eine Landstraße
una **carroza** <**I PM 1**> eine Karosse
una **carta** <**I 4A, 9**>; **II 3, PP** eine Speisekarte;
<**I PM 1**>; **II 7** ein Brief; <**II 2, 14**> eine Spielkarte
un juego de **cartas** <**I 3B, TA**> ein Kartenspiel
una **cartera** **I 3A, 10** eine Schultasche, ein Schulranzen
una **casa** **I 4A** ein Haus
en **casa** **I 4A** zu Hause
ir *(irr.)* a **casa** de alguien **I 4A** zu jdm. nach Hause gehen
casarse con alguien **II 7, PP** jdn. heiraten
una **casete** <**II PM 3, 3**> eine Kassette
casi **I 5A** fast, beinahe
una **casilla** <**I 6, 8**> ein Feld, ein Kästchen
(el) **castellano** <**I PM 2**>; **II 4, PP** Spanisch, Kastilisch *(Sprache)*
el **casting** <**I 5B, 15**> das Casting
(el) **catalán** <**I PM 2**>; **II 4, PP** das Katalanische *(Sprache)*

un **catálogo** <**II 1, TA**> ein Katalog
Cataluña *(f.)* **II 4** Katalonien
una **catarata** **II 8, PP** ein Wasserfall
una **catedral** <**II 1, 8**> eine Kathedrale
catorce **I 3B, PP** vierzehn
el **cava** <**I PM 1**> der (spanische) Sekt
una **cazadora** **I 6, 10** eine Jacke
una **cebolla** <**I CS**> eine Zwiebel
un **cedé** **I 2A** eine CD
celebrar **I 7A** feiern
la **cena** <**II 2, 5**>; **II 6** das Abendessen
cenar **I 4A** zu Abend essen
un **céntimo** **I 7A, PP** ein Cent
un **centollo** **II 3** eine Meeresspinne *(Delikatesse)*
el **centro** **I 4A** das Zentrum
  un **centro** de enseñanza <**I 4B,PP**> eine schulische Einrichtung
un **cepillo** de dientes **II 6** eine Zahnbürste
cerca (de) **I 4B, PP** in der Nähe (von), bei
el **cerdo** <**II 3, PP**> das Schwein
cero **I 3B, PP** null
cerrar (-ie-) algo **II 2** etw. schließen
una **cerveza** <**I 4A, 9**> ein Bier
una **charcutería** **I 4B, PP** eine Metzgerei
chatear con alguien **II 9** mit jdm. chatten
un **chef** <**II CS**> ein Küchenchef, ein Chefkoch
un **chico**, una **chica** **I 1** ein Junge, ein Mädchen
  el **chico** del helado **I 1** der Junge mit dem Eis
el **chile** **I 7A** der Chili
el **chocolate** **I 7A** die Schokolade
una **chuleta** <**II 3, PP**> ein Kotelett
cien / ciento **I 3B, PP** hundert
ciento diez **II 5, PP** hundertzehn
ciento uno **II 5, PP** hunderteins
(las) **ciencias** de la naturaleza **I 5A, PP** Naturwissenschaften *(Schulfach)*
por **cierto** **I 5A** übrigens, apropos
una **cifra** <**II 8, 14**> eine Zahl, eine Ziffer
cinco **I 3B, PP** fünf
cincuenta **I 3B, PP** fünfzig
un **cine** **I 4A, PP** ein Kino
un **círculo** <**I 7A, 5**> ein Kreis
una **ciudad** **I 4B** eine Stadt
un **ciudadano**, una **ciudadana** <**II 9, PP**> ein Bürger, eine Bürgerin
cívico, -a <**II 1, 8**> Bürger-
claro **I 2A** klar, natürlich
una **clase** **I 5A** eine Unterrichtsstunde; (der) Unterricht; eine Klasse
un **clásico** <**II 9, PP**> ein Klassiker
clásico, -a <**II 1, 1**> klassisch
una palabra **clave** <**II 5, 5**> ein Schlüsselwort
un / una **cobardica** **II 5** ein Feigling
un **coche** <**I 4B, TA**>; **II 1, PP** ein Auto
  ir *(irr.)* en **coche** **II 1, PP** mit dem Auto fahren
una **cocina** **I 4A** eine Küche
cocinar (algo) <**I CS**> (etw.) kochen
un **cocodrilo** <**II CS**> ein Krokodil
una **colección** <**II 4**> eine Sammlung
coleccionar <**I 3B, TA**> sammeln
un **colegio** **I 4B, PP** eine Grundschule
colgar (-ue-; g-gu) **II 5** auflegen *(Telefon)*
un **collage** <**II 1, 4**> eine Collage
Colombia *(f.)* <**I PM 3**>; **II 1** Kolumbien
un **colombiano**, una **colombiana** **I 5B** ein Kolumbianer, eine Kolumbianerin
Cristóbal **Colón** **II 4** Christoph Kolumbus
una **colonia** **II 1, PP** ein Ferienlager, eine Jugendfreizeit
un **color** **I 6** eine Farbe
una **columna** <**II CS**> eine Säule
una **comedia** <**I 5B, 15**> eine Komödie
un **comedor** **I 4A, 5** ein Esszimmer
comer **I 3A** essen
cometer una falta contra alguien <**I 7B, 10**> gegen jdn. foulen *(beim Ballspiel)*
un **cómic** **II 9** ein Comic
la **comida** **I 8A, 6** das Essen
  preparar la **comida** **I 8A, 6** das Essen zubereiten
  los horarios de **comidas** <**I 4A, 1**> die Essenszeiten
el **comienzo** **II 2** der Anfang, der Beginn
¿cómo? **I 1, PP** wie?
  ¿cómo que …? <**I CS**> wie (kann das sein, dass …)?
  ¿Cómo se dice …? <**I 8A, Estr.**> Wie sagt man …?
  ¿Cómo te llamas? **I 1, PP** Wie heißt du?
como **I 5B** wie
  como Dios manda **II 6** ordentlich, wie es sich gehört
  como <**II 2, 14**> als
cómodo, -a <**II 1, 8**> bequem
un **compañero**, una **compañera** (de clase) **I 5B** ein Klassenkamerad / Mitschüler, eine Klassenkameradin / Mitschülerin
comparable <**II CS**> vergleichbar
comparar algo / a alguien con algo / alguien <**I 7A, PP**> etw. / jdn. mit etw. / jdm. vergleichen
compartir algo (con alguien) **I 8A** etw. (mit jdm.) teilen
una **competición** <**I 5A, 5**> ein Wettbewerb
completar algo <**I 2A, 4**> etw. vervollständigen
completo, -a <**I 7A, PP**> vollständig
hacer *(irr.)* la **compra** **I 7A** einkaufen *(Lebensmittel)*
comprar algo **I 2A, PP** etw. kaufen
comprender algo / a alguien **I 3A** etw. / jdn. verstehen
la **comunicación** <**II 2, 14**> die Kommunikation
una **comunidad** autónoma <**I PM 2**>; **II 1, 11** eine autonome Region *(entspricht etwa: Bundesland)*
la Primera **Comunión** **II 4** die Erste Heilige Kommunion, die Erstkommunion
con **I 2A** mit
concentrarse en algo <**II 4, 9**> sich auf etw. konzentrieren
un **concierto** **I 4A, PP** ein Konzert
un **conejillo** de Indias <**I 5A, 6**> ein Meerschweinchen
un **conejo** <**I 5A, 6**> ein Kaninchen
una **conexión** <**II CS**> eine Verbindung
conjugar (g-gu) <**I 4A, 6**> *(ein Verb)* konjugieren, beugen
conocer (-zco) algo / a alguien **I 8A, PP** etw. / jdn. kennen, kennenlernen
conocido, -a **I 5A** bekannt
el **conocimiento** <**II 1, 8**> (das) Kennenlernen
el **contacto** <**II 8, 15**> der Kontakt
contar (-ue-) algo a alguien **I 5B** jdm. (von) etw. erzählen
(estar) **contento, -a** **I 6** froh, fröhlich, zufrieden (sein)
contestar algo a alguien **I 2A** jdm. etw. antworten
el **contexto** <**II 9, 12**> der Kontext
un **continente** <**I PM 3**>; **II 8, PP** ein Kontinent, ein Erdteil
la **continuación** <**II 9, 9**> die Fortsetzung
continuar algo <**I 6, 11**> etw. weiterführen, etw. weiterschreiben
contra <**II 7, 10**> gegen
en **contra** <**I 8A, 1**> dagegen
controlar algo <**I 4B, 5**> etw. kontrollieren, überprüfen
una **conversación** **I 2A** ein Gespräch
  una **conversación** telefónica <**II 2, 7**> ein Telefongespräch
una **copia** <**II CS**> eine Kopie
copiar algo <**II 9, 1**> etw. abschreiben, etw. kopieren
una **cordillera** <**I PM 3**>; **II 8, PP** eine Gebirgskette, ein Gebirgszug
correcto, -a <**I 2A, 4**> richtig
corregir (-i-/-i-; g-j) algo <**II 2, 1**> etw. korrigieren, etw. verbessern
un **correo** electrónico **I 3B** eine E-Mail
Correos <**I 4B, PP**> die Post
correr **II 5** rennen, laufen
corresponder a algo / a alguien <**I 2A, PP**> etw. / jdm. entsprechen
cortar algo <**I CS**> etw. schneiden
una **cortina** **II 2** ein Vorhang
corto, -a **I 5B, PP** kurz
una **cosa** **I 4B** ein Ding, eine Sache
  una **cosita** <**I CS**> eine kleine Sache *(Verkleinerungsform von cosa)*
la **costa** **I 1** die Küste
  la **Costa** Brava **I 1** die Costa Brava
costar (-ue-) **I 7A, PP** kosten
  ¿Cuánto **cuesta**? **I 7A, PP** Wie viel kostet das?
una **costumbre** <**II 2, 14**> eine Gewohnheit
creativo, -a <**II 1, 8**> kreativ
crecer (-zco) **II 8** heranwachsen, aufwachsen

creer I 7A glauben, meinen
creer que I 7B glauben, dass; meinen, dass
un / una **criminal** <II 1, 8> ein Krimineller, eine Kriminelle
Cristóbal Colón II 4 Christoph Kolumbus
cruzar (z-c) algo I 4B, PP etw. überqueren
un **cuaderno** I 3A, 10 ein Heft
un **cuadro** II 4 ein Gemälde
cuál II 4, PP welche, -r, -s
cuando I 6 als
cuando I 7B (dann) wenn
¿**cuándo**? I 5A wann?
cuánto, -os, cuánta, -as I 7A, PP wie viel?, wie viele?
¿**Cuántas** bolas? <I 2B, 7> wie viele Kugeln?
¿**Cuánto** es todo? <I 4A, 9> Wieviel macht das zusammen?
cuarenta I 3B, PP vierzig
cuarto, -a II 2 vierte, -r, -s
un **cuarto** I 6 ein Zimmer
un **cuarto** de baño I 4A, 5 ein Badezimmer
cuatro I 3B, PP vier
cuatrocientos, -as II 5, PP vierhundert
una **cucharada** <I CS> ein Löffel voll
un **cuenco** II 3 eine kleine Schüssel, ein Schälchen
la **cuenta** <I 4A, 9> die Rechnung
por *+ Possessivbegleiter +* **cuenta** II 9 auf eigene Faust
una **cuestión** <II CS> eine Frage
un **cuestionario** <II 1, 1> ein Fragebogen
el **cuidado** I 8B die Vorsicht
¡Ten **cuidado**! I 8B Vorsicht!
una **cultura** <I PM 3> eine Kultur
el **cumpleaños** I 6 der Geburtstag
¡Feliz **cumpleaños**! <I 7B, 7> Alles Gute zum Geburtstag!
cumplir … años II 8 … Jahre alt werden
cumplir años <I 7B, 7> Geburtstag haben
en **cursiva** <II 3, 13> kursiv (schräg) gedruckt
un **curso** <I 5A, 5> ein Kurs; <I 9, TA> ein Schuljahr
una **curva** <II CS> eine Kurve

D

un **dado** <I 9, 6> ein Würfel
dar(le) *(irr.)* algo a alguien <I 7A, 10> jdm. etw. geben
dar *(irr.)* palmas <II 9, PP> klatschen
dar *(irr.)* la vuelta a algo <I CS> etw. umdrehen
dar *(irr.)* las gracias <I 5A, 10> sich bedanken
dar *(irr.)* trabajo I 8A Arbeit machen
de I 1, PP von
¿**de** dónde? I 1, PP woher?
de la Costa Brava I 1 an der Costa Brava
de nuevo II 8 wieder, erneut
de repente II 9 plötzlich
de siempre I 4A übliche, -r, -s; der / die / das gleiche wie immer
de verdad I 3A wirklich
debajo de I 8B, PP unter
los **deberes** I 5A die Hausaufgaben
decidir algo <I 5A, 5>; II 5 etw. entscheiden, etw. beschließen
décimo, -a II 2 zehnte, -r, -s
decir(le) (digo) algo a alguien I 5B etw. jdm. sagen
una **decisión** II 7 eine Entscheidung
la **decoración** <I PM 1> die Dekoration
decorar algo <I 9, TA> etw. dekorieren, schmücken
dedicado, -a <II 9, PP> gewidmet
un **dedo** II 3 ein Finger
una **definición** <II 1, 2> eine Definition
dejar algo a alguien I 8B jdm. etw. (über)lassen
delante de I 5B vor
un **delfín** <II CS> ein Delfin
delgado, -a I 5B, PP schlank
el **delta** del río <I PM 2> das Flussdelta
los / las **demás** I 4B die Übrigen, die anderen
un **demostrativo** <I 7A, 6> ein Demonstrativbegleiter oder -pronomen
dentro de *(+ Zeitangabe)* <II CS> innerhalb von
el **deporte** I 1 der Sport
practicar (c-qu) **deporte** I 2A, PP Sport treiben
(estar) **deprimido, -a** II 2, PP deprimiert (sein)
deprisa *(adv.)* II 4 schnell *(adv.)*
a la **derecha** I 4B rechts
(el) **Derecho** II 8 (das) Recht, Jura
un **desastre** I 1 eine Katastrophe
ser *(irr.)* un **desastre** *(col.)* I 2A chaotisch sein
desayunar I 6, PP frühstücken
un **desayuno** I 7B ein Frühstück
descansar <II 8, 7> ausruhen
el **descontento** <II 3, TA> die Unzufriedenheit
describir algo a alguien <I 3B, 11>; II 4, PP jdm. etw. beschreiben
una **descripción** <II 1, 2> eine Beschreibung
descubrir algo <II 1, 8> etw. entdecken
desde <I 7B, 7>; II 1 aus, von
deseado, -a <II 7, Estr> gewünscht
desear algo <I 7B, 7>; II 3, PP etw. wünschen
pedir (-i-/-i-) un **deseo** <I 7B, 7> sich etw. wünschen
desgraciadamente II 8 leider
(estar) **desordenado, -a** I 8A unordentlich, unaufgeräumt (sein)
despacio *(adv.)* <I 8A, 9> langsam
una **despedida** <I 3B, 4> eine Verabschiedung, ein Abschiedsgruß; <I 9> ein Abschied
despedirse (-i-/-i-) II 3 sich verabschieden
un **despertador** I 6 ein Wecker
despertarse (-ie-) I 6, PP aufwachen
un **desplazamiento** <II 1, 8> die Fortbewegung
después I 2A danach
después de *(+ inf.)* II 4 nachdem
un **detalle** <I 6, 1> ein Detail, eine Einzelheit
un **detective** <II 1, 8> ein Detektiv
detrás de I 8B, PP hinter
devolver (-ue-) algo a alguien <II 10> jdm. etw. zurückgeben
un **día** I 3B ein Tag
Buenos **días**. I 3B Guten Tag.
el **día** del Santo <I 7B, 7> der Namenstag
un **diálogo** <I 2B, 4> ein Dialog
un **diario** I 7B ein Tagebuch
un / una **dibujante** <II 9, 8> ein Zeichner, eine Zeichnerin
dibujar algo / a alguien <I 3B, TA> etw. / jdn. zeichnen
un **dibujo** <I 2B, 1> eine Zeichnung
un **diccionario** I 8B ein Wörterbuch
(el) **diciembre** I 7B, PP (der) Dezember
dieci… I 3B, PP …zehn *(bei den Zahlen 16–19)*
un **diente** I 6, PP ein Zahn
lavarse los **dientes** I 6, PP sich die Zähne putzen
un cepillo de **dientes** II 6 eine Zahnbürste
diez I 3B, PP zehn
una **diferencia** I 5B ein Unterschied
diferente I 7A anders, unterschiedlich
difícil I 7A schwierig
dígale <I CS> sagen Sie ihm
¡**Dígame**! I 4A Formel beim Abnehmen des Telefons *(wörtl. Sagen Sie mir!)*
dinámico, -a <II 9, PP> dynamisch
el **dinero** <I 7A, 6>; II 3 das Geld
un **dinosaurio** <II 6, 7> ein Dinosaurier
(el) **Dios** II 6 Mein Gott
¡**Dios** mío! II 6 Gott
como **Dios** manda II 6 ordentlich, wie es sich gehört
la **diptongación** <II 1, 6> die Diphthongierung
una **dirección** I 2B, PP eine Adresse; <I 9, 5> eine Richtung
directo, -a <II 2, 14> direkt
un pronombre de objeto **directo** <II 3, 6> ein Akkusativpronomen
el estilo **directo** <II 5, 4> die direkte Rede
un **director** <I 5A, 5> ein Direktor, ein Schulleiter
una **directora** <II CS> eine Direktorin
una **discoteca** <II 3, 11> eine Diskothek
una **discusión** <I 8A, 5> eine Diskussion

discutir (algo) con alguien **I 7B** mit jdm. (über etw.) diskutieren, streiten
la **distancia** **<I 7B, 7>** die Entfernung, die Ferne
divertido, -a **I 4B** lustig
divertirse (-ie-/-i-) **I 6, PP** sich amüsieren
doce **I 3B, PP** zwölf
un **documental** **<II 8, PP>** ein Dokumentarfilm
domingo *(m.)* **I 5A** Sonntag
el **dominó** **<II 2, 14>** das Domino
don, doña **<I CS>** Don, Doña *(höfliche Anrede + männl. / weibl. Vorname)*
donde **II 6** wo
¿**dónde**? **I 3A** wo?
¿**de dónde**? **I 1, PP** woher?
dorar algo **<I CS>** etw. anbräunen
dormir (-ue-/-u-) **I 6, PP** schlafen
dormirse (-ue-/-u-) **I 6** einschlafen
un **dormitorio** **I 4A, 5** ein Schlafzimmer
dos **I 3A, PP** zwei
doscientos, -as **II 5, PP** zweihundert
doscientos, -as diez **II 5, PP** zweihundertzehn
un **dragón** **II 4, PP** ein Drache
ducharse **I 6, PP** (sich) duschen
sin **duda** **II 6** ohne Zweifel
durante *(+ subst.)* **II 6** während *(+ Subst.)*
durar **<I CS>** dauern
duro, -a **I 5A** streng; **II 2** hart, beschwerlich

E

e **I 8A** und *(vor i- oder hi-)*
echar **I 7A** dazugeben, werfen
echar de menos (algo / a alguien) **II 2, PP** jdn. / etw. vermissen
echar una bronca a alguien **II 5** jdn. zurechtweisen, mit jdm. schimpfen
ecológico, -a **<II 1, 8>** Umwelt-
económico, -a **<II PM 1>** wirtschaftlich
un sector **económico** **<II PM 1>** ein Wirtschaftszweig
la **edad** **<II 1, 8>; II 9** das Alter
un **edificio** **I 4B** ein Gebäude
la **educación** **<I 5A, PP>** die Erziehung, *hier:* das Schulsystem
(la) **educación** plástica y visual **I 5A, PP** Kunsterziehung *(Schulfach)*
un **ejemplo** **I 8A** ein Beispiel
por **ejemplo** **I 8A** zum Beispiel
un **ejercicio** **<II 1, 2>** eine Übung
el, la **I 1** der, die, das *(best. Artikel, sg.)*
el *(+ Wochentag)* **I 5A** am *(+ Wochentag)*, diesen *(+ Wochentag)*
el que más **<II CS>** am besten
él **I 2B** er
un correo **electrónico** **I 3B** eine E-Mail
un **elefante** **<I CS>** ein Elefant
elegante **<I CS>** elegant
elegir (-i-/-i-; g-j) algo / a alguien **<I 3B, 1>; II 3** etw. / jdn. (aus-)wählen
ella **I 2B** sie *(sg.)*
ellos, ellas **I 2B** sie *(pl.)*
un **e-mail** **I 3B** eine E-Mail
la **emigración** **<II 7, 6>** die Auswanderung
un / una **emigrante** **II 7** ein Emigrant, eine Emigrantin
emocionante **<II 3, 13>** aufregend
una **empanada** **II 1** eine Pastete *(galizische Spezialität)*
empezar (-ie-; z-c) (a hacer) algo **I 5A** etw. (zu tun) anfangen, beginnen
en **I 1** in, an, auf
en alemán **<I 2A, 3>** auf Deutsch
en ángulo recto **<I 9, 5>** im rechten Winkel
en casa **I 4A** zu Hause
en contra **<I 8A, 1>** dagegen
en español **<I 2A, 3>** auf Spanisch
en fin **II 8** kurz und gut
en la playa **I 1** am Strand
en parejas **<I 2B, 4>** zu zweit
a la(s) … **en** punto **I 4A** genau um … Uhr, pünktlich um … Uhr
en serio **I 5B** im Ernst
en total **I 7A** insgesamt, alles zusammen
en *(+ Jahreszahl)* **II 7, PP** im Jahr *(+ Jahreszahl)*
(estar) **enamorado, -a** **II 2, PP** verliebt (sein)
(estar) **encantado, -a** **I 7A** erfreut (sein)
encantar(le) a alguien **I 8A** jdn. begeistern, jdm. sehr gut gefallen
encendido, -a **<II 2, 14>** angeschaltet
una **enciclopedia** **<II 7, TA>** ein Lexikon
encima de **I 8B, PP** auf
encontrar (-ue-) algo **I 6** etw. finden
encontrarse (-ue-) con **II 2** sich treffen (mit)
la **energía** **<I CS>** die Kraft, die Energie
(el) **enero** **I 7B, PP** (der) Januar
(estar) **enfadado, -a** **I 6** verärgert, böse (sein)
enfadarse con algo / alguien **<II 2, 10>** wütend werden
un **enfermero**, una **enfermera** **I 8A** ein Krankenpfleger, eine Krankenschwester
enfermo, -a **II 7** krank
caer (caigo) **enfermo, -a** **II 7** krank werden
enfrente de **I 4B, PP** gegenüber (von)
enorme **<I PM 1>; II 3** riesig, groß
una **ensalada** **<I 4A, 9>** ein Salat
una **ensaladilla** **<II 3, PP>** ein Salat
un **ensayo** **I 5B** eine Probe
enseguida *(adv.)* **II 4** sofort *(adv.)*
un centro de **enseñanza** **<I 4B,PP>** eine schulische Einrichtung
enseñar(le) algo a alguien **I 8A** jdm. etw. zeigen, beibringen
entender (-ie-) algo / a alguien **I 5A** etw. / jdn. verstehen
enterarse de algo **I 7B** etw. erfahren, etw. mitbekommen
entonces … **I 2B** dann
una **entrada** **I 7B** eine Eintrittskarte
entrar (en) **I 3B** eintreten, hineingehen (in)
entre **<I 5A, 6>; II 7** zwischen, unter
entretanto **II 7** in der Zwischenzeit
el **entretenimiento** **<II 9, PP>** die Unterhaltung, der Zeitvertreib
una **entrevista** a **<II 9, PP>** ein Interview mit
enviar(le) algo a alguien **II 8** jdm. etw. schicken
una **época** **<II CS>** eine Epoche
un **equipo** **I 5A** eine Mannschaft
un **equipo** de música **I 8B, PP** eine Stereoanlage
un **error** **I 7B** ein Fehler
es que **I 4A** es ist (nämlich) so, dass … / das kommt daher, dass …
¿**Es** todo? **I 7A, PP** Ist das alles?
Es verdad. **I 3A** Das ist wahr. / Das stimmt.
una **escalera** **II 2** eine Treppe, ein Treppenhaus
escandalizarse (z-c) **<II CS>** sich empören
una **escena** **<I 7B, 5>** eine Szene
un año **escolar** **<II 10, 6>** ein Schuljahr
escribir algo a alguien **I 3A** jdm. etw. schreiben
escrito, -a **<II 2, 14>** schriftlich
un **escritorio** **I 8B, PP** ein Schreibtisch
escuchar algo / a alguien **I 2A, PP** etw. anhören, jdm. zuhören
una **escuela** **<I PM 3>** eine Schule
una escuela secundaria **<II CS>** eine weiterführende Schule
escurrir algo **<I CS>** etw. abtropfen lassen
ese, esa, esos, esas *(adj.)* **I 7A** diese, -r, -s dort
ése, ésa, ésos, ésas *(pron.)* **I 7A** diese, -r, -s dort
eso **I 5B** das
un **espacio** **<II 9, PP>** ein Raum, ein Ort
los **espaguetis** **<II 3, PP>** die Spaghetti
España *(f.)* **I 5A** Spanien
(el) **español** **I 2A, PP** Spanisch, die spanische Sprache
en **español** **<I 2A, 3>** auf Spanisch
español, -a **I 8A, PP** spanisch
un **español**, una **española** **I 2B** ein Spanier, eine Spanierin
los **espárragos** **<II 3, PP>** der Spargel
especial **I 7B** besonders, speziell
un / una **especialista** **<II 9, PP>** ein Spezialist, eine Spezialistin
una **especie** **<II CS>** eine Art
espectacular **II 6** spektakulär, herrlich, toll
un **espectáculo** **<II 1, 8>** eine Vorstellung
esperar algo / a alguien **I 2B** etw. / jdn. erwarten, auf etw. / jdn. warten
un **esquema** **<II 8, PP>** ein Schema, eine Übersicht
el **esquí** **<I PM 2>** der Ski

una **esquina** I 4B, PP eine Ecke
una **estación** <I PM 2> ein Bahnhof
una **estación** de tren II 1 ein Bahnhof
una **estación** del año II 9, 9 eine Jahreszeit
un **estadio** <I 7B, 10> ein Stadion
(los) **Estados** Unidos <I PM 3>; II 8 (die) USA, die Vereinigten Staaten
una **estantería** I 8B, PP ein Regal
estar *(irr.)* I 4A sein, sich befinden
está bien I 7A Ist gut. / In Ordnung.
estar *(irr.)* bien II 7 (jdm.) gut gehen
ya **está** I 8B fertig
estar *(irr.)* a … kilómetros II 5 … Kilometer entfernt sein
estar *(irr.)* sentado, -a II 5 sitzen
una **estatua** <II 1, 8> eine Statue
el **este** <I 1, 3>; II 8, PP der Osten
este, esta, estos, estas *(adj.)* I 7A diese, -r, -s hier
esta tarde I 7A heute Nachmittag
éste, ésta, éstos, éstas *(pron.)* I 7A diese, -r, -s hier
éste es, **ésta** es I 1 dies ist
un **estilo** <II PM 3> ein Stil
el **estilo** directo <II 5, 4> die direkte Rede
el **estilo** indirecto <II 5, 4> die indirekte Rede
estirar algo <II CS> etw. auswellen
esto II 2 dies *(neutrales Demonstrativpron.)*
una **estrategia** <II 1, PP> eine Strategie, eine Lerntechnik
una **estrella** <I CS> ein Stern
un **estuche** I 3A, 10 ein Mäppchen
un / una **estudiante** <II 2, 14> ein Student, eine Studentin
estudiar algo I 2A, PP etw. studieren, etw. lernen
un **estudio** II 9 ein Studio
un **euro** <I 2B, 7>; I 7A, PP ein Euro
Europa [eu'ropa] II 8 Europa
europeo, -a <II PM 3> europäisch
el **euskera** <I PM 2> Baskisch, die baskische Sprache
un **evento** <II CS> ein Ereignis
exacto, -a <II CS> exakt, genau
un **exámen** <II 3, 11> ein Examen, eine Prüfung
una **exclamación** <II CS> ein Ausruf
una **excursión** II 1, PP ein Ausflug
ir *(irr.)* de **excursión** II 1, PP einen Ausflug machen
hacer *(irr.)* una **excursión** II 1, PP einen Ausflug machen
existir <II 8> existieren, geben (es gibt …)
un **éxito** <II 9, PP> ein Erfolg
una **experiencia** <I 5B, 15> eine Erfahrung; <II 9, 9> ein Erlebnis, eine Erfahrung
un **experto** <I PM 3> ein Experte, ein Spezialist
una **explicación** <I PM 2> eine Erklärung
explicar (c-qu) algo a alguien <I PM 1>; II 4 jdm. etw. erklären
un **exportador** <II PM 1> ein Exporteur
exportar algo <II PM 1>; II 8 etw. exportieren
una **expresión** <I 5B, PP> ein Ausdruck
expresivo, -a <II 6, 2> ausdrucksvoll
un **extranjero**, una **extranjera** <II 2, 14>; II 7 ein Ausländer, eine Ausländerin

F

una **fachada** II 4, PP eine Fassade
fácil I 4B leicht
facilitar algo a alguien <II 1, 8> jdm. etw. erleichtern
una **falda** I 6, 10 ein Rock
falso, -a <I 2A, 2> falsch
una **falta** <I 9, 6> ein Fehler
faltar(le) algo a alguien I 5B jdm. etw. fehlen
una **familia** I 3A, PP eine Familie
familiar <II 2, 14> Familien-
famoso, -a <II 1, 8>; II 4, PP berühmt; <II PM 1> *hier:* eine Berühmtheit
una **farmacia** I 4B, PP eine Apotheke
fascinante <II 1, 8> faszinierend
fatal *(adv.)* II 4 schrecklich *(adv.)*
(el) **febrero** I 7B, PP (der) Februar
una **fecha** II 7 ein Datum
la **fecha** de nacimiento <II 8, 6> das Geburtsdatum
¡**Felicidades**! <I 7B, 7> Herzlichen Glückwunsch!
feliz <I 7B, 7> glücklich
¡**Feliz** año nuevo! <I PM 1> Gutes Neues Jahr!
¡**Feliz** cumpleaños! <I 7B, 7> Alles Gute zum Geburtstag!
¡**Feliz** Navidad! <I PM 1> Fröhliche Weihnachten!
femenino, -a <I 5A, 5> feminin, weiblich
fenomenal I 4A, PP toll, großartig
feo, -a I 5B, PP hässlich
una **ficha** <I 9, 6> ein Spielstein
una **fiesta** I 7B ein Fest, eine Feier, eine Party
un **filete** <II 3, PP> ein Filet
el **fin** <II CS> das Ziel
por **fin** I 5B endlich
un **fin** de semana <I 5A, 4>; II 9 ein Wochenende
el **final** <I 2A, 2>; II 2 das Ende
poner *(irr.)* punto y **final** a algo <II CS> etw. beenden
a **finales** de *(+ Zeitraum)* <II 1, 7>; II 7, PP Ende *(+ Zeitraum)*
fino, -a <II CS> zart
la música **folklórica** <II PM 3> die Volksmusik
un **folleto** II 4 ein Prospekt
una **forma** <I 2A, 4> eine Form; <II 1, 8> eine Art
la **formación** <II 4, 4> die Bildung
una **formalidad** <II 2, 14> eine Formalität
formar algo <I 1, 2> etw. bilden
formular algo <II 3, 11> etw. formulieren
una **foto** I 5A ein Foto
una **fotografía** <I 5A, 5> eine Fotografie
una **frase** <I 1, 2> ein Satz
freír algo <I CS> etw. braten
frente a <II CS> gegenüber
una **fresa** <II 3, PP> eine Erdbeere
fresco, -a <II CS> frisch
el **frío** II 1 die Kälte
hacer *(irr.)* **frío** II 1 kalt sein *(Wetter)*
frío, -a <I CS> kalt
las patatas **fritas** <II 3, PP> die Pommes frites
una **frontera** II 8, PP eine Grenze
la **fruta** I 7A das Obst, die Früchte
un **fuego** <I CS>; II 1 ein Feuer
(los) **fuegos** artificiales <I PM 1> das Feuerwerk
fuera II 5 draußen
fuerte II 7 kräftig, stark
el **fútbol** I 2A, PP der Fußball
un campo de **fútbol** II 4 ein Fußballfeld
el **futuro** <I 8B, 9>; II 7 die Zukunft

G

unas **gafas** I 5B, PP eine Brille
unas **gafas** de sol I 2A, PP eine Sonnenbrille
Galicia *(f.)* II 1 Galizien
gallego, -a II 8 galizisch; Galizier, Galizierin *(in Lateinamerika auch Bezeichnung für die Spanier allgemein)*
el **gallego** <I PM 2> das Galizische, die galizische Sprache
la **ganadería** II 8, PP die Viehzucht
ganar algo <I 7B, 10> etw. gewinnen; II 7 etw. verdienen
un **garaje** <II 2, 14> eine Garage
el **gas** II 3 *hier:* die Kohlensäure
un **gato** <I 5A, 6> eine Katze
en **general** <II 2, 10> im Allgemeinen
el **género** <II PM 3> die Gattung
¡**Genial**! I 1 Toll!
genial I 4A toll, genial
la **gente** I 4B die Leute
(la) **geografía** I 5A, PP Erdkunde *(Schulfach)*
el **gesto** <II 1, 2> die Gestik
girar I 4B, PP abbiegen
global <II 4, 9> global, allgemein
un **gol** <I 7B, 10> ein Tor
meter un **gol** <I 7B, 10> ein Tor schießen
una **goma** I 3A, 10 ein Radiergummi
gordo, -a I 5B, PP dick
gracias I 4A danke
dar *(irr.)* las **gracias** <I 5A, 10> sich bedanken
gracias por I 5A danke für
gracias a II 2 dank *(Präposition)*

gracioso, -a **I 5B** komisch, witzig
un **grado** **II 1** ein Grad
hacer … **grados** **II 1** … Grad sein
la **gramática** **<I 1, Estr.>** die Grammatik
un **gramo** **I 7A, 7** ein Gramm
grande **I 4B** groß
gran **<II CS>** groß
un **gran** aplauso **<I CS>** ein großer Applaus
gratis **<I 9, PP>** gratis
gris **I 6, 10** grau
un **grupo** **<I 2A, 8><; II 1** eine Gruppe
guapo, -a **I 5B, PP** hübsch
guay *(col.)* **I 5A** klasse, toll
un / una **guía** **II 4** ein Führer, eine Führerin
una **guía** **<II 4, TA>** ein Reiseführer *(Buch)*
un **guión** **<I 3B, 3>** ein Bindestrich
un **guisante** **<II 3, PP>** eine Erbse
gustar(le) a alguien **I 8A** jdm. gefallen
me **gusta**, me **gustan** **I 2B, PP** ich mag; mir gefällt / gefallen
te **gusta**, te **gustan** **I 2B, PP** du magst, dir gefällt / gefallen

H

haber **I 7B** haben / sein *(als Hilfsverb)*
una **habitación** **I 1** ein Zimmer
un / una **habitante** **<I PM 3>; II 8, PP** ein Einwohner, eine Einwohnerin
un / una **hablante** **<II 2, 14>** ein Sprecher, eine Sprecherin
hablar **I 2A, PP** sprechen, reden
hablar a alguien de usted **<II 2, 10>** jdn. siezen
hablar por teléfono con alguien **<I 2A, 1>** mit jdm. telefonieren
hacer *(irr.)* algo **I 3B** etw. machen, etw. tun
hace *(+ Zeitangabe)* **II 7** vor *(zeitlich)*
hace sol **II 1** die Sonne scheint
hacer *(irr.)* la compra **I 7A** einkaufen *(Lebensmittel)*
hacer *(irr.)* un pase **<I 7B, 10>** einen Pass spielen
hacer *(irr.)* una excursión **II 1, PP** einen Ausflug machen
hacer *(irr.)* mal tiempo **II 1** schlechtes Wetter sein
hacia **II 4** in Richtung von, auf … zu
¡**Hala**! **I 7B** Ach Gott! / Du meine Güte!
el **hambre** *(f.)* **II 3** der Hunger
tener *(irr.)* **hambre** **II 3** Hunger haben
un **hámster** **<I 5A, 6>** ein Hamster
la **harina** **I 7A, 7** das Mehl
hasta **I 3B** bis
Hasta luego. **I 3B** Bis später.
Hasta pronto. **I 5A** Bis bald.
hay **I 4B, PP** es gibt, da ist / sind
hay niebla **II 1, 8** es ist nebelig
hay que **I 8A** man muss
una **heladería** **<I 2A, 9>** eine Eisdiele
un **helado** **I 1** ein Eis
helado, -a **<II 3, 9>** geeist, gefroren
el **hermano**, la **hermana** **I 1** der Bruder, die Schwester
los **hermanos** **I 2A** die Geschwister
el **hijo**, la **hija** **I 3A, PP** der Sohn, die Tochter
los **hijos** **I 3A, PP** die Kinder
un **hispanoamericano**, una **hispanoamericana** **<I PM 3>** ein Lateinamerikaner, eine Lateinamerikanerin
(la) **historia** **I 5A, PP** Geschichte *(Schulfach)*
¡**Hola**! **I 1, PP** Hallo!
un **hombre** **II 6** ein Mann
el **honor** **<II CS>** die Ehre
una **hora** **I 4A** eine Stunde
un **horario** **I 5A, PP** ein Stundenplan; **II 1** ein Fahrplan
los **horarios** de comidas **<I 4A, 1>** die Essenszeiten
el **horizonte** **<II CS>** der Horizont
un papel de **horno** **<II CS>** ein Backpapier
un **horror** **<II 2, 7>** ein Horror, das Entsetzen
ser *(irr.)* un **horror** **<II 2, 7>** entsetzlich sein
un **hospital** **II 1** ein Krankenhaus
un **hotel** **II 1, PP** ein Hotel
hoy **I 3B** heute
un **huevo** **I 7A, 7** ein Ei
¡**hurra**! **<I 7B, 7>** Hurra!

I

la península **Ibérica** **<I PM 2>** die Iberische Halbinsel
la **ida** **II 5, PP** die Hinfahrt
la **ida** y vuelta **II 5, PP** die Hin- und Rückfahrt
una **idea** **I 2B** eine Idee
Ni **idea**. **I 2B** Keine Ahnung.
una **identidad** **<I PM 1>** eine Identität
identificar (c-qu) algo **<I 7B, 1>** etw. herausfinden
un **idioma** **II 7** eine Sprache
una **iglesia** **<I 4B,PP>; II4** eine Kirche
igual (que) **I 5B** gleich, genauso (wie)
ilegal **<II CS>** illegal, ungesetzlich
(estar) **ilusionado, -a** **II 2, PP** begeistert (sein)
una **ilustración** **<II 1, 1>** eine Illustration, eine Abbildung
ilustrar algo **<I 8B, TA>** etw. illustrieren, etw. bebildern
imaginarse algo **I 8A** sich etw. vorstellen
Imagínate. **I 8A** Stell dir (nur) vor.
la **impaciencia** **II 8** die Ungeduld
el **imperativo** **<I 8B, 5>** der Imperativ, die Befehlsform
la **importancia** **II 2** die Bedeutung, die Wichtigkeit
importante **I 4B** wichtig
importar(le) a alguien **I 8A** jdm. wichtig sein, jdm. etw. ausmachen
No **importa**. **I 8A** Das macht nichts.
(estar) **impresionado, -a** **II 2, PP** beeindruckt (sein)
los **incas** **<I PM 3>** die Inkas
incluso **<II 2, 14>** sogar
increíble **<II CS>** unglaublich
una **indicación** **<I 9, 8>** eine Angabe
indicado, -a **<II 1, 9>** angegeben
el estilo **indirecto** **<II 5, 4>** die indirekte Rede
un **infinitivo** **<I 6, 5>** ein Infinitiv
la **influencia** **<II PM 3>** der Einfluss
una **información** **<I 1, 4>** eine Information
informar a alguien de algo **<II 5, 8>** jdn. über etw. informieren
informarse **<II 1, 8>** sich informieren, sich erkundigen
la **informática** **<I 5A, 5>** die Informatik
un **ingeniero**, una **ingeniera** **II 8** ein Ingenieur, eine Ingenieurin
(el) **inglés** **I 5A, PP** Englisch *(Schulfach)*
la **inmigración** **<II 7, 6>** die Einwanderung
un / una **inmigrante** **<II 7, 6>** ein Einwanderer, eine Einwanderin
una **instalación** deportiva **<I 4B,PP>** eine Sportstätte
un **instituto** **I 4B, PP** ein Gymnasium
tocar (c-qu) un **instrumento** **<I 3B, TA>** ein Instrument spielen
inteligente **I 6** intelligent
intentar algo **<II 2, 14>** etw. versuchen
intercambiar algo **<II 1, TA>** etw. tauschen, etw. austauschen
un **intercambio** **I 8A, PP** ein (Schüler-) Austausch
el **interés** **<II 4, 17>** das Interesse
interesante **I 4B** interessant
internacional **<II PM 3>** international
(el) **Internet** **II 1** (das) Internet
navegar (g-gu) por **Internet** **<I 3B, TA>** im Internet surfen
interrogar (g-gu) a alguien **<II CS>** jdn. befragen
una **introducción** **<I 5B, 1>** eine Einleitung
inventar algo **<I 4A, 4>** etw. erfinden
el **invierno** **<II CS>; II 9, 9** der Winter
una **invitación** **<I 7A, 7>** eine Einladung
un **invitado** **<I CS>** ein Gast
invitar a alguien **I 7B** jdn. einladen
ir *(irr.)* **I 4A, PP** gehen
ir *(irr.)* a hacer algo **I 5B** etw. tun werden
ir *(irr.)* a buscar a alguien **<I PM 2>** jdn. abholen
ir *(irr.)* a casa de alguien **I 4A** zu jdm. nach Hause gehen
ir *(irr.)* de compras **<I 7A, PP>** einkaufen gehen

ir *(irr.)* de excursión **II 1, PP** einen Ausflug machen
ir *(irr.)* en *(+ Verkehrsmittel)* **<I 4B, TA>; II 1, PP** mit einem Verkehrsmittel fahren
irregular **<II 2, 7>** unregelmäßig
irse *(irr.)* **I 6** (weg)gehen
una **isla** **<I 1, 4>; II 1, 11** eine Insel
las **Islas** Canarias **<I PM 2>** die Kanarischen Inseln
a la **izquierda** **I 4B** links

J

el **jamón** **<I 4A, 9>** der Schinken
un **jardín** **I 7B** ein Garten
un **jersey** (*pl.* jerséis) **I 6, 10** ein Sweatshirt, ein Pullover
¡**Jo**! **II 4** He!
joven (*pl.* jóvenes) **I 5A** jung
un **joven**, una **joven** (*pl.* jóvenes) **I 7A** ein junger Mann, eine junge Frau; ein / eine Jugendliche; die Jugendlichen
un **juego** **I 1** ein Spiel
No es un **juego**. **I 1** Das ist kein Kinderspiel.
un **juego** de cartas **<I 3B, TA>** ein Kartenspiel
jueves *(m.)* **I 5A, PP** Donnerstag
un **jugador** **I 5A** ein Spieler
jugar (-ue-; g-gu) **I 5B** spielen
(el) **junio** **I 7B, PP** (der) Juni
(el) **julio** **I 7B, PP** (der) Juli
junto, -a **I 4B** gemeinsam, zusammen
justificar (c-qu) algo **<I 7A, 7>** etw. begründen
juvenil **<II 1, 8>** Jugend-

K

un **kayak** **II 1** ein Kayak
un **kilo** **I 7A, PP** ein Kilo
un **kilómetro** **II 5, PP** ein Kilometer
estar *(irr.)* a … **kilómetros** **II 5** … Kilometer entfernt sein
km² (un kilómetro cuadrado) **<I PM 3>** ein Quadratkilometer

L

la **I 1** die *(bestimmter Artikel, sg.)* **II 3** sie *(Akkusativpron. f. sg.)*
un **lado** **I 4B, PP** eine Seite
a su **lado** **I 7A** neben ihm / ihr
al **lado** de **I 4B** neben
un **lago** **II 8, PP** ein See
un **lápiz** **I 3A, 10** ein Bleistift
un **lápiz** de color **I 3A, 10** ein Buntstift
largo, -a **I 5B, PP** lang
¡Qué **lástima**! **I 7B** Schade!
América **Latina** **<II PM 3>** Lateinamerika
Latinoamérica *(f.)* **<I 5B, TA>** Lateinamerika
un **latinoamericano**, una **latinoamericana** **<I PM 3>** ein Lateinamerikaner, eine Lateinamerikanerin
lavar algo **I 8A, PP** etw. waschen
lavar los platos **I 8A, 6** abwaschen, spülen
lavarse **I 6, PP** sich waschen
lavarse los dientes **I 6, PP** sich die Zähne putzen
le **I 8A** ihm / ihr *(Dativpron.)*
una **lección** **<I 3A, 5>** eine Lektion
la **leche** **<II 3, PP>** die Milch
la **lectura** **<I 5A, 5>** die Lektüre
leer **I 3A** lesen
legal **<II CS>** legal, gesetzlich
lejano, -a **<II 6, 11>** entfernt
lejos (de) **I 4B, PP** weit weg / entfernt (von)
la **lengua** **I 5A, PP** die Sprache
una **lengua** oficial **<I PM 3>** eine Amtssprache
(la) **lengua** y literatura **I 5A, PP** Spanisch *(Schulfach, wie das Fach Deutsch in Deutschland)*
lento, -a **<I CS>** langsam
una **leona** **<II CS>** eine Löwin
les **I 8A** ihnen *(Dativpron.)*
una **letra** **<I 3B, 1>** ein Buchstabe
levantarse **I 6, PP** aufstehen
libre **II 3** frei
el tiempo **libre** **I 5A** die Freizeit
un **libro** **I 3A** ein Buch
un **librito** **II 1, Estr.** ein Büchlein
un **limón** **I 7A, PP** eine Zitrone
una **limonada** **<I 4A, 9>** eine Limonade
limpiar algo **I 8A, 6** etw. putzen
limpiarse algo **II 3** sich (etw.) waschen
lindo, -a **II 9** hübsch
una **línea** **<I 5B, 2>** eine Zeile; **II 4, 12** eine (Bus-, U-Bahn-)Linie
una **lista** **I 5B** eine Liste
(estar) **listo, -a** **<II CS>** fertig (sein)
la **literatura** **I 5A, PP** die Literatur
un **litro** **<I CS>** ein Liter
una **llamada** **<I 4A, 4>; II 9** ein Anruf
llamar a alguien **I 3B** jdn. rufen, anrufen
llamar algo a alguien **II 6** jdn. etw. nennen
Llaman. **I 8B** Es läutet.
llamarse **I 6** heißen
me **llamo** **I 1, PP** ich heiße
te **llamas** **I 1, PP** du heißt
la **llegada** **<I 8A, 8>; II 3** die Ankunft
llegar (g-gu) **I 2A** ankommen
al **llegar** **<II CS>** bei der Ankunft
llenar algo **<II 1, 8>** etw. füllen
(estar) **lleno, -a** **I 6** voll (sein)
llevar algo **I 2A, PP** etw. tragen; **I 7B** etw. mitnehmen; **II 5** sein *(+ Zeitraum)*
llevar algo / a alguien **II 7** etw. / jdn. bringen
llorar **I 7B** weinen
llover (-ue-) **II 1** regnen
la **lluvia** **II 2** der Regen
lo, la **II 3** ihn, sie *(Akkusativpron.)*
lo **II 4** das *(neutrales Pronomen)*
lo mejor de lo mejor **II 4** das Beste vom Besten
por **lo** menos **<II CS>** wenigstens
lo mismo **<II 2, 14>** dasselbe
lo que **<I 6, 10>** was *(Relativpron.)*
lo siento **I 5A** es tut mir leid
lógico, -a **<II 9, TA>** logisch
los Alonso **I 8B** die Familie Alonso, die Alonsos
los, las **I 2A** die *(bestimmter Artikel, pl.)*
los *(+ Wochentage)* **I 5A** montags …
los, las **II 3** sie *(Akkusativpron.)*
una **lotería** **<I PM 1>** eine Lotterie
luego **<II 1, 8>** später
Hasta **luego**. **I 3B** Bis später.
un **lugar** **I 4B** ein Ort, ein Platz
tener *(irr.)* **lugar** **<I 5A, 5>** stattfinden
el **lugar** de nacimiento **<II 8, 6>** der Geburtsort
en **lugar** de **<II 8>** anstelle von
lunes *(m.)* **I 5A, PP** Montag
la **luz** **I 8B** das Licht

M

una **macedonia** **<II 3, PP>** ein Obstsalat
la **madre** **I 3A, PP** die Mutter
un **magazín** **<II 9, PP>** ein Magazin
los Reyes **Magos** **<I PM 1>** die Heiligen Drei Könige
el **maíz** **<I PM 3>** der Mais
mal *(adv.)* **I 3B** schlecht
¡**Maldita** sea! **II 5** Verflixt!, Verflucht!
una **maleta** **I 8A, PP** ein Koffer
malo, -a **I 8A** schlecht
(hacer) **mal** tiempo **II 1** schlechtes Wetter (sein)
la **mala** suerte **<I PM 1>** das Pech
mamá **I 4A** die Mama *(auch als Anrede)*
mañana **I 3B** morgen
la **mañana** **I 4A** der Morgen
por la **mañana** **I 5A** morgens
mandar(le) algo a alguien **I 8A, PP** jdm. etw. schicken, senden
una **mano** *(f.)* **I 5B** eine Hand
la **mantequilla** **I 7A, 7** die Butter
una **manzana** **I 7A, PP** ein Apfel
un **mapa** **<I PM 3>** eine Landkarte
una **máquina** de bebidas **II 5** ein Getränkeautomat
el **mar** **I 2A, PP** das Meer
el **mar** Mediterráneo **<I PM 2>** das Mittelmeer
la **mar** de *(col.)* **<II CS>** sehr
marcar (c-qu) algo **<I 8B, 8>** etw. markieren, etw. unterstreichen
el **marido** **II 7, PP** der Ehemann
un **marisco** **II 3** eine Meeresfrucht
una **marisquería** **II 3** *ein Spezialitätenrestaurant für Meeresfrüchte*
marrón **I 6** braun
martes *(m.)* **I 5A, PP** Dienstag

(el) **marzo** **I 7B, PP** (der) März
más **I 5B** mehr
el que **más** **<II CS>** am besten
¿Algo **más**? **I 7A, PP** Noch etwas?
más + *adj* + que **II 6, PP** *Steigerungsform der Adjektive (mehr)*
una **masa** **<II CS>** ein Teig
(las) **matemáticas** **I 5A, PP** Mathematik *(Schulfach)*
los **materiales** **<II 8, TA>** die Materialien
los **mayas** **<I PM 3>** die Mayas
(el) **mayo** **I 7B, PP** (der) Mai
la **mayonesa** **<II 3, PP>** die Mayonnaise
el / la **mayor** **I 4B** der / die Ältere
mayor **II 8** alt; älter
me **I 8A** mir *(Dativpron.)*; **II 3** mich *(Akkusativpron.)*
me gusta, me gustan **I 2B, PP** ich mag; mir gefällt / gefallen
me interesa **<I 2B, 5>** es interessiert mich
me llamo **I 1, PP** ich heiße
Me pone … **I 7A, PP** Ich möchte … / Geben Sie mir …
mediados de *(+ mes)* **<II 1, 7>** Mitte *(+ Monat)*
la **medianoche** **<I PM 1>** (die) Mitternacht
medio, -a **I 7A** halbe, -r, -s
un **medio** de comunicación **<II 9, PP>** ein Massenmedium
los **medios** de transporte **<I 4B, TA>** die Verkehrsmittel
(el) **mediodía** **II 1** (der) Mittag
el mar **Mediterráneo** **<I PM 2>** das Mittelmeer
los **mejillones** **<II 3, PP>** die Miesmuscheln
mejor *(adj.)* **I 4A** beste, -r, -s; **<II CS>**; **II 6** bessere, -r, -s,
lo **mejor** de lo **mejor** **II 4** das Beste vom Besten
a lo **mejor** **I 3B** vielleicht
mejorar algo **<II PM 2>** etw. verbessern
la **memoria** **<I 8B, PP>** das Gedächtnis
menos **<II 2, 7>**; **II 4** weniger
menos mal **I 5B** zum Glück
menos + *adj* + que **II 6, PP** *Steigerungsform der Adjektive (weniger)*
por lo **menos** **<I 8B, 3>** mindestens, **<II CS>** wenigstens
un **mensaje** **I 2B** eine Nachricht
mental **<II CS>** geistig, gedanklich
un **mercado** **I 7A, PP** ein Markt
una **merluza** **<II 3, PP>** ein Seehecht *(Speisefisch)*
un **mes** **I 5A** ein Monat
una **mesa** **I 8A, 6** ein Tisch
poner *(irr.)* la **mesa** **I 8A, 6** den Tisch decken
meter algo en algo **I 8B, PP** etw. in etw. (hinein)stecken, etw. in etw. (hinein-) legen
meter un gol **<I 7B, 10>** ein Tor schießen
el **metro** **I 3A** die U-Bahn
un **metro** **II 5** ein Meter
una **mezcla** **<I CS>** eine Mischung
mezclar algo **<I CS>** etw. mischen
mi **I 3A** mein, meine *(sg.)*
mientras *(+ verbo)* **II 6** während *(+ Verb)*
miércoles *(m.)* **I 5A, PP** Mittwoch
mil **II 5, PP** Tausend
el servicio **militar** **<II 8, 6>** der Militärdienst
un **millón** *(pl.* millones*)* **<I PM 3>** eine Million
la **mímica** **<II 1, 2>** die Mimik
una **mina** de sal **<II PM 1>** eine Salzmine
un **minuto** **II 4** eine Minute
una **mirada** **<II CS>** ein Blick
mirar algo / a alguien **I 3A** etw. / jdn. (an)schauen
mirad **I 5B** schaut (mal)
mis **I 3A** meine *(pl.)*
mísero, -a **<I CS>** miserabel
mismo, -a **<I CS>**; **II 4, PP** der-, die-, dasselbe
ahora **mismo** **I 5B** jetzt gleich, jetzt sofort
un **misterio** **<II 1, 8>** ein Geheimnis
misterioso, -a **<I PM 3>** mysteriös, geheimnisvoll
mixto, -a **<II 3, PP>** gemischt
una **mochila** **<II 9, PP>** ein Rucksack
un **modelo** **<I 3B, 4>** ein Modell, **<II 2, TA>** ein Vorbild
moderno, -a **I 4B** modern
(estar) **mojado, -a** **II 2** nass (sein)
molestar a alguien **II 3** jdn. stören
un **momento** **II 3** ein Moment, ein Augenblick
una **mona** **<II CS>** eine Äffin
un **monasterio** **<II 4, 10>** ein Kloster
una **moneda** **<I 3B, TA>** eine Münze
un **monitor** **<II 1, 8>** ein Übungsleiter
montado, -a **<II CS>** reitend, sitzend
una **montaña** **<I PM 2>**; **II 1, PP** ein Berg, ein Gebirge
montar a caballo **<I PM 3>**; **II 1** reiten
un **monte** **<I CS>** ein Berg
un **montón** (de) *(col.)* **I 4B** ein Haufen, sehr viele
un **monumento** **<I PM 2>**; **II 1, 11** ein Denkmal, eine Sehenswürdigkeit
moreno, -a **I 5B, PP** dunkelhaarig
morir (-ue-/-u-) **II 8** sterben
¡Qué **morro**! **I 2B** Ganz schön frech!
mover (o-ue) algo **<I CS>** etw. bewegen
un **móvil** **I 2A** ein Handy, ein Mobiltelefon
el **movimiento** **<II 1, 8>** die Bewegung
un **MP3** [emepe'tres] **<II 10>** ein MP3-Player
mucho, -a **I 5A** viel
muchas veces **<I 7A, PP>** oft
mucho *(adv.)* **I 2B** viel, sehr
un **mueble** **I 4B, PP** ein Möbelstück
una tienda de **muebles** **I 4B, PP** ein Möbelgeschäft
una **mujer** **I 7A** eine Frau
la **mujer** **<I 9, PP>**; **II 6** die Ehefrau
una **multinacional** **II 8** ein (internationaler) Konzern
el **mundo** **<I 9>**; **II 6** die Welt
todo el **mundo** **<I 9>** alle, jedermann
una **muñeca** **I 8B** eine Puppe
un **museo** **I 1** ein Museum
la **música** **I 2A, PP** die Musik
la música folklórica **<II PM 3>** die Volksmusik
muy *(adv.)* **I 2B** sehr

N

nacer (-zco) **II 7, PP** geboren werden
el **nacimiento** **<II 8, 6>** die Geburt
la fecha de **nacimiento** **<II 8, 6>** das Geburtsdatum
el lugar de **nacimiento** **<II 8, 6>** der Geburtsort
un parque **nacional** **<I PM 2>** ein Nationalpark
nada **II 5** nichts
nadar **I 2A, PP** schwimmen
nadie **<II 2, 14>**; **II 5** niemand
una **naranja** **I 7A, PP** eine Orange
naranja **I 6, 10** orange
la **natación** **<II 1, 8>** (das) Schwimmen
la **naturaleza** **<II 9, PP>** die Natur
naturalmente **II 8** natürlich
navegar (g-gu) por Internet **<I 3B, TA>** im Internet surfen
la **Navidad** **<I PM 1>** Weihnachten
¡Feliz **Navidad**! **<I PM 1>** Fröhliche Weihnachten!
el árbol de **Navidad** **<I PM 1>** der Weihnachtsbaum
(las) **Navidades** **II 5** Weihnachten, die Weihnachtszeit
necesitar algo **I 2A** etw. brauchen, etw. benötigen
la **negación** **<II 5, 6>** die Verneinung
negar (-ie-; g-gu) con la cabeza **<II CS>** den Kopf schütteln
en **negrita** **<II 3, 1>** fettgedruckt
negro, -a **I 6, 10** schwarz
neoclásico, -a **<II CS>** neoklassisch
nervioso, -a **II 1** nervös
ponerse *(irr.)* **nervioso, -a** **<I CS>** nervös werden
nevar (-ie-) **II 1, 8** schneien
ni … ni **II 5** weder … noch
Ni idea. **I 2B** Keine Ahnung.
la **niebla** **II 1, 8** der Nebel
hay **niebla** **II 1, 8** es ist nebelig
un **nieto**, una **nieta** **I 3A, PP** ein Enkel, eine Enkelin
los **nietos** **I 3A, PP** die Enkel
una **niña** **I 4B** ein kleines Mädchen, ein Kind
ningún, ninguno, -a **II 6** keine, -r, -s

un **niño** **I 4B** ein kleiner Junge
no **I 1** nein
I 1 nicht *(Verneinung)*
No es un juego. **I 1** Das ist kein Kinderspiel.
No es verdad. **I 2B** Das ist nicht wahr. / Das stimmt nicht.
No importa. **<I 5B, 15>** Das macht nichts.
una **noche** **I 6** eine Nacht
de **noche** **<I CS>** nachts, in der Nacht
un **nombre** **I 3B, PP** ein Name
una **norma** **<II CS>** eine Regel
normal **I 4B** normal
el **norte** **<I 1, 3>; II 8, PP** der Norden
nos **I 8A** uns *(Dativpron.)*; **II 3** *(Akkusativpron.)*
nosotros, -as **I 2B** wir
una **nota** **<I PM 3>** eine Note;
tomar **nota** **<I 3B, PP>** Notizen machen
una **noticia** **I 3B** eine Nachricht
novecientos, -as **II 5, PP** neunhundert
una **novedad** **<II CS>** eine Neuheit
una **novela** **<II 1, 8>** ein Roman
noveno, -a **II 2** neunte, -r, -s
noventa **I 3B, PP** neunzig
(el) **noviembre** **I 7B, PP** (der) November
un **novio**, una **novia** **II 4, PP** ein Verlobter, eine Verlobte, ein fester Freund, eine feste Freundin
nuestro, -a **I 3B** unser, unsere *(sg.)*
nuestros, -as **I 3B** unsere *(pl.)*
nueve **I 3B, PP** neun
nuevo, -a **<I 4B, PP>; II 3** neu
de **nuevo** **II 8** erneut
numerar algo **<II CS>** etw. nummerieren
un **número** **I 3B, PP** eine Zahl, eine Nummer
un **número** ordinal **<II 2, 9>** eine Ordnungszahl
un **número** de teléfono **I 3B, PP** eine Telefonnummer
nunca **<II 1, 8>; II 5** niemals

O

o **I 3B** oder
ó **II 5** oder *(zwischen zwei Zahlen)*
un pronombre de **objeto** indirecto **<I 8A, 4>** ein Dativpronomen
un pronombre de **objeto** directo **<II 3, 6>** ein Akkusativpronomen
una **obra** **II 4, PP** ein (Kunst)Werk
una **obra** de teatro **I 5A** ein Theaterstück
el **océano** Atlántico **<I PM 2>** der Atlantik
ochenta **I 3B, PP** achtzig
ocho **I 3B, PP** acht
ochocientos, -as **II 5, PP** achthundert
octavo, -a **II 2** achte, -r, -s
(el) **octubre** **I 7B, PP** (der) Oktober
odiar algo / a alguien **I 4B** etw. / jdn. hassen
el **oeste** **<I 1, 3>; II 8, PP** der Westen
oficial **<I PM 3>** offiziell
una **oficina** de turismo **II 4** ein Tourismusbüro, eine Touristeninformation
ofrecer (-zco) algo a alguien **<II 1, 8>; II 7** jdm. etw. anbieten
oír (oigo) algo **I 6** etw. hören
el **ojo** **I 6** das Auge
¡**ojo**! **<II PM 3, 1>** aufgepasst!
el aceite de **oliva** **<II 4, 16>** das Olivenöl
olvidar algo / a alguien **II 6** etw. / jdn. vergessen
once **I 3B, PP** elf
una **opinión** **<I 4A, 1>** eine Meinung
(la) **optativa** **I 5A, PP** das Wahlpflichtfach
oral **<II 2, 14>** mündlich
el **orden** **<II PM 1>** die Ordnung, die Reihenfolge
una **orden** **<I 8B, 6>** ein Befehl
ordenado, -a **<II 2, 13>** ordentlich
un **ordenador** **I 8A** ein Computer
ordenar algo **<I 2B, 1>** etw. ordnen, **I 8A, PP** etw. aufräumen
un número **ordinal** **<II 2, 9>** eine Ordnungszahl
una **oreja** **<I 7B, 7>** ein Ohr
una **organización** **<I PM 2>** eine Organisation
organizar (z-c) algo **<I CS>** etw. organisieren
original **<I 6, 11>** originell, **<II 1, 8>** original
una **orquesta** **<II 1, 8>** ein Orchester
un accento **ortográfico** **<II 4, 6>** ein Akzentzeichen
os **I 8A** euch *(Dativpron.)*; **II 3** *(Akkusativpron.)*
oscuro, -a **<II CS>** dunkel
el **otoño** **<II 1, 7>; II 9, 9** der Herbst
otro, -a *(adj. + pron.)* **<I 3B, 11>; I 7B** ein andere, -r, -s, noch ein (-e, -r, -s)
otra vez **I 7B** noch einmal, wieder
oye **I 3A** hör mal
un / una **oyente** **<II 9, PP>** ein (Radio-)Hörer, eine (Radio-)Hörerin

P

la **paciencia** **<II CS>** die Geduld
el **padre** **I 3A, PP** der Vater
los **padres** **I 3A, PP** die Eltern
una **paella** **I 1** eine Paella *(span. Reisgericht)*
pagar (g-gu) (algo) **I 7A** (etw.) (be)zahlen
una **página** **<I 3B, 5>** eine Seite
una **página** Web **<II 4, TA>** eine Website
un **país** **I 8A** ein Land
el **País** Vasco **<I PM 2>** das Baskenland
un **paisaje** **<II 1, 8>** eine Landschaft
una **palabra** **<I 2A, 3>; II 4, PP** ein Wort
una **palabra** clave **<II 5, 5>** ein Schlüsselwort
dar *(irr.)* **palmas** **<II 9, PP>** klatschen
el **pan** **I 7A, PP** das Brot
una **panadería** **I 4B, PP** eine Bäckerei
un **pantalón** **I 6** eine Hose
una **pantomima** **<I 6, PP>** eine Pantomime
el **papá** **I 7B** der Papa *(auch als Anrede)*
los **papás** **<II PM 1>** die Eltern
un **papagayo** **<I 5A, 6>** ein Papagei
un **papel** **I 3A** ein Papier, **I 5B** eine Rolle *(Theater)*
un **papel** de horno **<II CS>** ein Backpapier
una **papelería** **I 4B, PP** ein Schreibwarengeschäft
un **par** de **I 4B** einige
para **I 5B** für
para ti **<I 2B, PP>** für dich
para *(+ inf.)* **I 7A** um … zu
¿**para** qué? **II 3** wofür?
parar **II 5** anhalten
parecer(le) (-zco) algo a alguien **I 8A** jdm. etw. erscheinen, jdm. wie etw. vorkommen
una **pareja** **<I 2B, 4>** ein Paar
en **parejas** **<I 2B, 4>** zu zweit
un **paréntesis** **<II 2, 9>** eine Klammer
un / una **pariente** **II 8** ein Verwandter, eine Verwandte
un **parque** **I 4B, PP** ein Park
un **parque** nacional **<I PM 2>** ein Nationalpark
un **párrafo** **<I PM 2>** ein Paragraph, ein Abschnitt
una **parte** de **I 8B** ein Teil von
un / una **participante** **<I 5A, 5>** ein Teilnehmer, eine Teilnehmerin
participar en algo **<II PM 1>** teilnehmen an etw.
un **participio** **<I 7B, 10>** ein Partizip
una **partida** **<II 2, 14>** eine Partie
un **partido** **I 4A, PP** ein Spiel *(beim Sport)*
una **pasada** **<I 7B, 10>** ein Pass *(beim Spiel)*
ser *(irr.)* una **pasada** *(col.)* **II 1** der Hammer sein
pasado, -a **II 7** vergangene, -s, -r, letzte, -r, -s
pasar **I 2A** verbringen, **II 2** passieren, geschehen
pasar (por algo) **I 4B** (an etw.) vorbeigehen
pasar(le) a alguien **<I 6, 1>** jdm. geschehen, passieren
<II 10> jdm. etw. (hinüber)reichen, jdm. etw. geben
pasar *(Verkehrsmittel)* **II 5** (durch)fahren, vorbeikommen *(Verkehrsmittel)*
pasar la aspiradora **I 8A, 6** staubsaugen
pasarse **I 7B** zu weit gehen
hacer *(irr.)* un **pase** **<I 7B, 10>** einen Pass spielen
pasear **<II 2, 14>** spazieren gehen
un **paseo** **II 4, PP** eine Promenade, eine Allee; **<II 1, 8>** ein Spaziergang,
un **pasillo** **I 4A, 5** ein Flur, ein Gang
una **patata** **<I CS>** eine Kartoffel

las **patatas** fritas **<II 3, PP>** die Pommes frites
un **patio** **I 5B** ein (Schul)Hof
patrimonial **<II 1, 8>** Erb-
una **pausa** **<II 4, 17>** eine Pause
un **pedido** **<II 3, 9>** eine Bestellung
pedir (-i-/-i-) algo **II 3** etw. bestellen
pedir (-i-/-i-) un deseo **<I 7B, 7>** sich etw. wünschen
pegarse (g-gu) **<I CS>** anbrennen
pelar algo **<I CS>** etw. schälen
una **película** **<II 9, PP>** ein Film
el **pelo** **I 5B, PP** die Haare
una **pelota** **<I 7B, 10>** ein Ball *(beim Spiel)*
una **peña** **II 6** eine Clique
un **penalti** **<I 7B, 10>** ein Strafstoß *(beim Ballspiel)*
la **península** Ibérica **<I PM 2>** die Iberische Halbinsel
pensar (-ie-) (en) algo **I 5A** (an) etw. denken
pensar (-ie-) hacer algo **I 5A** etw. vorhaben, etw. zu tun beabsichtigen
pensar (-ie-) que … **I 7B** denken / meinen, dass …
peor **II 6** schlimmer
pequeño, -a **I 4B** klein
perder (-ie-) algo / a alguien **<I 7B, 10>; II 6** etw. / jdn. verlieren
perder (-i-/-i-) (el autobús) **II 5** (den Bus) verpassen
perdonar(le) (algo) a alguien **<I 9>** jdm. (etw.) verzeihen
Perdona. **I 5A** Entschuldige.
Perdón. **I 4B, PP** Entschuldigung.
el **perejil** **<II 3, PP>** die Petersilie
perfeccionar algo **<II 1, 8>** etw. verbessern
perfecto, -a **I 5A** perfekt
perfectamente **<II CS>** perfekt
un **periódico** **II 9, PP** eine Zeitung
un **periquito** **<I 5A, 6>** ein Wellensittich
un **permiso** de trabajo **II 8** eine Arbeitserlaubnis
pero **I 2A** aber
un **perro** **I 3A** ein Hund
una **persona** **I 8A** eine Person
un **personaje** **<II 9, 8>** eine Figur, eine (erfundene) Person; **<II 1, 8>** eine Persönlichkeit
personal **<II CS>** persönlich
el **pescado** **<II 3, PP>** der Fisch
un **pez** rojo **<I 5A, 6>** ein Goldfisch
picado, -a **<II 3, PP>** gehackt
la carne **picada** **<II 3, PP>** Hackfleisch
picante **I 7A** scharf
a **pie** **<I 4B, TA>** zu Fuß
un **piececito** **<II CS>** ein Füßchen, ein kleiner Fuß
una **pierna** **II 1** ein Bein
un **pijama** **I 6, PP** ein Pyjama, ein Schlafanzug
un **pimiento** **I 7A** eine Paprika(schote)
una **piña** **<I 4A, 9>** eine Ananas
pintar algo **<I 3B, TA>; II 4** etw. malen; **<II 1, 8>** etw. bemalen; **<II CS>** etw. bestreichen
un **pintor**, una **pintora** **II 4, PP** ein Maler, eine Malerin
la **pintura** **<II CS>** die Malerei
una **pirámide** **<I PM 3>** eine Pyramide
los **Pirineos** **<I PM 2>; II 1** die Pyrenäen
una **piscina** **<I PM 3>** ein Schwimmbad
el **piso** **I 8A** eine Wohnung, ein Stockwerk; **<II CS>** der Boden
una **pista** **<II 9, PP>** eine Piste, eine Bahn
un **pistacho** **<II 3, PP>** eine Pistazie
una **pistola** **<II CS>** eine Pistole
un **pitido** **II 5** ein Pfiff
una **pizarra** **I 3A, 10** eine Tafel
una **pizza** **<II 3, PP>** eine Pizza
un **plan** **<I 5B, 14>** ein Plan, ein Vorhaben
una **plancha** **<I 8A, 6>** ein Bügeleisen
planchar algo **I 8A, PP** etw. bügeln
un **planeta** **<II 1, 8>** ein Planet
un **plano** **<I 8B, PP>** ein Plan (Karte); **<II 4 PP>** ein Stadtplan
una **plantación** **<II PM 1>** eine Plantage
un **plátano** **<II PM 1>** eine Banane
un **plato** **I 8A, 6** ein Teller; **II 3, PP** ein Gericht
lavar los **platos** **I 8A, 6** spülen, abwaschen
el primer **plato** **II 3, PP** die Vorspeise
el segundo **plato** **II 3, PP** das Hauptgericht
la **playa** **I 1** der Strand
en la **playa** **I 1** am Strand
una **plaza** **I 3B, PP** ein Platz
una **pluma** **I 3A, 10** ein Füller
pobre **II 9** arm
poco *(adv.)* **I 2B** wenig
poco, -a **I 5A** wenig
un **poco** **I 7B** ein bisschen
poder *(irr.)* hacer algo **I 5B** etw. tun können
un / una **policía** **I 5B** ein Polizist, eine Polizistin
policíaco, -a **<II 1, 8>** Kriminal-
político, -a **<II 7, 6>** politisch
un **pollo** **<II 3, PP>** ein Hühnchen
quitar el **polvo** **I 8A, 6** abstauben
un **poncho** **<I 8A, 6>** ein Poncho
poner *(irr.)* algo **I 8B, PP** etw. setzen, stellen, legen
Ponen … **I 4A, PP** Es läuft … *(im Kino)*
ponen *(una película)* **I 4A, PP** sie zeigen *(einen Film)*
¿Qué te **pongo**? **I 7A, PP** Was möchtest du? / Was darf es sein?
Me **pone**… **I 7A, PP** Ich möchte bitte…
poner *(irr.)* la mesa **I 8A, 6** den Tisch decken
poner *(irr.)* punto y final a algo **<II CS>** etw. ein Ende bereiten, etw. beenden
ponerse *(irr.)* algo **I 6, PP** (sich) etw. anziehen
ponerse *(irr.) (+ adj.)* **II 8** werden
popular **<II 5, 14>** populär, beliebt
por
por cierto **I 5A** apropos, übrigens
por ejemplo **I 8A** zum Beispiel
por eso **I 3B** deswegen, deshalb
por favor **I 2A** bitte
por fin **I 5B** endlich
por la tarde **I 4A, PP** nachmittags
por lo menos **<I 8B, 3>** mindestens; **<II CS>** wenigstens
¿**por** qué? **I 2B** warum?
por suerte **II 3** zum Glück
por + *Possessivbegleiter* + cuenta **II 9** auf eigene Faust
porque **I 2B** weil
un **portero** **I 5A** ein Torwart
posible **<I 7B, TA>** möglich
una **posición** **<I 9, 5>** eine Position, eine Stellung
posmoderno, -a **<II CS>** postmodern
una **postal** **II 1** eine Postkarte
un **póster** **<I 3B, 6>** ein Poster, ein Plakat
el **postre** **II 3, PP** der Nachtisch
practicar (c-qu) algo **I 2A, PP** etw. üben
practicar (c-qu) deporte **I 2A, PP** Sport treiben
unas **prácticas** **<II 8, 6>** ein Praktikum
práctico, -a **<II 4, TA>** praktisch
el **precio** **II 5, PP** der Preis
precioso, -a **I 7B** wunderschön
preferido, -a **I 4B** Lieblings-, bevorzugt
preferir (-ie-/-i-) algo (a algo) **I 5A** etw. lieber mögen (als etw.)
preferir (-ie-/-i-) hacer algo **I 5A** etw. lieber tun
una **pregunta** **<I 3A, PP>; II 2** eine Frage
preguntar(le) algo a alguien **I 3A** jdn. etw. fragen
la **preocupación** **<II CS>** die Besorgnis
(estar) **preocupado, -a** **II 2, PP** besorgt (sein)
preocuparse **II 5** sich Sorgen machen
preparar algo **I 8A, PP** etw. vorbereiten
preparar la comida **I 8A, 6** das Essen zubereiten
una **presentación** **<I PM 3>** eine Präsentation, eine Vorstellung, ein (kleines) Referat
presentado, -a **<I 5B, TA>** vorgestellt
presentar algo / alguien a alguien **<I 5B, TA>; II 4** etw. / jdn. jdm. vorstellen
presentar algo a alguien **<II PM 1>** jdm. etw. präsentieren
el **presente** **<I 8B, 4>** das Präsens, die Gegenwart
un **presidente**, una **presidenta** **II 7** ein Präsident, eine Präsidentin
la **primavera** **II 9, 9** der Frühling
el **primer** plato **II 3, PP** die Vorspeise
la **Primera** Comunión **II 4** die Erste Heilige Kommunion, die Erstkommunion
primero *(adv.)* **I 3B** zuerst
primero, -a **II 2** erste, -r, -s

Primero (1º) **II 2** die erste Klasse der Sekundarstufe *(entspricht der 7. Klasse in Deutschland)*
un **primo**, una **prima** **I 1** ein Cousin, eine Cousine
una **princesa** **I 6** eine Prinzessin
principal **I 5B** Haupt-
un **príncipe** **I 6** ein Prinz
el **principio** **II 9** der Beginn, der Anfang
a principios de *(+ Zeitraum)* **<II 1, 7>**; **II 7, PP** Anfang *(+ Zeitraum)*
probablemente **<II 1, 8>** wahrscheinlich
probar (-ue-) algo **I 7B** probieren
probarse (-ue-) algo **I 6** etw. (an)probieren
un **problema** *(m.)* **I 5A** ein Problem
un **producto** **<I 7A, PP>** ein Produkt
un **productor** **<II PM 1>** ein Produzent
una **productora** **<I 5B, 15>** eine Produktionsfirma
un / una **profe** *(col.)* **I 5A** ein Lehrer, eine Lehrerin *(ugs.)*
un **profesor**, una **profesora** **I 2B** ein Lehrer, eine Lehrerin
un **programa** **<II 1, 8>** ein Programm; **II 9, PP** eine Sendung
la **programación** **<II 9, PP>** das Programm
prometer algo a alguien **<II CS>**; **<II 10>** jdm. etw. versprechen
un **pronombre** de objeto directo **<II 3, 6>** ein Akkusativpronomen
un **pronombre** de objeto indirecto **<I 8A, 4>** ein Dativpronomen
un **pronombre** relativo **<I 4B, 3>** ein Relativpronomen
pronto **I 5A** bald
hasta **pronto** **I 5A** bis bald
pronunciar algo **I 3A** etw. aussprechen
proponer(le) *(irr.)* algo a alguien **I 8B** jdm. etw. vorschlagen
una **propuesta** **<II 1, 8>** ein Vorschlag
un / una **protagonista** **<I 5B, 15>** ein Hauptdarsteller, eine Hauptdarstellerin
proteger algo / a alguien **<II 1, 8>** etw. / jdn. schützen
una **provincia** **<I PM 2>** eine Provinz
provincial **<II CS>** Provinz-
próximo, -a **II 5** nächste, -r, -s
un **proyecto** **<II 4, TA>**; **II 9** ein Projekt
una **prueba** **<II 1, 8>** ein Beweis
un **pub** **II 9** eine Bar *(lat. am.)*
la **publicidad** **II 4** die Werbung
público, -a **<II 2, 14>** öffentlich
el **público** **<I 9>** das Publikum
para todos los **públicos** **<I CS>** für jeden Geschmack
¡**Pucha**! **II 8** Hoppla!; Na so was! *(argentinischer Ausruf)*
un **pueblo** **I 1** ein Dorf, ein kleiner Ort
una **puerta** **I 3B** eine Tür
pues **I 4A** also, nun
puesto, -a **<II CS>** *hier:* im Gesicht
un **puesto** **I 7A** ein (Markt)Stand
un **punto** **<I 7B, TA>** ein Punkt
un **punto** de salida **<II 1, 8>** ein Ausgangspunkt
poner *(irr.)* **punto** y final a algo **<II CS>** etw. ein Ende bereiten

Q

¿**qué** …? **I 1** was …?
¿por **qué**? **I 2B** Warum?
¿**Qué** es? **I 1** Was ist das?
¿**Qué** más? **<I 4A, 5>** Was sonst noch?
¿**Qué** pasa? **I 2A** Was ist los?, Was passiert?
¿**Qué** tal? **I 3B** Wie geht's?
¿**Qué** te pongo? **I 7A, PP** Was möchtest du? / Was darf es sein?
¡**Qué** …! **I 4B** Wie …!, Was für …!
¡**Qué** lástima! **I 7B** Schade! Wie schade!
¡**Qué** rollo! *(ugs.)* **II 5** Wie blöd! *(ugs.)*
¡**Qué** va! **I 7A** Ach was! / Keine Rede!
que **I 4B** der, die, das *(Relativpron.)*
… **que** viene **I 5A** kommende, -r, -s …, nächste, -r, -s …
el **que** más **<II CS>** am besten
que **I 7B** dass
es **que** **I 4A** es ist (nämlich) so, dass … / das kommt daher, dass …
quedar con alguien **I 4A** sich mit jdm. verabreden
quedarse **II 1, PP** bleiben
una **queja** **<II 2, 2>** eine Beschwerde
quejarse de algo / alguien **II 2** sich über etw. / jdn. beschweren
querer *(irr.)* (hacer) algo **I 5A** etw. (tun) wollen
querido, -a **II 1** lieb; liebe, -r *(Anrede)*
un **queso** **I 7A** ein Käse
quien **<I PM 1>** wer / derjenige, der *(Relativpron.)*
¿**quién**? *(pl.* ¿quienes?) **I 2A** Wer?
¿**Quién** va ahora? **I 7A, PP** Wer ist jetzt dran?
quince **I 3B, PP** fünfzehn
quinientos, -as **II 5, PP** fünfhundert
quinto, -a **II 2** fünfte, -r, -s
quitar algo **I 8B, PP** etw. wegnehmen, etw. wegtun, etw. entfernen
quitar el polvo **I 8A, 6** abstauben

R

una **ración** **<I 4A, 9>** eine Portion (von); **<II 2, 14>** eine Menge
la **radio** **II 9, PP** (das) Radio
rápido *(adv.)* **I 3A** schnell
raro, -a **I 7B** seltsam, komisch
un **rato** **I 2A** ein Augenblick, eine Weile
un **ratón** blanco **<I 5A, 6>** eine weiße Maus
tener *(irr.)* **razón** **I 8A** Recht haben
reaccionar a **<II 2, 2>** reagieren auf
realista **<II CS>** realistisch
realizar (z-c) algo **<I 7B, 7>** etw. realisieren, etw. verwirklichen; **<I 8B, 6>** etw. ausführen
una **rebanada** (de pan) **<II 4, 16>** eine Scheibe (Brot)
una **receta** **<II 4, 16>** ein Rezept
recibir algo **<I 7B, 7>** etw. erhalten, etw. bekommen; **I 8A** etw. empfangen, etw. bekommen
recordar (-ue-) algo **I 5B** sich an etw. erinnern
el **recreo** **I 5A** die Pause
todo **recto** **I 4B** geradeaus
un **recuerdo** **<II CS>** eine Erinnerung
una **red** **<II PM 1>** ein Netz
una **red** de vocabulario **<I 9, 1>** ein Vokabelnetz
una **redacción** **II 2** ein Aufsatz
el **refinamiento** **<II CS>** die Finesse
un **refrán** **<I 7B, PP>** ein Sprichwort
un **refresco** **<I 9>** ein Erfrischungsgetränk
regalar algo **I 7A** etw. schenken
el **regalo** **I 7B** das Geschenk
una **región** **<I PM 3>** eine Region, eine Gegend
una **regla** **<II 3, 11>** eine Regel
regular **I 3B, 4** mittelmäßig, es geht so
(la) **religión** **I 5A, PP** Religion *(Schulfach)*
relleno, -a **<II 3, 9>** gefüllt
repartir algo **<I PM 2>** etw. aufteilen
de **repente** **II 9** plötzlich
repetir (-i-/-i-) algo **<I 8A, 9>**; **II 3** etw. wiederholen
un **reportaje** **<II 9, PP>** eine Reportage
una **representación** **<II 6, 2>** eine Aufführung
representar algo **<II 2, 4>** etw. vorspielen, etw. aufführen
una **república** **<II PM 1>** eine Republik
respetar algo / a alguien **<II CS>** etw. / jdn. respektieren, schätzen, achten
responder algo a alguien **II 1** jdm. etw. antworten
una **respuesta** **I 2B** eine Antwort
un **restaurante** **I 3B** ein Restaurant
un **resultado** **<I 4B, 5>** ein Resultat, ein Ergebnis
un **resumen** **<II 1, Estr.>** eine Zusammenfassung
resumir algo **<I 8B, 1>** etw. zusammenfassen
reunir algo **<II 4, 1>** etw. sammeln
un **revisor** **II 5** ein Schaffner
una **revista** **<I 5A, 5>**; **II 9, PP** eine Zeitschrift
los **Reyes** Magos **<I PM 1>** die Heiligen Drei Könige
rico, -a **I 4B** lecker; **II 7** reich
un **río** **<I 1, 4>**; **II 1, 11** ein Fluss
el delta del **río** **<I PM 2>** das Flussdelta
la **riqueza** **<II 1, 8>** der Reichtum
un **ritmo** **<II 1, 8>** ein Rhythmus
rojo, -a **I 6** rot

¡Qué **rollo**! *(col.)* **II 5** Wie blöd! *(ugs.)*
la **ropa** **I 4B** die Kleidung
rosa **I 6** rosa
una **rosa** **II 4** eine Rose
(estar) **roto, -a** **II 1** gebrochen, kaputt (sein)
rubio, -a **I 5B, PP** blond
el **ruido** **II 3** der Lärm
ruso, -a **<II 3, PP>** russisch
una **ruta** **<II 1, 8>** ein Weg
<II 6, 7> ein Reiseweg, eine Route

S

sábado *(m.)* **I 5A** Samstag
saber *(irr.)* algo **I 3B** etw. wissen
saber *(irr.)* hacer algo **I 6** etw. tun können *(gelernt haben)*
sacar (c-qu) algo **I 6** etw. (heraus)-nehmen
la **sal** **<I CS>** das Salz
una mina de **sal** **<II PM 1>** eine Salz-mine
una sala de **estar** **I 4A** ein (kleines) Wohnzimmer
la **salida** **II 5, PP** die Abfahrt, die Abfahrtszeit
salir (salgo) **I 4A** weggehen; ausgehen; verlassen
un **salón** de actos **<I 9, PP>** eine Aula, ein Veranstaltungsraum
una **salsa** **<II 3, PP>** eine Soße
la **salud** **<II 9, PP>** die Gesundheit
saludar(le) a alguien **<I 9>, II 7** jdn. grüßen
un **saludo** **<I 3B, 4>, II 1** ein Gruß, eine Begrüßung
un **sándwich** (pl. -es) **I 7B** ein Sandwich
la Semana **Santa** **<II 1, 7>** die Karwoche
una **sartén** **<I CS>** eine Pfanne
se ven **<II 2, 14>** man sieht
una **secretaria** **<II PM 1>** eine Sekretärin
un **sector** **<II PM 1>** ein Sektor
un **sector** económico **<II PM 1>** ein Wirtschaftszweig
una escuela **secundaria** **<II CS>** eine weiterführende Schule
la **sed** **I 7B** der Durst
la **seda** **<II CS>** die Seide
seguir (-i-/-i-; gu-g) *(+ gerundio)* **II 3** mit etw. fortfahren, weiterhin etw. tun
según **<II 1, 2>; II 4** entsprechend, nach, laut
un **segundo** **<I CS>** eine Sekunde
segundo, -a **<I 3B, 5>; II 2** zweite, -r, -s
el **segundo** plato **II 3, PP** das Haupt-gericht
Segundo (2º) **II 2** die zweite Klasse der Sekundarstufe *(entspricht der 8. Klasse in Deutschland)*
seguro **<I 7B, 7>** sicher
(estar) **seguro, -a** **<II 10>** sicher (sein)
seis **I 3B, PP** sechs
seiscientos, -as **II 5, PP** sechshundert

un **sello** **<I 3B, TA>** eine Briefmarke
una **selva** **II 8, PP** ein (Regen)Wald
una **semana** **I 5A, PP** eine Woche
un fin de **semana** **II 9** ein Wochenende
la **Semana** Santa **<II 1, 7>** die Kar-woche
semanal **<II 9, PP>** wöchentlich, Wochen-
una **señal** **<II 3, 1>** ein Zeichen
sencillo, -a **<II 1, 8>** einfach
un **señor** *(abrev.* Sr.*)* **I 4B** ein Herr
la **leche** **<I 4A, 9>** die Milch
una **señora** *(abrev.* Sra.*)* **I 4B** eine Frau, eine Dame
una **sensación** **<I CS>** ein Gefühl, ein Eindruck
estar *(irr.)* **sentado, -a** **II 5** sitzen
sentarse (-ie-) **I 9; II 3** sich hinsetzen
lo **siento** **I 5A** es tut mir leid
sentirse (-ie-/-i-) *(+ adj.)* **II 2, PP** sich fühlen
(el) **septiembre** **I 7B, PP** (der) September
séptimo, -a **II 2** siebte, -r, -s
ser *(irr.)* **I 1, PP** sein
ser *(irr.)* de **I 1, PP** kommen aus, stam-men aus
ser *(irr.)* de algo **I 5A** Fan von etw. sein
ser *(irr.)* una pasada **II 1** der Hammer sein
ser *(irr.)* visto, -a **<II 2, 14>** gesehen werden
una **serie** **<II 3, 14>** eine Serie, eine Reihe
serio, -a **II 7** ernst
el **servicio** militar **<II 8, 6>** der Militär-dienst
estar al **servicio** de **<II 1, 8>** zur Verfügung stehen
servir (-i-/-i-) a alguien **<II CS>** jdn. be-dienen
servir (-i-/-i-) para **II 3** nützen zu, nützlich / gut sein für
sesenta **I 3B, PP** sechzig
setecientos, -as **II 5, PP** siebenhundert
setenta **I 3B, PP** siebzig
sexto, -a **II 2** sechste, -r, -s
si **<I 8A, 11>** wenn, falls; **II 5** ob
sí **I 1** ja
de **sí** mismo, -a **<II CS>** seiner / ihrer selbst
siempre **I 1** immer
de **siempre** **I 4A** übliche, -r, -s
siete **I 3B, PP** sieben
un **significado** **<II 2, 5>; II 4, PP** eine Bedeutung
significar (c-qu) **I 2A** bedeuten
un **signo** **<I 3B, 3>** ein Zeichen
siguiente **I 6, PP** folgende, -r, -s
el **silencio** **<II CS>** die Stille
una **silla** **I 8B, PP** ein Stuhl
un **sillón** **<II CS>** ein Sessel
un **símbolo** **<II 1, 2>** ein Symbol
simpático, -a **I 5A** sympathisch, nett
simplemente **<II 1, 8>** einfach
sin **<I 3B, 8>; II 1** ohne
sin duda **II 6** ohne Zweifel, zweifellos

sino **<II CS>** sondern
un **sitio** **I 8B, PP** ein Platz, ein Ort
una **situación** **<II PM 1>** eine Situation
la **situación** social **<I PM 3>** die soziale Situation, die Lebensumstände
sobre **I 7B** über
sobre todo **I 2B, PP** vor allem
el **sobrino**, la **sobrina** **I 3A, PP** der Neffe, die Nichte
la situación **social** **<I PM 3>** die soziale Situation, die Lebensumstände
el **sol** **I 2A, PP** die Sonne
unas gafas de **sol** **I 2A, PP** eine Sonnenbrille
tomar el **sol** **I 2A, PP** sich sonnen
hace **sol** **II 1** die Sonne scheint
solo, -a **I 6** allein
sólo **I 3B** nur
una **solución** **<I 7A, 1>; II 7** eine Lösung
sonar (-ue-) **I 6** klingeln
soñar (-ue-) con algo / alguien **I 5B** von etw. / jdm. träumen
soñar (-ue-) hacer algo **I 5B** davon träumen, etw. zu tun
un **sonido** **<II 9, PP>** ein Klang, ein Ge-räusch
una **sonrisa** **<II CS>** ein Lächeln
una **sopa** **<II 3, PP>** eine Suppe
soplar **<I 7B, 7>** ausblasen
soportar algo / a alguien **I 7B** etw./ jdn. ertragen, etw. aushalten
sorprender a alguien **<II 2, 14>** jdn. überraschen
(estar) **sorprendido, -a** **I 6** überrascht (sein)
una **sorpresa** **I 7A** eine Überraschung
su **I 3A** ihr, ihre, sein, seine *(sg.)*
sus **I 3B** seine, ihre *(pl.)*
subir a algo **<II 4, 14>** auf etw. hinauf-gehen, hinaufsteigen
subir algo **II 6** hinaufgehen
subirse a algo **II 4, 12** einsteigen in etw.
el **suelo** **I 8A, 6** der Boden
la **suerte** **I 5A** das Glück
la mala **suerte** **<I PM 1>** das Pech
por **suerte** **II 3** zum Glück
un **superlativo** **<II 6, 10>** ein Superlativ
un **supermercado** **I 4A** ein Supermarkt
el **sur** **<II PM 1>; II 8, PP** der Süden
el **surf** **I 2A, PP** das Surfen
sus **I 3B** ihre, seine *(pl.)*
sustituir algo por algo **<II 9, 4>** etw. durch etw. ersetzen

T

una **tabla** **<I 4A, 3>** eine Tabelle
un **tablón** de anuncios **I 5B** ein Schwar-zes Brett, ein Anschlagbrett
un **taco** **<I CS>** ein Würfel *(Käse, Schinken)*
¿Qué **tal**? **I 3B** Wie geht's?
un **taller** **I 4A, PP** eine Werkstatt, ein Workshop

también **I 1, PP** auch
a mí **también** **I 2B, PP** mir auch
a ti **también** **I 8B** dir auch
tampoco **II 5** auch nicht
a mí **tampoco** **I 2B, PP** mir auch nicht
tan **I 8A** so
no … **tanto** **<II 6, 2>** nicht so sehr
una **tapa** **II 3, PP** ein Häppchen, ein kleines Gericht
las **tapas** **<I 4A, 9>** die Tapas
la **tarde** **I 4A, PP** der Nachmittag
por la **tarde** **I 4A, PP** nachmittags
esta **tarde** **I 7A** heute Nachmittag
tarde *(adv.)* **II 1** spät *(adv.)*
una **tarifa** **<II 1, 8>** ein Preis, ein Tarif
una **tarjeta** **<I 7B, 7>** eine Karte
una **tarjeta** amarilla / roja **<I 7B, 10>** eine gelbe / rote Karte
una **tarta** **I 7A** eine Torte, ein Kuchen
el **té** **<4A, 9>** der Tee
te **I 8A** dir *(Dativpron.)*; **II 3** dich *(Akkusativpron.)*
te gusta, **te** gustan **I 2B, PP** du magst, dir gefällt / gefallen
te llamas **I 1, PP** du heißt
un **teatro** **<II 4, 4>** ein Theater
una obra de **teatro** **I 5A** ein Theaterstück
(la) **tecnología** **I 5A, PP** Technik *(Schulfach)*
un **tejado** **II 4, PP** ein Dach
telefónico, -a **<II 2, 7>** telefonisch
una conversación **telefónica** **<II 2, 7>** ein Telefongespräch
un **teléfono** **I 3B, PP** ein Telefon
I 3B, PP ein Telefon, eine Telefonnummer
un número de **teléfono** **I 3B, PP** eine Telefonnummer
una **telenovela** **<II 3, 11>** eine Telenovela, eine Fernsehserie
la **televisión** **I 4A** das Fernsehen
un **tema** **<I 3B, 1>** ein Thema
¡**Ten** cuidado! **I 8B** Pass auf! Vorsicht!
una **tendencia** **<II CS>** eine Richtung; eine Tendenz
tener *(irr.)* algo **I 5A** etw. haben
tengo **I 3A, PP** ich habe
tienes **I 3A, PP** du hast
tener *(irr.)* ganas (de) **<I 5B, 15>** Lust haben (auf)
tener *(irr.)* hambre **II 3** Hunger haben
tener *(irr.)* lugar **<I 5A, 5>** stattfinden
tener *(irr.)* que hacer algo **I 8A, PP** etw. tun müssen
tener *(irr.)* que ver con algo / alguien **<II CS>** mit etw. / jdm. zu tun haben
el **tenis** **I 2A, PP** (das) Tennis
tercer / tercero, -a **II 2** dritte, -r, -s
(estar) **terminado, -a** **II 4, PP** vollendet (sein)
terminar algo **I 3B** zu Ende gehen, etw. beenden
la **ternera** **<II 3, PP>** das Kalbfleisch

una **terraza** **<II CS>** eine Terrasse
terrible **I 7B** schrecklich, furchtbar
un **texto** **<I 2A, 1>** ein Text
a **ti** también **I 8B** dir auch
tía *(col.)* **II 1** Mensch *(umgangssprachl. Anrede)*
el **tiempo** **I 5A** die Zeit; **II 1** das Wetter
(hacer) mal **tiempo** **II 1** schlechtes Wetter (sein)
el **tiempo** libre **I 5A** die Freizeit
una **tienda** **I 4B, PP** ein Geschäft, ein Laden
una **tienda** de muebles **I 4B, PP** ein Möbelgeschäft
una **tienda** de ropa **I 4B, PP** ein Bekleidungsgeschäft
una **tienda** de campaña **II 1, PP** ein Zelt
la **tierra** **II 8, PP** das Land, die Ländereien
el **tío**, la **tía** **I 2A** der Onkel, die Tante *(col.)* **<I CS>** der Typ, der Kerl; die Frau
tío *(col.)* **II 1** Mensch; hey du *(umgangssprachl. Anrede)*
los **tíos** **I 2A** Onkel und Tante
típico, -a **<I 1, TA>** typisch
un **tipo** **I 5B** ein Typ, eine Sorte; **<II PM 3>** eine Art
tirar **<I 7B, 7>** ziehen
tirar una moneda **<II 1, 2>** eine Münze werfen
tirar la basura **I 8A, 6** den Abfall wegwerfen
tirar los dados **<I 9, 6>** würfeln
un **título** **<I 8A, 1>** ein Titel, eine Überschrift
tocar (c-qu) algo **<I 3B, TA>**; **II 6** spielen *(Lied, Musikinstrument)*
todavía **I 2B** noch
todo **I 5A** alles
¿Es **todo**? **I 7A, PP** Ist das alles?
todo el mundo **<I 9>** alle, jedermann
todo el …, **toda** la … **I 5B** der / die ganze …
todo recto **I 4B, PP** geradeaus
todos los …, **todas** las … **I 5B** alle …, jede, -r, -s
tomar **I 2B** nehmen, *auch:* zu sich nehmen, essen und trinken
tomar el sol **I 2A, PP** sich sonnen
tomar nota **<I 3B, PP>** Notizen machen
un **tomate** **<I PM 3>** eine Tomate
una **tontería** **I 5B** eine Dummheit
una **tormenta** **II 1, 8** ein Gewitter
una **tortilla** **I 4A** eine Tortilla *(Omelett aus Kartoffeln und Eiern)*
una **tortuga** **<I 5A, 6>** eine Schildkröte
tostar (-ue-) *(col.)* **<II CS>** sich bräunen lassen *(col.)*
en **total** **I 7A** alles zusammen
trabajar **I 2A, PP** arbeiten
el **trabajo** **I 5B** die Arbeit
un **permiso** de **trabajo** **II 8** eine Arbeitserlaubnis

una **traducción** **<I 9, 2>** eine Übersetzung
traducir (-zco) algo **<II PM 3, 3>** etw. übersetzen
traer *(irr.)* algo **<I 9>**; **II 3, PP** etw. (mit)bringen, (her)bringen
un **traje** **I 6** ein Anzug
tranquilo, -a **I 5B** ruhig
transformar algo **<I 7A, 4>** etw. umformen
el **transporte** **<II 4, 17>** der Transport, das Verkehrsmittel
los medios de **transporte** **<I 4B, TA>** die Verkehrsmittel
un **tranvía** **<I 4B, TA>** eine Straßenbahn
trece **I 3B, PP** dreizehn
treinta **I 3B, PP** dreißig
un **tren** **<I 4B, TA>**; **II 1, PP** ein Zug
una estación de **tren** **II 1** ein Bahnhof
ir *(irr.)* en **tren** **II 1, PP** mit dem Zug fahren
tres **I 3A, PP** drei
trescientos, -as **II 5, PP** dreihundert
(estar) **triste** **I 6** traurig (sein)
triunfar **<I 5B, 15>** Erfolg haben
un **trocito** **<I CS>** ein Stückchen *(Verkleinerungsform von trozo)*; **<II CS>** ein Würfel
tropical **<I PM 3>** tropisch
tu **I 3A** dein, deine *(sg.)*
tú **I 2B** du
el **turismo** **<II PM 1>** der Tourismus
una oficina de **turismo** **II 4** ein Tourismusbüro, eine Touristeninformation
un / una **turista** **<II 1, 8>**; **II 4** ein Tourist, eine Touristin
turístico, -a **<II 1, 8>** touristisch
el **turrón** **<I PM 1>** *spanisches Konfekt aus Nüssen, Mandeln oder Honig*
tus **I 3A** deine *(pl.)*
tutear a alguien **<II 2, 10>** jdn. duzen
el **tuteo** **<II 2, 10>** das Duzen
una **tutoría** **I 5A, PP** eine Klassenleiterstunde

U

últimamente **II 8** in letzter Zeit
último, -a **I 7A** letzte, -r, -s; **II 3** neueste, -r, -s
un, una **I 1** ein, eine *(unbestimmter Artikel, sg.)*
un día **II 7** eines Tages
único, -a **<II PM 3>** einzige, -r, -s
los Estados **Unidos** **<I PM 3>**; **II 8** die Vereinigten Staaten, die USA
un **uniforme** **I 5B** eine Uniform
una **universidad** **I 5B** eine Universität
uno **I 3B, PP** eins
unos, -as **II 2** einige
unos, -as **II 5** ungefähr
urbano, -a **<II 1, 8>** städtisch
usar algo **<I 6, 8>** etw. verwenden, etw. benutzen

usted, -es **I 7A** Sie *(Höflichkeitsform, sg./pl.)*
hablar a alguien de **usted** **<II 2, 10>** jdn. siezen
una **uva** **<I PM 1>; II 8** eine Weintraube

V

una **vaca** **II 8** eine Kuh
las **vacaciones** **I 2A, PP** die Ferien
(estar) **vacío, -a** **I 6** leer (sein)
un **vagón** **II 5** ein Wagen, ein Waggon
la **vainilla** **<II 3, PP>** die Vanille
Vale. **I 3A** In Ordnung. / Ok.
valer **<I 7B, TA>** wert sein
valioso, -a **<II 1, 8>** wertvoll
un **vampiro** **<I CS>** ein Vampir
unos **vaqueros** **I 6, 10** eine Jeans
variado, -a **<II PM 3>** unterschiedlich
varios, -as **II 8** mehrere; verschiedene
el **vasco** **<I PM 2>** Baskisch, die baskische Sprache
el País **Vasco** **<I PM 2>** das Baskenland
un **vaso** **II 3** ein Glas
muchas **veces** **<I 7A, PP>** oft
un **vecino**, una **vecina** **II 2** ein Nachbar, eine Nachbarin
veinte **I 3B, PP** zwanzig
veinti... **I 3B, PP** ...undzwanzig
una **vela** **<I 7B, 7>** eine Kerze
un **vendedor**, una **vendedora** **I 7A, PP** ein Verkäufer, eine Verkäuferin
vender algo **I 4B** etw. verkaufen
¡**Venga**! **I 3B** Komm schon!
venir *(irr.)* **I 5A** kommen
el año que **viene** **<I PM 1>** das nächste Jahr
el ... que **viene** **I 5A** (am) kommenden ...
te veo **venir** **I 8A** Ich weiß, worauf du hinaus willst.
venir *(irr.)* a buscar algo / a alguien **II 5** etw./jdn. abholen
una **ventana** **I 8B, PP** ein Fenster
ver algo / a alguien **I 4A** etw. / jdn. sehen
se **ven** **<II 2, 14>** man sieht
a **ver** **I 2A** (lass) mal sehen
el **verano** **I 2A** der Sommer
un **verbo** **<I 2A, 4>** ein Verb, ein Tunwort
la **verdad** **I 2A** die Wahrheit
¿**verdad**? **I 2A** nicht wahr?
No es **verdad.** **I 2B** Das ist nicht wahr. / Das stimmt nicht.
de **verdad** **I 3A** wirklich
verdadero, -a **<I 2A, 2>; II 9** wahr, richtig; **<II CS>** wirklich, wahrhaftig
verde **I 5B** grün
una zona **verde** **I 4B** eine Grünzone
la **verdura** **I 7A** das Gemüse
una **versión** **<II PM 3>** eine Version
verter algo **<I CS>** etw. schütten
un **vestido** **I 6** ein Kleid
vestido, -a **<II 2, 14>** gekleidet, angezogen
a **veces** **<I PM 3>** manchmal
una **vez** **I 7B** einmal
cada **vez** **<II CS>** immer
esta **vez** **I 7B** dieses Mal
viajar **II 1, PP** reisen
un **viaje** **II 1, PP** eine Reise, eine Fahrt
la **vida** **I 6, PP** das Leben
un **vídeo** **I 1** ein Video(film)
un **videojuego** **<I 3B, TA>** ein Videospiel
viejo, -a **II 6** alt
los **viejos** **<I CS>** die Alten
el **viento** **II 1, 8** der Wind
hacer *(irr.)* **viento** **II 1, 8** windig sein
viernes *(m.)* **I 5A, PP** Freitag
un **villancico** **<I PM 1>** ein Weihnachtslied
el **vino** **II 3** der Wein
una **visita** **<II 1, 8>** ein Besuch
un / una **visitante** **<II 1, 8>** ein Besucher, eine Besucherin
visitar algo / a alguien **I 2A, PP** etw. / jdn. besuchen
ser *(irr.)* **visto, -a** **<II 2, 14>** gesehen werden
vivir **I 3A** wohnen, leben
el **vocabulario** **<II 1, 2>** der Wortschatz, das Vokabular
un **volcán** **<I PM 2>** ein Vulkan
(el) **voleibol** **<II CS>** Volleyball *(Sportart)*
volver (-ue-) **I 5B** zurückkommen, zurückkehren
vos **II 8** *(in Arg., Urug., Par., Mittelamerika) Anrede für die 2. Person Sing.*
vosotros **I 2B** ihr
votar algo **<II 5, TA>** etw. wählen, über etw. abstimmen
la **vuelta** **II 5, PP** die Rückfahrt
dar *(irr.)* la **vuelta** a algo **<I CS>** etw. umdrehen
vuestro, -a **I 3B** euer, eure *(sg.)*

Y

y **I 1** und
ya **I 3A** schon
¡**Ya** basta! **I 3A** Es reicht jetzt!
yo **I 2B** ich
el **yogur** **<II 8, 6>** der Joghurt

Z

un **zapato** **I 6, 10** der Schuh
una **zona** verde **I 4B** eine Grünzone
un **zumo** **<I 4A, 9>** ein Saft

alemán – español

A

abbiegen **I 4B, PP** girar
eine **Abbildung** **<II 1, 1>** una ilustración
zu **Abend** essen **I 4A** cenar
ein **Abendessen** **<II 2, 5>; II 6** una cena
ein **Abenteuer** **<II 1, 8>** una aventura
aber **I 2A** pero
die **Abfahrt**, die **Abfahrtszeit** **II 5, PP** la salida
den **Abfall** wegwerfen **I 8A, 6** tirar la basura
etw. / jdn. **abholen** **<I PM 2>; II 5** venir *(irr.)* a buscar algo / a alguien
abrupt **<II CS>** abruptamente
ein **Abschiedsgruß** **<I 3B, 4>; <I 9>** una despedida
ein **Abschnitt** **<I PM 2>** un párrafo
etw. **abschreiben** **<II 9, 1>** copiar algo
abstauben **I 8A, 6** quitar el polvo
über etw. **abstimmen** **<II 5, TA>** votar algo
abstrakt **<II CS>** abstracto, -a
etw. **abtropfen** lassen **<I CS>** escurrir algo
(Geschirr) **abwaschen** **I 8A, 6** lavar los platos
Ach Gott! **I 7B** ¡Hala!
Ach was! **I 7A** ¡Qué va!
Ach komm. *(Ausruf)* **I 4A** Anda.
acht **I 3B, PP** ocho
etw. / jdn. **achten** **<II CS>** respetar algo / a alguien
achte, -r, -s **II 2** octavo, -a
achthundert **II 5, PP** ochocientos, -as
achtzig **I 3B, PP** ochenta
ein **Adjektiv** **<I 6, 3>** un adjetivo
eine **Adresse** **I 2B, PP** una dirección
meine **Adresse** **I 2B, PP** mi dirección
eine **Äffin** **<II CS>** una mona
Afrika **<II 7, 6>** África *(f.)*
afrikanisch **<II PM 3>** africano, -a
Keine **Ahnung.** **I 2B** Ni idea.
ein **Akkusativpronomen** **<II 3, 6>** un pronombre de objeto directo

eine **Aktivität** <I 2A, PP> una actividad
die **Aktualität** <II 9, PP> la actualidad
aktuell <II PM 3, 2> actual
ein **Akzent** <II 4, 6> un accento
ein **Akzentzeichen** <II 4, 6> un accento ortográfico
etw. **akzeptieren** <II 10> aceptar algo
das **Alfabet** <I 1, 3> el abecedario
alle ... I 5B todos los ..., todas las ...; <I 9> todo el mundo
eine **Allee** I 3B, PP una avenida (*abrev.* avda.); II 4, PP un paseo
allein I 6 solo, -a
alles I 5A todo
Alles Gute zum Geburtstag! <I 7B, 7> ¡Feliz cumpleaños!
Ist das **alles**? I 7A, PP ¿Es todo?
allgemein <II 4, 9> global
im **Allgemeinen** <II 2, 10> en general
die **Alonsos** I 8B los Alonso
als <II 2, 14> como; I 6 cuando
also I 4A pues
alt II 6 viejo, -a
(*bei Sachen*) I 7A antiguo, -a
... Jahre **alt** werden II 8 cumplir ... años
alt; älter <II 2, 10>; II 8 mayor
die **Alten** <I CS> los viejos
das **Alter** <II 1, 8>; II 9 la edad
der/die **Ältere** I 4B el/la mayor
am besten <II CS> el que más
am kommenden ... I 5A el ... que viene
am Strand I 1 en la playa
das **Ambiente** II 6 el ambiente
amerikanisch <II PM 3> americano, -a
eine **Amtssprache** <I PM 3> una lengua oficial
sich **amüsieren** I 6, PP divertirse (-ie-/-i-)
an I 1 en
an der Costa Brava I 1 de la Costa Brava
eine **Ananas** <I 4A, 9> una piña
jdm. etw. **anbieten** <II 1, 8>; II 7 ofrecer (-zco) algo a alguien
etw. **anbräunen** <I CS> dorar algo
anbrennen <I CS> pegarse (g-gu)
ein **Andalusier**, eine **Andalusierin** II 1 un andaluz, una andaluza
ein **andere, -r, -s** I 7B otro, -a (*adj. + pron.*)
etw. (ver)**ändern** I 8A cambiar algo
anders I 7A diferente
eine **Änderung** <II 5, 5> un cambio
der **Anfang** II 2 el comienzo; II 9 el principio
Anfang (*+ Zeitraum*) <II 1, 7>; II 7, PP a principios de (*+ Zeitraum*)
etw. (zu tun) **anfangen** I 5A empezar (-ie-; z-c) (a hacer) algo
eine **Angabe** <I 9, 8> una indicación
angegeben <II 1, 9> indicado, -a
angehängt II 8 adjunto, -a
angeschaltet <II 2, 14> encendido, -a
angezogen <II 2, 14> vestido, -a
anhalten II 5 parar
etw./jdn. **anhören** <I 1, 3> escuchar algo/a alguien
die **Animation** <I 5A, 5> la animación
ankommen I 2A llegar (g-gu)
jdm. etw. **ankündigen** <I 5A, 5> anunciar(le) algo a alguien
eine **Ankündigung** I 5B un anuncio
die **Ankunft** <I 8A, 8>; II 3 la llegada
bei der **Ankunft** <II CS> al llegar
Anrede *für die 2. Person Sing. (in Arg., Urug., Par., Mittelamerika)* II 8 vos
etw. **anprobieren** I 6 probarse (-ue-) algo
ein **Anruf** <I 4A, 4>; II 9 una llamada
jdn. **anrufen** I 3B llamar a alguien (*por teléfono*)
etw./jdn. **anschauen** I 3A mirar algo/a alguien
ein **Anschlagbrett** I 5B un tablón de anuncios
anstelle von <II 8> en lugar de
eine **Antwort** I 2B una respuesta
jdm. etw. **antworten** I 2A contestar algo a alguien; II 1 responder algo a alguien
(sich) etw. **anziehen** I 6, PP ponerse (*irr.*) algo
ein **Anzug** I 6 un traje
ein **Apfel** I 7A, PP una manzana
eine **Apotheke** I 4B, PP una farmacia
applaudieren <I 9> aplaudir
der **Applaus** <I CS> el aplauso
(der) **April** I 7B, PP (el) abril
apropos I 5A por cierto
arabisch <I PM 2> árabe
die **Arbeit** I 5B el trabajo
Arbeit machen I 8A dar (*irr.*) trabajo
eine **Arbeitserlaubnis** II 8 un permiso de trabajo
arbeiten I 2A, PP trabajar
ein **Architekt**, eine **Architektin** <I PM 2>; II 4, PP un arquitecto, una arquitecta
ein **Archiv** <II 4> un archivo
Argentinien II 7 Argentina (*f.*)
ein **Argentinier**, eine **Argentinierin** <II 1, 7>; II 7 un argentino, una argentina
ein **Argument** <I 5A, 5> un argumento
arm II 9 pobre
eine **Art** <II 1, 8> una form; <II CS> una especie; <II PM 3> un tipo
ein (Zeitungs)**Artikel** <I 5A, 5>; II 9, PP un artículo
ein **Aspekt** <II 9, TA> un aspecto
der **Atlantik** <I PM 2> el océano Atlántico
ein **at**-Zeichen (*@*) <I 3B, 3> una arroba
auch I 1, PP también
auch nicht II 5 tampoco
auf I 1 en; I 8B, PP encima de
auf Deutsch <I 2A, 3> en alemán
auf diese Weise I 5A así
auf eigene Faust II 9 por *+ Possessivbegleiter +* cuenta
auf Spanisch <I 2A, 3> en español
Auf Wiedersehen. I 2A Adiós.
auf ... zu II 4 hacia
etw. **aufführen** <II 2, 4> representar algo
eine **Aufführung** <II 6, 2> una representación
aufgepasst! <II PM 3, 1> ¡ojo!
auflegen (*Telefon*) II 5 colgar (-ue-; g-gu)
etw. **aufräumen** I 8A, PP ordenar algo
aufregend <II 3, 13> emocionante
ein **Aufsatz** II 2 una redacción
etw. **aufschreiben** <II 1, PP> apuntar algo
aufstehen I 6, PP levantarse
etw. **aufteilen** <I PM 2> repartir algo
der **Auftritt** <I 9, PP> la aparición
aufwachen I 6, PP despertarse (-ie-)
aufwachsen II 8 crecer (-zco)
das **Auge** I 6 el ojo
ein **Augenblick** I 2A un rato; II 3 un momento
augenblicklich <II PM 3, 2> actual
(der) **August** I 7B, PP (el) agosto
eine **Aula** <I 9, PP> un salón de actos
aus <I 7B, 7>; II 1 desde
etw./jdn. **auswählen** <I 3B, 1> elegir (-i-/-i-; g-j) algo/a alguien
ausblasen <I 7B, 7> soplar
ein **Ausdruck** <I 5B, PP> una expresión
ausdrucksvoll <II 6, 2> expresivo, -a
ein **Ausflug** II 1, PP una excursión
einen **Ausflug** machen II 1, PP ir (*irr.*) de excursión; hacer (*irr.*) una excursión
etw. **ausführen** <I 8B, 6> realizar (z-c) algo
ein **Ausgangspunkt** <II 1, 8> un punto de salida
ausgehen I 4A salir (salgo)
etw. **aushalten** I 7B soportar algo
ein **Ausländer**, eine **Ausländerin** <II 2, 14>; II 7 un extranjero, una extranjera
jdm. etw. **ausmachen** I 8A importar(le) a alguien
ein **Ausruf** <II CS> una exclamación
ausruhen <II 8, 7> descansar
das **Aussehen** <II 1, 4> el aspecto
außerdem I 4A, PP además
das **Äußere** <II 1, 4> el aspecto
etw. **aussprechen** I 3A pronunciar algo
aussteigen II 4, 12 bajar(se) de algo
ein (Schüler)**Austausch** I 8A, PP un intercambio
etw. **austauschen** <II 1, TA> intercambiar algo
etw. **auswählen** II 3 elegir (-i-/-i-; g-j) algo
die **Auswanderung** <II 7, 6> la emigración
etw. **auswellen** <II CS> estirar algo
ein **Auto** <I 4B, TA>; II 1, PP un coche
die **Autobahn** II 5, PP una autopista
ein **Autobus** II 5, PP un autobús
ein **Autogramm** <I 7B, 10> un autógrafo
eine **autonome** Region (*entspricht etwa: Bundesland*) <I PM 2>; II 1, 11 una comunidad autónoma
eine **Autorin** <II CS> una autora

eine **Avokado** **I 2B** un aguacate
die **Azteken** **<I PM 3>** los aztecas

B

ein **Baby** **II 7, PP** un bebé
eine **Bäckerei** **I 4B, PP** una panadería
ein **Backpapier** **<II CS>** un papel de horno
ein **Badezimmer** **I 4A, 5** un cuarto de baño
eine **Bahn** **<II 9, PP>** una pista
ein **Bahnhof** **<I PM 2>; II 1** una estación de tren
bald **I 5A** pronto
  bis **bald** **I 5A** hasta pronto
ein **Ball** **<I 7B, 10>** una pelota; **<II 9, PP>** un balón
das **Ballett** **<I 3B, TA>** el ballet
eine **Banane** **<II PM 1>** un plátano
eine **Bank** **I 4B, PP** un banco
  eine (Spieler)**Bank** *(Fußball)* **II 4** un banquillo
eine **Bar** **I 3A** un bar
  (lat. am.) **II 9** un pub
Fußballclub von ***Barcelona*** **II 4** el Barça
das **Baskenland** **<I PM 2>** el País Vasco
der **Basketball** *(Spiel)* **I 5B** el baloncesto
Baskisch, die **baskische** Sprache **<I PM 2>** el euskera; el vasco
ein **Bauer**, eine **Bäuerin** **<I 9, PP>** un campesino, una campesina
Bauern- **<II 3, PP>** campesino, -a
ein **Baum** **<II 1, 8>** un árbol
etw. zu tun **beabsichtigen** **I 5A** pensar (-ie-) hacer algo
etw. **bebildern** **<I 8B, TA>** ilustrar algo
sich **bedanken** **<I 5A, 10>** dar *(irr.)* las gracias
bedeuten **I 2A** significar (c-qu)
eine **Bedeutung** **<II 2, 5>; II 4, PP** un significado
  die **Bedeutung** *(Wichtigkeit)* **II 2** la importancia
jdn. **bedienen** **<II CS>** servir (-i-/-i-) a alguien
ein **Beduine**, eine **Beduinin** **<I 9, PP>** un beduino, una beduina
beeindruckt (sein) **II 2, PP** (estar) impresionado, -a
etw. **beenden** **<II CS>** poner *(irr.)* punto y final a algo; **I 3B** terminar algo
ein **Befehl** **<I 8B, 6>** una orden
die **Befehlsform** **<I 8B, 5>** el imperativo
jdn. **befragen** **<II CS>** interrogar (g-gu) a alguien
jdn. **begeistern** **I 8A** encantar(le) a alguien
begeistert (sein) **II 2, PP** (estar) ilusionado, -a
der **Beginn** **II 2** el comienzo; **II 9** el principio
etw. (zu tun) **beginnen** **I 5A** empezar (-ie-; z-c) (a hacer) algo
jdn. **begleiten** **<II 9, 9>** acompañar a alguien
etw. **begründen** **<I 7A, 7>** justificar (c-qu) algo
eine **Begrüßung** **<I 3B, 4>** un saludo
bei *(in der Nähe)* **I 4B** cerca (de)
  bei der Ankunft **<II CS>** al llegar
jdm. etw. **beibringen** **I 8A** enseñar(le) algo a alguien
beigefügt **II 8** adjunto, -a
ein **Bein** **II 1** una pierna
beinahe **I 5A** casi
ein **Beispiel** **I 8A** un ejemplo
  zum **Beispiel** **I 8A** por ejemplo
bekannt **I 5A** conocido, -a
ein **Bekleidungsgeschäft** **I 4B, PP** una tienda de ropa
etw. **bekommen** **I 8A** recibir algo
ein **belegtes** Brötchen **I 3A** un bocadillo
beliebt **<II 5, 14>** popular
etw. **bemalen** **<II 1, 8>** pintar algo
benötigen **I 2A** necesitar
etw. **benutzen** **<II 2, 14>** usar algo
bequem **<II 1, 8>** cómodo, -a
ein **Berg** **<I CS>** un monte; **<I PM 2>; II 1, PP** una montaña
ein **Beruf** **II 8** una carrera
berühmt **<II 1, 8>; II 4, PP** famoso, -a
eine **Berühmtheit** *(Person)* **<II PM 1>** un famoso, una famosa
eine **Beschäftigung** **I 5A** una actividad
etw. **beschließen** **II 5** decidir algo
jdm. etw. **beschreiben** **<I 3B, 11>; II 4, PP** describir algo a alguien
eine **Beschreibung** **<II 1, 2>** una descripción
eine **Beschwerde** **<II 2, 2>** una queja
sich über etw. / jdn. **beschweren** **II 2** quejarse de algo / alguien
beschwerlich **II 2** duro, -a
besonders **I 7B** especial
die **Besorgnis** **<II CS>** la preocupación
besorgt (sein) **II 2, PP** (estar) preocupado, -a
bessere, -r, -s **<II CS>** mejor *(adj.)*
beste, -r, -s **I 4A** mejor
  das **Beste** vom **Besten** **II 4** lo mejor de lo mejor
  am **besten** **<II CS>** el que más
etw. **bestellen** **II 3** pedir (-i-/-i-) algo
eine **Bestellung** **<II 3, 9>** un pedido
etw. **bestreichen** **<II CS>** pintar algo
ein **Besuch** **<II 1, 8>** una visita
  ein **Besucher** **<II 1, 8>** un / una visitante
etw. / jdn. **besuchen** **I 2A, PP** visitar algo / a alguien
ein **Bett** **I 6** una cama
  ins **Bett** gehen **I 6, PP** acostarse (-ue-)
(ein Verb) **beugen** **<I 4A, 6>** conjugar (g-gu)
ein **Beutel** **I 8B** una bolsa
bevor **II 4** antes de *(+ inf.)*
bevorzugt **I 4B** preferido, -a
etw. **bewegen** **<I CS>** mover (o-ue) algo
die **Bewegung** **<II 1, 8>** el movimiento
ein **Beweis** **<II 1, 8>** una prueba
bezahlen **I 7A** pagar (g-gu)
eine **Bibliothek** **I 4A, PP** una biblioteca
ein **Bier** **<I 4A, 9>** una cerveza
jdm. etw. **bieten** **<II 1, 8>** ofrecer (-zco) algo a alguien
etw. **bilden** **<I 1, 2>** formar algo
die **Bildung** **<II 4, 4>** la formación
billig **I 7A, PP** barato, -a
ein **Bindestrich** **<I 3B, 3>** un guión
bis **I 3B** hasta
  Bis bald. **I 5A** Hasta pronto.
  Bis später. **I 3B** Hasta luego.
ein **bisschen** **I 7B** un poco
bitte **I 2A** por favor
blau **I 6, 10** azul
bleiben **II 1, PP** quedarse
ein **Bleistift** **I 3A, 10** un lápiz
ein **Blick** **<II CS>** una mirada
Wie **blöd**! *(ugs.)* **II 5** ¡Qué rollo! *(col.)*
blond **I 5B, PP** rubio, -a
eine **Bluse** **I 6, 10** una blusa
der **Boden** **I 8A, 6** el suelo; **<II CS>** el piso
böse (sein) **I 6** (estar) enfadado, -a
etw. **braten** **<I CS>** freír algo
etw. **brauchen** **I 2A** necesitar algo
braun **I 6** marrón
sich **bräunen** lassen *(col.)* **<II CS>** tostar (-ue-) *(ugs.)*
Bravo! **<I 9>** bravo
ein **Brief** **<I PM 1>; II 7** una carta
eine **Briefmarke** **<I 3B, TA>** un sello
eine **Brille** **I 5B, PP** unas gafas
etw. / jdn. jdm. **bringen** **II 7** llevar algo / a alguien a alguien
  etw. (mit)**bringen** **<I 9>** traer *(irr.)* algo
  etw. (her)**bringen** **II 3, PP** traer *(irr.)* algo
eine **Brise** **<II CS>** una brisa
das **Brot** **I 7A, PP** el pan
ein belegtes **Brötchen** **I 3A** un bocadillo
ein **Bruder** **I 1** un hermano
ein **Buch** **I 3A** un libro
  ein **Büchlein** **II 1, Estr.** un librito
eine **Bücherei** **I 4A, PP** una biblioteca
ein **Buchstabe** **<I 3B, 1>** una letra
ein **Bügeleisen** **<I 8A, 6>** una plancha
etw. **bügeln** **I 8A, PP** planchar algo
ein **Buntstift** **I 3A, 10** un lápiz de color
ein **Bürger**, eine **Bürgerin** **<II 9, PP>** un ciudadano, una ciudadana
  Bürger- **<II 1, 8>** cívico, -a
ein **Bus** **<I 4B, TA>** un autobús
eine **Buslinie** **II 4, 12** una línea
die **Butter** **I 7A, 7** la mantequilla

C

das **Casting** **<I 5B, 15>** el casting
eine **CD** **I 2A** un cedé

ein **Cent** **I 7A, PP** un céntimo
chaotisch sein **I 2A** ser *(irr.)* un desastre *(col.)*
der **Charakter** **<II 1, 4>** el carácter
mit jdm. **chatten** **II 9** chatear con alguien
ein **Chefkoch** **<II CS>** un chef
der **Chili** **I 7A** el chile
Christoph Kolumbus **II 4** Cristóbal Colón
eine **Clique** **II 6** una peña
eine **Collage** **<II 1, 4>** un collage
ein **Comic** **II 9** un cómic
ein **Computer** **I 8A** un ordenador
die **Costa** Brava **I 1** la Costa Brava
ein **Cousin,** eine **Cousine** **I 1** un primo, una prima

D

da **I 4B** ahí
da ist / sind **I 4B, PP** hay
ein **Dach** **II 4, PP** un tejado
dafür **<I 8A, 1>** a favor
dagegen **<I 8A, 1>** en contra
eine **Dame** **I 4B** una señora *(abrev.* Sra.*)*
danach **I 2A** después
dank *(Präposition)* **II 2** gracias a
danke **I 4A** gracias
danke für **I 5A** gracias por
dann **I 2B** entonces …
das **I 5B** eso
das (neutrales Pronomen) **II 4** lo
Das ist kein Kinderspiel. **I 1** No es un juego.
Das ist wahr. **I 3A** Es verdad.
Das macht nichts. **I 8A** No importa.
Das stimmt. **I 3A** Es verdad.
das, was **<II 2, 14>** lo que
dass **I 7B** que
dasselbe **<II 2, 14>** lo mismo
eine **Datei** **II 8** un archivo
ein **Dativpronomen** **<I 8A, 4>** un pronombre de objeto indirecto
ein **Datum** **II 7** una fecha
dauern **<I CS>** durar
etw. **dazugeben** **I 7A** echar algo
eine **Definition** **<II 1, 2>** una definición
dein, deine *(sg.)* **I 3A** tu
deine *(pl.)* **I 3A** tus
die **Dekoration** **<I PM 1>** la decoración
etw. **dekorieren** **<I 9, TA>** decorar algo
ein **Delfin** **<II CS>** un delfín
ein **Demonstrativbegleiter** oder -pronomen **<I 7A, 6>** un demostrativo
(an) etw. **denken** **I 5A** pensar (-ie-) (en) algo
denken, dass … **I 7B** pensar (-ie-) que …
ein **Denkmal** **<I PM 2>; II 1, 11** un monumento
deprimiert (sein) **II 2, PP** (estar) deprimido, -a
der, die, das *(bestimmter Artikel, sg.)* **I 1** el, la
der, die, das *(Relativpron.)* **I 4B** que
der-, die-, dasselbe **<I CS>; II 4, PP** mismo, -a
der / die ganze … **I 5B** todo el …, toda la …
deshalb **I 3B** por eso
deswegen **I 3B** por eso
ein **Detail** **<I 6, 1>** un detalle
ein **Detektiv** **<II 1, 8>** un detective
Deutsch, die **deutsche** Sprache **I 2A** el alemán
auf **Deutsch** **<I 2A, 3>** en alemán
deutsche, -r, -s **I 8A** alemán, alemana
ein **Deutscher,** eine **Deutsche** **I 2B, PP** un alemán, una alemana
Deutschland **I 3B** Alemania *(f.)*
(der) **Dezember** **I 7B, PP** (el) diciembre
ein **Dialog** **<I 2B, 4>** un diálogo
dich **I 5B, PP** te *(Akkusativpron.)*
dick **I 5B, PP** gordo, -a
die *(bestimmter Artikel, pl.)* **I 2A** los, las
Dienstag **I 5A, PP** martes *(m.)*
dies *(neutrales Demonstrativpron.)* **II 2** esto
dies ist **I 1** éste es, ésta es
diese, -r, -s dort / hier **I 7A** ese, esa, esos, esas *(adj.)*; ése, ésa, ésos, ésas *pron.)*
ein **Ding** **<I 1, TA>; I 4B** una cosa
ein **Dinosaurier** **<II 6, 7>** un dinosaurio
die **Diphthongierung** **<II 1, 6>** la diptongación
dir *(Dativpron.)* **I 8A** te
dir auch **I 8B** a ti también
direkt **<II 2, 14>** directo, -a
die **direkte** Rede **<II 5, 4>** el estilo directo
ein **Direktor,** eine **Direktorin** **<I 5A, 5>** un director, una directora
eine **Diskothek** **<I PM 3>** una discoteca
eine **Diskussion** **<I 8A, 5>** una discusión
mit jdm. über etw. **diskutieren** **I 7B** discutir algo con alguien
ein **Dokumentarfilm** **<II 8, PP>** un documental
das **Domino** **<II 2, 14>** el dominó
Don *(höfliche Anrede + männl. Vorname)* **<I CS>** don
Doña *(höfliche Anrede + weibl. Vorname)* **<I CS>** doña
Donnerstag **I 5A, PP** jueves *(m.)*
ein **Dorf** **I 1** un pueblo
dort **I 4A** allí; **II 9** acá *(lat. am.)*
ein **Drache** **II 4, PP** un dragón
draußen **II 5** fuera
drei **I 3A, PP** tres
dreihundert **II 5, PP** trescientos, -as
dreißig **I 3B, PP** treinta
dreizehn **I 3B, PP** trece
dritte, -r, -s **II 2** tercer, tercero, -a
du **I 2B** tú
du heißt **I 1, PP** te llamas
Du meine Güte! **I 7B** ¡Hala!
eine **Dummheit** **I 5B** una tontería
dunkel **<II CS>** oscuro, -a
dunkelhaarig **I 5B, PP** moreno, -a
durchfahren *(Verkehrsmittel)* **II 5** pasar *(Verkehrsmittel)*
der **Durst** **I 7B** la sed
(sich) **duschen** **I 6, PP** ducharse
jdn. **duzen** **<II 2, 10>** tutear a alguien
das **Duzen** **<II 2, 10>** el tuteo
dynamisch **<II 9, PP>** dinámico, -a

E

eine **Ecke** **I 4B, PP** una esquina
die **Ehefrau** **<I 9, PP>; II 6** la mujer
der **Ehemann** **II 7, PP** el marido
die **Ehre** **<II CS>** el honor
ein **Ei** **I 7A, 7** un huevo
ein **Restaurant** **I 3B** un restaurante
ein, eine *(unbestimmter Artikel, sg.)* **I 1** un, una
ein **Eindruck** **<I CS>** una sensación
eines **Tages** **II 7** un día
einfach **<II 1, 8>** simplemente; sencillo, -a
der **Einfluss** **<II PM 3>** la influencia
einhundert **II 5, PP** cien
einhunderteins **II 5, PP** ciento uno
einhundertzehn **II 5, PP** ciento diez
einige **I 4B** un par de; **II 2** unos, -as
einkaufen *(Lebensmittel)* **I 7A** hacer *(irr.)* la compra
einkaufen gehen **<I 7A, PP>** ir *(irr.)* de compras
jdn. **einladen** **I 7B** invitar a alguien
eine **Einladung** **<I 7A, 7>** una invitación
eine **Einleitung** **<I 5B, 1>** una introducción
einmal **I 7B** una vez
eine schulische **Einrichtung** **<I 4B,PP>** un centro de enseñanza
eins **I 3B, PP** uno
einschlafen **I 6** dormirse (-ue-/-u-)
einsteigen in etw. **II 4, 12** subirse a algo
eintausend **II 5, PP** mil
eintreten (in) **I 3B** entrar (en)
eine **Eintrittskarte** **I 7B** una entrada
ein **Einwanderer,** eine **Einwanderin** **<II 7, 6>** un / una inmigrante
die **Einwanderung** **<II 7, 6>** la inmigración
ein **Einwohner,** eine **Einwohnerin** **<I PM 3>; II 8, PP** un / una habitante
ein **Einwohner** / eine **Einwohnerin** von Barcelona **II 4, PP** un barcelonés, una barcelonesa
eine **Einzelheit** **<I 6, 1>** un detalle
einzige, -r, -s **<II PM 3>** único, -a
ein **Eis** **I 1** un helado
eine **Eisdiele** **<I 2A, 9>** una heladería
ein **Elefant** **<I CS>** un elefante
elegant **<I CS>** elegante
elf **I 3B, PP** once
die **Eltern** **I 3A, PP** los padres; **<II PM 1>** los papás
eine **E-Mail** **I 3B** un correo electrónico, un e-mail
ein **Emigrant,** eine **Emigrantin** **II 7** un / una emigrante

etw. **empfangen** **I 8A** recibir algo
sich **empören** **<II CS>** escandalizarse (z-c)
das **Ende** **<I 2A, 2>; II 2** el final
Ende *(+ Zeitraum)* **<II 1, 7>; II 7, PP** a finales de *(+ Zeitraum)*
etw. ein **Ende** bereiten **<II CS>** poner *(irr.)* punto y final a algo
zu **Ende** gehen **I 3B** terminar
enden **II 2** acabar
endlich **I 5B** por fin
die **Energie** **<I CS>** la energía
ein **Engel** **<I 9, PP>** un ángel
Englisch *(Schulfach)* **I 5A, PP** (el) inglés
ein **Enkel,** eine **Enkelin** **I 3A, PP** un nieto, una nieta
die **Enkel** **I 3A, PP** los nietos
etw. **entdecken** **<II 1, 8>** descubrir algo
etw. **entfernen** **I 8B, PP** quitar algo
entfernt **I 4B** lejos (de); **<II 6, 11>** lejano, -a
... Kilometer **entfernt** sein **II 5** estar *(irr.)* a ... kilómetros
die **Entfernung** **<I 7B, 7>** la distancia
etw. **entscheiden** **<I 5A, 5>; II 5** decidir algo
eine **Entscheidung** **II 7** una decisión
Entschuldigung. **I 4B, PP** Perdón.
Entschuldige. **I 5A** Perdona.
das **Entsetzen** **<II 2, 7>** un horror
entsetzlich sein **<II 2, 7>** ser *(irr.)* un horror
etw./jdm. **entsprechen** **<I 2A, PP>** corresponder a algo/a alguien
entsprechend **<II 1, 2>; II 4** según
eine **Epoche** **<II 2, 14>** una época
er **I 2B** él
Erb- **<II 1, 8>** patrimonial
eine **Erbse** **<II 3, PP>** un guisante
eine **Erdbeere** **<II 3, PP>** una fresa
Erdkunde *(Schulfach)* **I 5A, PP** (la) geografía
ein **Erdteil** **<I PM 3>** un continente
ein **Ereignis** **<II CS>** un evento
erfahren **I 7B** enterarse de algo
eine **Erfahrung** **<I 5B, 15>** una experiencia
etw. **erfinden** **<I 4A, 4>** inventar algo
ein **Erfolg** **<II 9, PP>** un éxito
Erfolg haben **<I 5B, 15>** triunfar
erfreut (sein) **I 7A** (estar) encantado, -a
ein **Ergebnis** **<I 4B, 5>** un resultado
erhalten **<I 7B, 7>** recibir
etw. **erhitzen** **<I CS>** calentar algo
sich an etw. **erinnern** **I 5B** recordar (-ue-) algo
eine **Erinnerung** **<II CS>** un recuerdo
jdm. etw. **erklären** **<I PM 1>; II 4** explicar (c-qu) algo a alguien
eine **Erklärung** **<I PM 2>** una explicación
sich **erkundigen** **<II 1, 8>** informarse
ein **Erlebnis** **<II 9, 9>** una experiencia
jdm. etw. **erleichtern** **<II 1, 8>** facilitar algo a alguien

erneut **II 8** de nuevo
ernst **II 7** serio, -a
im **Ernst** **I 5B** en serio
etw. **erraten** **<I 3B, 11>** adivinar algo
jdm. etw. **erscheinen** **I 8A** parecer(le) (-zco) algo a alguien
erschöpft (sein) **<I 9>; II 1** (estar) aotado, -a
erschrocken (sein) **II 2, PP** (estar) asombrado, -a
etw. durch etw. **ersetzen** **<II 9, 4>** sustituir algo por algo
erstaunt (sein) **II 2, PP** (estar) asombrado, -a
die **Erstkommunion** **II 4** la Primera Comunión
die ***erste*** Klasse der Sekundarstufe *(entspricht der 7. Klasse in Deutschland)* **II 2** 1º *(primero)*
erste,-r,-s **II 2** primero, -a
etw./jdn. **ertragen** **I 7B** soportar algo/a alguien
ein **Erwachsener** **<II CS>** un adulto
etw./jdn. **erwarten** **I 2B** esperar algo/a alguien
jdm. (von) etw. **erzählen** **I 5B** contar (-ue-) algo a alguien
die **Erziehung** **<I 5A, PP>** la educación
es **<I 6>; II 4** lo *(neutrales Pronomen)*
es geht so **I 3B, 4** regular
es gibt **I 4B, PP** hay
es interessiert mich **<I 2B, 5>** me interesa
es ist (nämlich) so, dass... **I 4A** es que
Es läuft ... *(im Kino)* **I 4A, PP** Ponen ...
Es reicht jetzt! **I 3A** ¡Ya basta!
es tut mir leid **I 5A** lo siento
ein **Espresso** **<I 4A, 9>** un café solo
etw. **essen** **I 2B** tomar algo; **I 3A** comer algo
zu Abend **essen** **I 4A** cenar
das **Essen** **I 8A, 6** la comida
das **Essen** zubereiten **I 8A, 6** preparar la comida
die **Essenszeiten** **<I 4A, 1>** los horarios de comidas
ein **Esszimmer** **I 4A, 5** un comedor
etwas **I 3A** algo
Noch **etwas?** **I 7A, PP** ¿Algo más?
euch *(Dativpron.)* **I 8A** os; *(Akkusativpron.)* **II 3** os
euer, eure *(sg.)* **I 3B** vuestro, -a
euer, eure *(pl.)* **I 3B** vuestros, -as
ein **Euro** **I 7A, PP** un euro
Europa [eu'ropa] **II 8** Europa *(f.)*
europäisch **<II PM 3>** europeo, -a
exakt **<II CS>** exacto, -a
ein **Examen** **<II 3, 11>** un exámen
existieren **<II 8>** existir
ein **Experte,** eine **Expertin** **<I PM 3>** un experto, una experta
ein **Exporteur** **<II PM 1>** un exportador
etw. **exportieren** **<II PM 1>; II 8** exportar algo

F

mit einem Verkehrsmittel **fahren** **<I 4B, TA>; II 1, PP** ir *(irr.)* en *(+ Verkehrsmittel)*
mit dem Fahrrad **fahren** **II 1, PP** ir *(irr.)* en bicicleta
mit dem Auto **fahren** **II 1, PP** ir *(irr.)* en coche
mit dem Zug **fahren** **II 1, PP** ir *(irr.)* en tren
eine **Fahrkarte** **II 5** un billete
der **Fahrplan** **II 1** el horario
ein **Fahrrad** **<I 4B, TA>; II 1, PP** una bicicleta
mit dem **Fahrrad** fahren **II 1, PP** ir *(irr.)* en bicicleta
eine **Fahrt** **II 1, PP** un viaje
fallen **II 1** caerse (caigo)
falls **<I 8A, 11>** si
falsch **<I 2A, 2>** falso, -a
eine **Familie** **I 3A, PP** una familia
die **Familie** Alonso **I 8B** los Alonso
Familien- **<II 2, 14>** familiar
ein **Familienname** **<I 3A, 3>** un apellido
Fan von etw. sein **I 5A** ser *(irr.)* de algo
eine **Farbe** **I 6** un color
eine **Fassade** **II 4, PP** una fachada
fast **I 5A** casi
faszinierend **<II 1, 8>** fascinante
auf eigene **Faust** **II 9** por + *Possessivbegleiter* + cuenta
(der) **Februar** **I 7B, PP** (el) febrero
jdm. etw. **fehlen** **I 5B** faltar(le) algo a alguien
ein **Fehler** **I 7B** un error; **<I 9, 6>** una falta
eine **Feier** **I 7B** una fiesta
feiern **I 7A** celebrar
ein **Feigling** **II 5** un/una cobardica
ein **Feld** *(Kästchen)* **<I 6, 8>** una casilla
feminin **<I 5A, 5>** femenino, -a
ein **Fenster** **I 8B, PP** una ventana
die **Ferien** **I 2A, PP** las vacaciones
ein **Ferienlager** **II 1, PP** una colonia
die **Ferne** **<I 7B, 7>** la distancia
das **Fernsehen** **I 4A** la televisión
der **Fernseher** **<II 2, 14>** el aparato
eine **Fernsehserie** **<II 3, 11>** una telenovela
fertig (sein) **<II CS>** (estar) listo, -a
fertig **I 8B** ya está
ein **Fest** **I 7B** una fiesta
ein **fester** Freund, eine **feste** Freundin **II 4, PP** un novio, una novia
fettgedruckt **<II 3, 1>** en negrita
ein **Feuer** **<I CS>; II 1** un fuego
das **Feuerwerk** **<I PM 1>** (los) fuegos artificiales
eine **Figur** **<II 9, 8>** un personaje
ein **Filet** **<II 3, PP>** un filete
ein **Film** **<II 9, PP>** una película
etw. **finden** **I 6** encontrar (-ue-) algo

die **Finesse** <**II CS**> el refinamiento
ein **Finger** **II 3** un dedo
der **Fisch** <**II 3, PP**> el pescado
eine **Flasche** <**I 4A, 9**> una botella
das **Fleisch** **I 7A** la carne
ein **Fleischklößchen** <**II 3, PP**> una albóndiga
fliegen **II 1, PP** ir *(irr.)* en avión
ein **Flughafen** **I 8A, PP** un aeropuerto
ein **Flugticket** **I 8A, PP** un billete de avión
ein **Flugzeug** **II 1, PP** un avión
ein kleines **Flugzeug** <**II CS**> una avioneta
ein **Flur** **I 4A, 5** un pasillo
ein **Fluss** <**I 1, 4**>; **II 1, 11** un río
das **Flussdelta** <**I PM 2**> el delta del río
eine **Folge** *(einer Fernsehserie)* <**II 3, TA**> un capítulo
folgende, -r, -s **I 6, PP** siguiente
eine **Form** <**I 2A, 4**> una forma
eine **Formalität** <**II 2, 14**> una formalidad
etw. **formulieren** <**II 3, 11**> formular algo
die **Fortbewegung** <**II 1, 8**> un desplazamiento
fortfahren etw. zu tun **II 3** seguir (-i-/-i-; gu-g) *(+ gerundio)*
die **Fortsetzung** <**II 9, 9**> la continuación
ein **Foto** **I 5A** una foto
eine **Fotografie** <**I 5A, 5**> una fotografía
gegen jdn. **foulen** *(beim Ballspiel)* <**I 7B, 10**> cometer una falta contra alguien
eine **Frage** <**I 3A, PP**>; **II 2** una pregunta; <**II CS**> una cuestión
ein **Fragebogen** <**II 1, 1**> un cuestionario
jdn. etw. **fragen** **I 3A** preguntar(le) algo a alguien
eine **Frau** **I 4B** una señora *(abrev. Sra.)*; **I 7A** una mujer
Ganz schön **frech!** **I 2B** ¡Qué morro!
frei **II 3** libre
Freitag **I 5A, PP** viernes *(m.)*
die **Freizeit** **I 5A** el tiempo libre
sich **freuen** über / auf **II 2, PP** alegrarse de *(+inf. / subst.)*
ein **Freund**, eine **Freundin** **I 2A** un amigo, una amiga
eine **Frikadelle** <**II 3, PP**> una albóndiga
frisch <**II CS**> fresco, -a
froh **I 6** contento, -a
fröhlich (sein) **I 6** (estar) contento, -a; **II 2, PP** (estar) animado, -a
Fröhliche Weihnachten! <**I PM 1**> ¡Feliz Navidad!
die **Frucht**, die **Früchte** **I 7A** la fruta
der **Frühling** **II 9, 9** la primavera
ein **Frühstück** **I 7B** un desayuno
frühstücken **I 6, PP** desayunar
sich **fühlen** **II 2, PP** sentirse (-ie-/-i-) *(+ adj.)*
ein **Führer**, eine **Führerin** **II 4** un / una guía
etw. **füllen** <**II 1, 8**> llenar algo
ein **Füller** **I 3A, 10** una pluma
fünf **I 3B, PP** cinco
fünfhundert **II 5, PP** quinientos, -as
fünfte, -r, -s **II 2** quinto, -a
fünfzehn **I 3B, PP** quince
fünfzig **I 3B, PP** cincuenta
für **I 5B** para
für dich <**I 2B, PP**> para ti
furchtbar **I 7B** terrible
zu **Fuß** <**I 4B, TA**> a pie
ein kleiner **Fuß** <**II CS**> un piececito
Fußball **I 2A, PP** el fútbol
Fußballclub von Barcelona **II 4** el Barça
ein **Fußballfeld** **II 4** un campo de fútbol
ein **Füßchen** <**II CS**> un piececito

G

Galizien **II 1** Galicia *(f.)*
galizisch; Galizier, Galizierin *(in Lateinamerika auch Bezeichnung für die Spanier allgemein)* **II 8** gallego, -a
das **Galizische** <**I PM 2**> el gallego
ein **Gang** **I 4A, 5** un pasillo
der / die **ganze** … **I 5B** todo el …, toda la …
eine **Garage** <**II 2, 14**> un garaje
ein **Garten** **I 7B** un jardín
ein **Gast** <**I CS**> un invitado
die **Gattung** <**II PM 3**> el género
ein **Gebäude** **I 4B** un edificio
jdm. etw. **geben** **I 8A** dar(le) (doy) algo a alguien; <**II 10**> pasar(le) algo a alguien
geben (es gibt …) <**II 8**> existir
es **gibt** **I 4, PP** hay
Geben sie mir … **I 7A, PP** Me pone …
ein **Gebirge** **II 1, PP** una montaña
eine **Gebirgskette** <**I PM 3**>; **II 8, PP** una cordillera
ein **Gebirgszug** **II 8, PP** una cordillera
geboren werden **II 7, PP** nacer (-zco)
gebrochen (sein) **II 1** (estar) roto, -a
die **Geburt** <**II 8, 6**> el nacimiento
das **Geburtsdatum** <**II 8, 6**> la fecha de nacimiento
der **Geburtsort** <**II 8, 6**> el lugar de nacimiento
der **Geburtstag** **I 6** el cumpleaños
Alles Gute zum **Geburtstag!** <**I 7B, 7**> ¡Feliz cumpleaños!
Geburtstag haben <**I 7B, 7**> cumplir años
gedanklich <**II CS**> mental
das **Gedächtnis** <**I 8B, PP**> la memoria
die **Geduld** <**II CS**> la paciencia
geeist <**II 3, 9**> helado, -a
jdm. **gefallen** **I 8A** gustar(le) a alguien
mir **gefällt / gefallen** **I 2B, PP** me gusta, me gustan
dir **gefällt / gefallen** **I 2B, PP** te gusta, te gustan
jdm. sehr gut **gefallen** **I 8A** encantar(le) a alguien
gefroren <**II 3, 9**> helado, -a
ein **Gefühl** <**I CS**> una sensación
gefüllt <**II 3, 9**> relleno, -a
die ländliche **Gegend** <**I PM 3**>; **II 1, PP** el campo
gegen <**II 7, 10**> contra
gegenüber <**II CS**> frente a
gegenüber (von) **I 4B, PP** enfrente de
die **Gegenwart** <**I 8B, 4**> el presente
gehackt <**II 3, PP**> picado, -a
ein **Geheimnis** <**II 1, 8**> un misterio
geheimnisvoll <**I PM 3**> misterioso, -a
gehen **I 4A, PP** ir *(irr.)*
spazieren **gehen** <**II 2, 14**> pasear
(weg)**gehen** **I 6** irse *(irr.)*
zu weit **gehen** **I 7B** pasarse
wie es sich **gehört** **II 6** como Dios manda
geistig <**II CS**> mental
gekleidet <**II 2, 14**> vestido, -a
gelangweilt (sein) **II 2, PP** (estar) aburrido, -a
gelb **I 6, 10** amarillo, -a
das **Geld** <**I 7A, 6**>; **II 3** el dinero
ein **Gemälde** **II 4** un cuadro
gemeinsam **I 4B** junto, -a
gemischt <**II 3, PP**> mixto, -a
das **Gemüse** **I 7A** la verdura
genau <**II CS**> exacto, -a
genau um … Uhr **I 4A** a la(s) … en punto
genauso (wie) **I 5B** igual (que)
gerade etw. getan haben **I 8A** acabar de hacer algo
geradeaus **I 4B, PP** todo recto
ein **Geräusch** <**II 9, PP**> un sonido
ein **Gericht** **II 3, PP** un plato
ein kleines **Gericht** **II 3, PP** una tapa
ein **Geschäft** **I 4B, PP** una tienda
jdm. etw. **geschehen** <**I 6, 1**>; **II 2** pasar(le) algo a alguien
ein **Geschenk** **I 7B** un regalo
Geschichte *(Schulfach)* **I 5A, PP** (la) historia
für jeden **Geschmack** <**I CS**> para todos los públicos
die **Geschwister** **I 2A** los hermanos
gesehen werden <**II 2, 14**> ser *(irr.)* visto, -a
gesetzlich <**II CS**> legal
ein **Gesichtspunkt** <**II 9, TA**> un aspecto
ein **Gespräch** **I 2A** una conversación
gestern **II 7** ayer
die **Gestik** <**II 1, 2**> el gesto
die **Gesundheit** <**II 9, PP**> la salud
ein **Getränk** **I 2A** una bebida
ein Erfrischungs**getränk** <**I 9**> un refresco
ein **Getränkeautomat** **II 5** una máquina de bebidas
gewidmet <**II 9, PP**> dedicado, -a
gewinnen <**I 7B, 10**> ganar
ein **Gewitter** **II 1, 8** una tormenta
eine **Gewohnheit** <**II 2, 14**> una costumbre
gewünscht <**II 7, Estr**> deseado, -a

ein **Glas** **II 3** un vaso
glauben **I 7A** creer
glauben, dass ... **I 7B** creer que ...
gleich (wie) **I 5B** igual (que)
jetzt **gleich** **I 5B** ahora mismo
gleichzeitig **<II 1, 8>** al mismo tiempo
global **<II 4, 9>** global
ein **Glockenschlag** **<I PM 1>** una campanada
das **Glück** **I 5A** la suerte
zum **Glück** **I 5B** menos mal; **II 3** por suerte
Herzlichen **Glückwunsch!** **<I 7B, 7>** ¡Felicidades!
glücklich **<I 7B, 7>** feliz
ein **Goldfisch** **<I 5A, 6>** un pez rojo
(der) **Gott** **II 6** (el) Dios
Mein **Gott!** **II 6** Dios mío
ein **Grad** **II 1** un grado
... **Grad** sein **II 1** hacer *(irr.)* ... grados
ein **Gramm** **I 7A, 7** un gramo
die **Grammatik** **<II 1, Estr.>** la gramática
gratis **<I 9, PP>** gratis
grau **I 6, 10** gris
eine **Grenze** **II 8, PP** una frontera
groß **I 4B** grande; **I 4B** alto,-a; **II 3** enorme; **<I CS>** gran *(vor m. Subst.)*
großartig **I 4A, PP** fenomenal
die **Großeltern** **I 3A, PP** los abuelos
die **Großmutter** **I 3A, PP** la abuela
der **Großvater** **I 3A, PP** el abuelo
grün **I 5B** verde
eine **Grundschule** **I 4B, PP** un colegio
eine **Grünzone** **I 4B** una zona verde
eine **Gruppe** **<I 2A, 8>; II 1** un grupo
ein **Gruß** **<I 3B, 4>; II 1** un saludo
liebe **Grüße** *(in Briefen)* **<I 7B, 7>** un fuerte abrazo
jdn. **grüßen** **<I 9>; II 7** saludar(le) a alguien
gut **I 2A** bien *(adv.)*; **I 7A** bueno,-a
(jdm.) **gut** gehen **II 7** estar *(irr.)* bien
gut sein für **II 3** servir (-i-/-i-) para
Alles **Gute** zum Geburtstag! **<I 7B, 7>** ¡Feliz cumpleaños!
Guten Abend. **Gute** Nacht **I 3B, 4** Buenas noches
Guten Tag *(nachmittags)* **I 3B, 4** Buenas tardes
Guten Tag. **I 3B** Buenos días.
Gutes Neues Jahr! **<I PM 1>** ¡Feliz año nuevo!
ein **Gymnasium** **I 4B, PP** un instituto

H

die **Haare** **I 5B, PP** el pelo
haben *(als Hilfsverb)* **I 7B** haber
etw. **haben** **I 5A** tener *(irr.)* algo
ich **habe** **I 3A, PP** tengo
du **hast** **I 3A, PP** tienes
halbe, -r, -s **I 7A** medio,-a
die Iberische **Halbinsel** **<I PM 2>** la península Ibérica
Hallo! **I 1, PP** ¡Hola!
eine **Haltestelle** **II 4, 12** una parada
der **Hammer** sein **II 1** ser *(irr.)* una pasada *(col.)*
ein **Hamster** **<I 5A, 6>** un hámster
eine **Hand** **I 5B** una mano *(f.)*
eine **Handlung** **<I 8B, 6>** una acción
ein **Handy** **I 2A** un móvil
ein **Häppchen** **II 3, PP** una tapa
hart **II 2** duro,-a
etw. / jdn. **hassen** **I 4B** odiar algo / a alguien
hässlich **I 5B, PP** feo,-a
ein **Haufen** **I 4B** un montón (de) *(col.)*
Haupt- **I 5B** principal
ein **Hauptdarsteller**, eine **Hauptdarstellerin** **<I 5B, 15>** un / una protagonista
das **Hauptgericht** **II 3, PP** el segundo plato
die **Hauptstadt** **<I PM 2>; II 8, PP** la capital
ein **Haus** **I 4A** una casa
zu **Hause** **I 4A** en casa
zu jdm. nach **Hause** gehen **I 4A** ir *(irr.)* a casa de alguien
die **Hausaufgaben** **I 5A** los deberes
He! **II 4** ¡Jo!
ein **Heft** **I 3A, 10** un cuaderno
die Erste **Heilige** Kommunion **II 4** la Primera Comunión
die **Heiligen** Drei Könige **<I PM 1>** los Reyes Magos
jdn. **heiraten** **II 7, PP** casarse con alguien
heißen **I 6** llamarse
ich **heiße** **I 1, PP** me llamo
jdm. **helfen** (etw. zu tun) **I 5B** ayudar a alguien *(Akk.)* (a hacer algo)
ein **Hemd** **I 6** una camisa
heranwachsen **II 8** crecer (-zco)
etw. **herausfinden** **<I 7B, 1>** identificar (c-qu) algo
etw. **herausnehmen** **I 6** sacar (c-qu) algo
etw. **herbringen** **<I 9>; II 3** traer *(irr.)* algo
der **Herbst** **<II 1, 7>; II 9, 9** el otoño
ein **Herr** **I 4B** un señor *(abrev. Sr.)*
herrlich **II 6** espectacular
Herzlichen Glückwunsch! **<I 7B, 7>** ¡Felicidades!
heute **I 3B** hoy
heute Nachmittag **I 7A** esta tarde
heutzutage **II 8** actualmente
hey du *(umgangssprachl. Anrede)* **II 1** tío, tía *(col.)*
hier **I 3A** aquí
die **Hilfe** **I 2A** la ayuda
die **Hin-** und Rückfahrt **II 5, PP** la ida y vuelta
hoch **II 3** arriba
auf etw. **hinaufgehen** **<II 4, 14>** subir a algo
etw. **hinaufgehen** **II 6** subir algo
auf etw. **hinaufsteigen** **<II 4, 14>** subir a algo
hinein **II 3** adentro
hineingehen (in) **I 3B** entrar (en)
etw. **hineinstecken** **I 8B, PP** meter algo en algo
die **Hinfahrt** **II 5, PP** la ida
sich **hinlegen** **I 6, PP** acostarse (-ue-)
sich **hinsetzen** **<I 9>** sentarse (-ie-)
hinter **I 8B, PP** detrás de
jdm. etw. **hinüberreichen** **<II 10>** pasar(le) algo a alguien
hinunter **II 3** abajo
etw. **hinzufügen** **<I CS>** añadir algo
die **Hitze** **II 1** el calor
hoch **I 4B** alto,-a;
II 3 arriba
eine **Hochzeit** **II 7, PP** una boda
ein (Schul)**Hof** **I 5B** un patio
Hoppla! *(argentinischer Ausruf)* **II 8** ¡Pucha!
etw. **hören** **I 6** oír (oigo) algo
hör mal **I 3A** oye
jdm. / etw. (zu-)**hören** **I 2A, PP** escuchar algo / a alguien
ein **Hörer**, eine **Hörerin** **<II 9, PP>** un / una oyente
der **Horizont** **<II CS>** el horizonte
ein **Horror** **<II 2, 7>** un horror
eine **Hose** **I 6** un pantalón
ein **Hotel** **II 1, PP** un hotel
hübsch **I 4B** bonito,-a; **I 5B, PP** guapo,-a; **II 9** lindo,-a
ein **Hühnchen** **<II 3, PP>** un pollo
ein **Hund** **I 3A** un perro
hundert **I 3B, PP** cien / ciento
der **Hunger** **II 3** el hambre *(f.)*
Hunger haben **II 3** tener hambre
Hurra! **<I 7B, 7>** ¡hurra!

I

ich **I 2B** yo
Ich möchte ... **I 7A, PP** Me pone ...
Ich weiß, worauf du hinaus willst. **I 8A** Te veo venir
eine **Idee** **I 2B** una idea
etw. **identifizieren** **<I 7B, 1>** identificar (c-qu) algo
eine **Identität** **<I PM 1>** una identidad
ihm / ihr *(Dativpron.)* **I 8A** le
ihn *(Akkusativpron.)* **II 3** lo
ihr **I 2B** vosotros,-as
ihr, ihre *(sg.)* **I 3A** su
ihre *(pl.)* **I 3B** sus
ihrer selbst **<II CS>** de sí misma
ihnen *(Dativpron.)* **I 8A** les
illegal **<II CS>** ilegal
eine **Illustration** **<II 1, 1>** una ilustración
etw. **illustrieren** **<I 8B, TA>** ilustrar algo
immer **I 1** siempre; **<II CS>** cada vez
der / die / das gleiche wie **immer** **I 4A** de siempre
der **Imperativ** **<I 8B, 5>** el imperativo
in **I 1** en

im Jahr *(+ Jahreszahl)* **II 7, PP** en *(+ Jahreszahl)*
im rechten Winkel **<I 9, 5>** en ángulo recto
in der Nacht **<I CS>** de noche
in der Nähe (von) **I 4B, PP** cerca (de)
in der Zwischenzeit **II 7** entretanto
in die Mitte **II 3** al centro
in letzter Zeit **II 8** últimamente
In Ordnung. **I 3A** Vale.; **I 7A** Está bien.
in Richtung von **II 4** hacia
ins Bett gehen **I 6, PP** acostarse (-ue-)
die **indirekte** Rede **<II 5, 4>** el estilo indirecto
ein **Infinitiv** **<I 6, 5>** un infinitivo
die **Informatik** **<I 5A, 5>** la informática
eine **Information** **<I 1, 4>** una información
jdn. über etw. **informieren** **<II 5, 8>** informar a alguien de algo
sich **informieren** **<II 1, 8>** informarse
ein **Ingenieur**, eine **Ingenieurin** **II 8** un ingeniero, una ingeniera
die **Inkas** **<I PM 3>** los incas
innerhalb von **<II CS>** dentro de *(+ Zeitangabe)*
eine **Insel** **<I 1, 4>; II 1, 11** una isla
die Kanarischen **Inseln** **<I PM 2>** las Islas Canarias
insgesamt **I 7A** en total
ein **Instrument** spielen **<I 3B, TA>; II 6** tocar (c-qu) un instrumento
intelligent **I 6** inteligente
interessant **I 4B** interesante
das **Interesse** **<II 4, 17>** el interés
international **<II PM 3>** internacional
(das) **Internet** **II 1** (el) Internet
im **Internet** surfen **<I 3B, TA>** navegar (g-gu) por Internet
ein **Interview** mit **<II 9, PP>** una entrevista a
irgendeine, -r, -s **II 6** algún, alguno, -a
Ist das alles? **I 7A, PP** ¿Es todo?
Ist gut. **I 7A** está bien

J

ja **I 1** sí
eine **Jacke** **I 6, 10** una cazadora
das **Jahr** **I 8A** el año
das nächste **Jahr** **<I PM 1>** el año que viene
Gutes Neues **Jahr!** **<I PM 1>** ¡Feliz año nuevo!
... **Jahre** alt sein **I 8A** tener *(irr.)* ... años
eine **Jahreszeit** **II 9, 9** una estación del año
(der) **Januar** **I 7B, PP** (el) enero
eine **Jeans** **I 6, 10** unos vaqueros
jede, -r, -s **I 5B** todos los ..., todas las ...; **<I 3B, 1>** cada
jedermann **<I 9>** todo el mundo
jemand **II 4** alguien
jene, -r, -s **I 7A** aquél, aquélla, aquello, aquéllos, -as *(pron.)*
jetzt **I 3A** ahora
jetzt gleich, **jetzt** sofort **I 5B** ahora mismo
Jetzt seid ihr dran. **<I 1, Estr.>** Ahora vosotros.
der **Joghurt** **<II 8, 6>** el yogur
eine **Jugendfreizeit** **II 1, PP** una colonia
eine **Jugendherberge** **II 1, PP** un albergue juvenil
ein **Jugendlicher**, eine **Jugendliche** **I 7A** un / una jóven (*pl.* jóvenes)
(der) **Juli** **I 7B, PP** (el) julio
jung **I 5A** joven (*pl.* jóvenes)
eine **junge** Frau **I 7A** una joven
ein **junger** Mann **I 7A** un joven
ein **Junge** **I 1** un chico
ein kleiner **Junge** **I 4B** un niño
(der) **Juni** **I 7B, PP** (el) junio
Jura **II 8** (el) Derecho

K

der **Kaffee** **<I 4A, 9>** el café
ein schwarzer **Kaffee** **<I 4A, 9>** un café solo
das **Kalbfleisch** **<II 3, PP>** la ternera
ein **Kalender** **<I 7B, PP>** un calendario
kalt **<I CS>** frío, -a
kalt sein *(Wetter)* **II 1** hacer *(irr.)* frío
die **Kälte** **II 1** el frío
ein **Kamel** **<I PM 1>** un camello
ein **Kanal** **<II 1, 8>** un canal
ein **Kanarienvogel** **<I 5A, 6>** un canario
die **Kanarischen** Inseln **<I PM 2>** las Islas Canarias
ein **Kaninchen** **<I 5A, 6>** un conejo
ein **Kapitel** **<II 3, TA>** un capítulo
kaputt (sein) **II 1** (estar) roto, -a
Karamellsirup **<II 3, PP>** el caramelo
die **Karibik** **<I PM 3>** el Caribe
karibisch **<II PM 3>** caribeño, -a
eine **Karosse** **<I PM 1>** una carroza
eine **Karte** **<I 7B, 7>** una tarjeta
eine gelbe / rote **Karte** **<I 7B, 10>** una tarjeta amarilla / roja
ein **Kartenspiel** **<I 3B, TA>** un juego de cartas
eine **Kartoffel** **<I CS>** una patata
die **Karwoche** **<II 1, 7>** la Semana Santa
der **Käse** **<I 4A, 9>; I 7A** el queso
eine **Kassette** **<II PM 3, 3>** una casete
ein **Kästchen** **<I 6, 8>** una casilla
das **Kastilische** *(heute in der Bedeutung: Spanisch)* **<I PM 2>; II 4, PP** el castellano
Katalanisch *(Sprache)* **<I PM 2>; II 4, PP** (el) catalán
ein **Katalog** **<II 1, TA>** un catálogo
Katalonien **II 4** Cataluña *(f.)*
eine **Katastrophe** **I 1** un desastre
eine **Kathedrale** **<II 1, 8>** una catedral
eine **Katze** **<I 5A, 6>** un gato
kaufen **I 2A, PP** comprar
kaum **<II CS>** apenas
ein **Kayak** **II 1** un kayak
keine, -r, -s **II 6** ningún, ninguno, -a
Keine Ahnung. **I 2B** Ni idea.
Keine Rede! **I 7A** ¡Qué va!
ein **Kellner**, eine **Kellnerin** **II 3, PP** un camarero, una camarera
etw. / jdn. **kennen, kennenlernen** **I 8A, PP** conocer (-zco) algo / a alguien
(das) **Kennenlernen** **<II 1, 8>** el conocimiento
der **Kerl** *(ugs.)* **<I CS>** el tío *(col.)*
eine **Kerze** **<I 7B, 7>** una vela
ein **Kilo** **I 7A, PP** un kilo
ein **Kilometer** **II 5, PP** un kilómetro
... **Kilometer** entfernt sein **II 5** estar *(irr.)* a ... kilómetros
ein **Kind** **I 4B** un niño, una niña
die **Kinder** **I 3A, PP** los hijos
Das ist kein **Kinderspiel.** **I 1** No es un juego.
ein **Kino** **I 4A, PP** un cine
eine **Kirche** **<I 4B,PP>; II4** una iglesia
eine **Klammer** **<II 2, 9>** un paréntesis
ein **Klang** **<II 9, PP>** un sonido
Klar. **I 2A** Claro.
klasse **I 5A** guay *(col.)*
eine **Klasse** **I 5A** una clase
die erste **Klasse** der Sekundarstufe *(entspricht der 7. Klasse in Deutschland)* **II 2** 1º *(primero)*
die zweite **Klasse** der Sekundarstufe *(entspricht der 8. Klasse in Deutschland)* **II 2** 2º *(segundo)*
ein **Klassenkamerad,** eine **Klassenkameradin** **I 5B** un compañero, una compañera (de clase)
eine **Klassenleiterstunde** **I 5A, PP** una tutoría
ein **Klassiker** **<II 9, PP>** un clásico
klassisch **<II 1, 1>** clásico, -a
klatschen **<I 9>** aplaudir; **<II 9, PP>** dar *(irr.)* palmas
ein **Kleid** **I 6** un vestido
ein **Kleiderschrank** **I 6** un armario
die **Kleidung** **I 4B** la ropa
klein **I 4B** pequeño, -a; **I 5B, PP** bajo, -a
ein **kleiner** Ort **I 1** un pueblo
ein **kleiner** Junge **I 4B** un niño
ein **kleines** Mädchen **I 4B** una niña
ein **kleines** Flugzeug **<II CS>** una avioneta
ein **kleiner** Fuß **<II CS>** un piececito
klingeln **I 6** sonar (-ue-)
ein **Kloster** **<II 4, 10>** un monasterio
eine **Kneipe** **I 3A** un bar
etw. **kneten** **<II CS>** amasar algo
der **Knoblauch** **<II 4, 16>** el ajo
(etw.) **kochen** **<I CS>** cocinar (algo)
ein **Koffer** **<I 6, 9>; I 8A, PP** una maleta
die **Kohlensäure** **II 3** el gas
ein **Kolumbianer,** eine **Kolumbianerin** **I 5B** un colombiano, una colombiana
Kolumbien **<I PM 3>; II 1** Colombia *(f.)*
Christoph **Kolumbus** **II 4** Cristóbal Colón

komisch **I 5B** gracioso, -a; *(seltsam)* **I 7B** raro, -a
kommen **I 5A** venir *(irr.)*
(an)**kommen** **I 2A** llegar (g-gu)
kommen aus **I 1, PP** ser *(irr.)* de
Komm schon! **I 3B** ¡Venga!
das **kommt** daher, dass **I 4A** es que
kommende, -r, -s … **I 5A** … que viene
die **Kommunikation** <**II 2, 14**> la comunicación
die Erste Heilige **Kommunion** **II 4** la Primera Comunión
eine **Komödie** <**I 5B, 15**> una comedia
*spanisches **Konfekt** aus Nüssen, Mandeln oder Honig* <**I PM 1**> el turrón
die Heiligen Drei **Könige** <**I PM 1**> los Reyes Magos
(ein Verb) **konjugieren** <**I 4A, 6**> conjugar (g-gu)
etw. tun **können** **I 5B** poder *(irr.)* hacer algo
etw. tun **können** *(gelernt haben)* **I 6** saber *(irr.)* hacer algo
der **Kontakt** <**II 8, 15**> el contacto
der **Kontext** <**II 9, 12**> el contexto
ein **Kontinent** <**I PM 3**>; **II 8, PP** un continente
etw. **kontrollieren** <**I 4B, 5**> controlar algo
sich auf etw. **konzentrieren** <**II 4, 9**> concentrarse en algo
ein (internationaler) **Konzern** **II 8** una multinacional
ein **Konzert** **I 4A, PP** un concierto
der **Kopf** **II 5** la cabeza
den **Kopf** schütteln <**II CS**> negar (-ie-; g-gu) con la cabeza
eine **Kopie** <**II CS**> una copia
etw. **kopieren** <**II 9, 1**> copiar algo
etw. **korrigieren** <**II 2, 1**> corregir (-i-/-i-; g-j) algo
kosten **I 7A, PP** costar (-ue-)
Wie viel **kostet** das? **I 7A, PP** ¿Cuánto cuesta?
ein **Kotelett** <**II 3, PP**> una chuleta
die **Kraft** <**I CS**> la energía
kräftig **II 7** fuerte
krank **II 7** enfermo, -a
krank werden **II 7** caer (caigo) enfermo, -a
ein **Krankenhaus** **II 1** un hospital
eine **Krankenschwester**, ein **Krankenpfleger** **I 8A** una enfermera, un enfermero
kreativ <**II 1, 8**> creativo, -a
ein **Kreis** <**I 7A, 5**> un círculo
Kriminal- <**II 1, 8**> policíaco, -a
ein **Krimineller**, eine **Kriminelle** <**II 1, 8**> un / una criminal
eine (Weihnachts)**Krippe** <**I PM 1**> un belén
ein **Krokodil** <**II CS**> un cocodrilo
eine **Küche** **I 4A** una cocina
ein **Küchenchef** <**II CS**> un chef
eine **Kugel** <**I 2B, 7**> una bola
Wie viele **Kugeln**? <**I 2B, 7**> ¿Cuántas bolas?
eine **Kuh** **II 8** una vaca
eine **Kultur** <**I PM 3**> una cultura
Kunsterziehung *(Schulfach)* **I 5A, PP** (la) educación plástica y visual
ein **Künstler**, eine **Künstlerin** <**II 4**> un / una artista
ein **Kunstwerk** **II 4, PP** una obra
ein **Kurs** <**I 5A, 5**> un curso
kursiv gedruckt <**II 3, 13**> en cursiva
eine **Kurve** <**II CS**> una curva
kurz **I 5B, PP** corto, -a
kurz und gut **II 8** en fin
ein **Kuss** *(auch Grußformel)* **I 5A** un beso
jdn. **küssen** <**II 2, 14**> besar a alguien
die **Küste** **I 1** la costa

L

ein **Lächeln** <**II CS**> una sonrisa
ein **Laden** **I 4B, PP** una tienda
ein **Land** **I 8A** un país; *(ländliche Gegend)* **II 1, PP** el campo; *(Gebiet)* **II 8, PP** la tierra
die **Ländereien** **II 8, PP** la tierra
eine **Landkarte** <**I PM 3**> un mapa
eine **Landschaft** <**II 1, 8**> un paisaje
eine **Landstraße** **II 5, PP** una carretera
die **Landwirtschaft** **II 8, PP** la agricultura
lang **I 5B, PP** largo, -a
langsam <**I 8A, 9**> despacio *(adv.)*; <**I CS**> lento, -a
langweilig **II 6** aburrido, -a
der **Lärm** **II 3** el ruido
lass mal sehen **I 2A** a ver
jdm. etw. (über)**lassen** **I 8B** dejar algo a alguien
ein **Lastwagen** **II 2** un camión
Lateinamerika <**I 5B, TA**> Latinoamérica *(f.)*; <**II PM 3**> América Latina
ein **Lateinamerikaner**, eine **Lateinamerikanerin** <**I PM 3**> un hispanoamericano, una hispanoamericana; <**I PM 3**> un latinoamericano, una latinoamericana
eine **Laufbahn** **II 8** una carrera
laufen **II 5** correr
laut *(adv.)* <**II 6, 2**> alto *(adv.)*
(entsprechend) <**II 1, 2**>; **II 4** según
Es **läutet.** **I 8B** Llaman.
das **Leben** **I 6, PP** la vida
leben **I 3A** vivir
die **Lebensumstände** <**I PM 3**> la situación social
lebhaft **II 2, PP** animado, -a
lecker **I 4B** rico, -a
leer (sein) **I 6** (estar) vacío, -a
legal <**II CS**> legal
ein **Lehrer**, eine **Lehrerin** **I 2B** un profesor, una profesora; **I 5A** un profe *(col.)*
leicht **I 4B** fácil
es tut mir **leid** **I 5A** lo siento
leider **II 8** desgraciadamente
eine **Lektion** <**I 3A, 5**> una lección
die **Lektüre** <**I 5A, 5**> la lectura
etw. **lernen** **I 2A, PP** estudiar algo; **I 3A** aprender algo
eine **Lerntechnik** <**II 1, PP**> una estrategia
lesen **I 3A** leer
letzte, -r, -s **I 7A** último, -a; *(vergangen)* **II 7** pasado, -a
letztendlich **II 2** al final
leuchten <**I CS**> brillar
die **Leute** **I 4B** la gente
ein **Lexikon** <**II 7, TA**> una enciclopedia
das **Licht** **I 8B** la luz
lieb; liebe, -r *(Anrede)* **II 1** querido, -a
etw. **lieber** mögen (als etw. / jdn.) **I 5A** preferir (-ie-/-i-) algo (a algo / a alguien)
etw. **lieber** tun **I 5A** preferir (-ie-/-i-) hacer algo
die **Liebe** <**II 9, PP**> el amor
Lieblings- **I 4B** preferido, -a
ein **Lied** **I 2A** una canción
eine **Limonade** <**I 4A, 9**> una limonada
eine *(Bus-, U-Bahn-)***Linie** **II 4, 12** una línea
links **I 4B, PP** a la izquierda
eine **Liste** **I 5B** una lista
ein **Liter** <**I CS**> un litro
die **Literatur** **I 5A, PP** la literatura
ein **LKW** **II 2** un camión
ein **Löffel** voll <**I CS**> una cucharada
logisch <**II 9, TA**> lógico, -a
eine **Lösung** <**I 7A, 1**>; **II 7** una solución
eine **Lotterie** <**I PM 1**> una lotería
eine **Löwin** <**II CS**> una leona
Lust haben (auf) <**I 5B, 15**> tener *(irr.)* ganas (de)
lustig **I 4B** divertido, -a

M

etw. **machen** **I 3B** hacer *(irr.)* algo
ein **Mädchen** **I 1** una chica
ein kleines **Mädchen** **I 4B** una niña
ich **mag** **I 2B, PP** me gusta, me gustan
ein **Magazin** <**II 9, PP**> un magazín
(der) **Mai** **I 7B, PP** (el) mayo
der **Mais** <**I PM 3**> el maíz
dieses **Mal** **I 7B** esta vez
etw. **malen** <**I 3B, TA**>; **II 4** pintar algo
ein **Maler**, eine **Malerin** **II 4, PP** un pintor, una pintora
die **Malerei** <**II CS**> la pintura
die **Mama** *(auch als Anrede)* **I 4A** mamá
man muss **I 8A** hay que
man sieht <**II 2, 14**> se ven
manchmal <**I PM 3**> a veces
ein **Mann** **II 6** un hombre
eine **Mannschaft** **I 5A** un equipo
ein (leichter) **Mantel** **I 6, 10** un abrigo
ein **Mäppchen** **I 3A, 10** un estuche

etw. **markieren** <**I 8B, 8**> marcar (c-qu) algo
ein **Markt** **I 7A, PP** un mercado
(der) **März** **I 7B, PP** (el) marzo
ein **Massenmedium** <**II 9, PP**> un medio de comunicación
die **Materialien** <**II 8, TA**> los materiales
Mathematik *(Schulfach)* **I 5A, PP** (las) matemáticas
eine weiße **Maus** <**I 5A, 6**> un ratón blanco
die **Mayas** <**I PM 3**> los mayas
die **Mayonnaise** <**II 3, PP**> la mayonesa
das **Meer** **I 2A, PP** el mar
eine **Meeresfrucht** **II 3** un marisco
eine **Meeresspinne** *(Delikatesse)* **II 3** un centollo
ein **Meerschweinchen** <**I 5A, 6**> un conejillo de Indias
das **Mehl** **I 7A, 7** la harina
mehr **I 5B** más
mehrere **II 8** varios, -as
mein, meine *(sg.)* **I 3A** mi
Mein Gott! **II 6** ¡Dios mío!
meine *(pl.)* **I 3A** mis
etw. **meinen** **I 5A** pensar algo; **I 7A** creer
meinen, dass … **I 7B** creer que …; pensar (-ie-) que …
eine **Meinung** <**I 4A, 1**> una opinión
die **Menge** <**I 7A, 7**> la cantidad; <**II 2, 14**> una ración
Mensch *(umgangssprachl. Anrede)* **II 1** tío / tía *(col.)*
ein **Meter** **II 5** un metro
eine **Metzgerei** **I 4B, PP** una charcutería
mich *(Akkusativpron.)* **II 3** me
die **Miesmuscheln** <**II 3, PP**> los mejillones
die **Milch** <**I 4A, 9**> la leche
der **Militärdienst** <**II 8, 6**> el servicio militar
eine **Million** <**I PM 3**>; **II 9** un millón (*pl.* millones)
die **Mimik** <**II 1, 2**> la mímica
mindestens <**I 8B, 3**> por lo menos
das **Mineralwasser** <**I 4A, 9**> el agua mineral
eine **Minute** **II 4** un minuto
mir *(Dativpron.)* **I 8A** me
mir auch **I 2B, PP** a mí también
mir auch nicht **I 2B, PP** a mí tampoco
etw. **mischen** <**I CS**> mezclar algo
eine **Mischung** <**I CS**> una mezcla
miserabel <**I CS**> mísero, -a
mit **I 2A** con
etw. **mitbekommen** **I 7B** enterarse de algo
etw. **mitbringen** <**I 9**>; **II 3** traer *(irr.)* algo
etw. **mitnehmen** **I 7B** llevar algo
ein **Mitschüler**, eine **Mitschülerin** **I 5B** un compañero, una compañera (de clase)
(der) **Mittag** **II 1** (el) mediodía
Mitte *(+ Monat)* <**II 1, 7**> mediados de *(+ mes)*
mittelmäßig **I 3B, 4** regular
das **Mittelmeer** <**I PM 2**> el mar Mediterráneo
(die) **Mitternacht** <**I PM 1**> la medianoche
Mittwoch **I 5A, PP** miércoles *(m.)*
ein **Möbelgeschäft** **I 4B, PP** una tienda de muebles
ein **Möbelstück** **I 4B, PP** un mueble
ein **Mobiltelefon** **I 2A** un móvil
Was **möchtest** du? **I 7A, PP** ¿Qué te pongo?
Ich **möchte** bitte … **I 7A, PP** Me pone …
ein **Modell** <**I 3B, 4**> un modelo
modern **I 4B** moderno, -a
möglich <**I 7B, TA**> posible
ein **Moment** **II 3** un momento
ein **Monat** **I 5A** un mes
Montag **I 5A, PP** lunes *(m.)*
am **Montag**, diesen **Montag** **I 5A** el lunes
montags **I 5A** los lunes
morgen **I 3B** mañana
der **Morgen** **I 4A** la mañana
morgens **I 5A** por la mañana
ein **MP3-Player** <**II 10**> un MP3 [emepe'tres]
müde (sein) **I 6** (estar) cansado, -a
ein **Müllfahrzeug** **II 2** un camión de la basura
mündlich <**II 2, 14**> oral
eine **Münze** <**I 3B, TA**> una moneda
ein **Museum** **I 1** un museo
die **Musik** **I 2A, PP** la música
etw. tun **müssen** **I 8A, PP** tener *(irr.)* que hacer algo
man **muss** **I 8A** hay que
die **Mutter** **I 3A, PP** la madre
mysteriös <**I PM 3**> misterioso, -a

N

na ja, **na** gut **I 2A** bueno
Na so was! *(argentinischer Ausruf)* **II 8** ¡Pucha!
nach *(Richtung, Ziel)* **I 4A** a *(entsprechend)* <**II 1, 2**>; **II 4** según
ein **Nachbar**, eine **Nachbarin** **II 2** un vecino, una vecina
nachdem **II 4** después de *(+ inf.)*
der **Nachmittag** **I 4A, PP** la tarde
nachmittags **I 4A, PP** por la tarde
eine **Nachricht** **I 2B** un mensaje; **I 3B** una noticia
nächste, -r, -s **II 5** próximo, -a
das **nächste** Jahr <**I PM 1**> el año que viene
eine **Nacht** **I 6** una noche
nachts <**I CS**> de noche
der **Nachtisch** **II 3, PP** el postre
ein **Name** **I 3B, PP** un nombre
der **Namenstag** <**I 7B, 7**> el día del Santo
nass (sein) **II 2** (estar) mojado, -a
ein **Nationalpark** <**I PM 2**> un parque nacional
natur *(Zubereitungsart von Speisen)* <**II 3, PP**> al natural
die **Natur** <**II 9, PP**> la naturaleza
natürlich *(adv.)* **II 8** naturalmente *(adv.)*
Natürlich! **I 2A** Claro.
Naturwissenschaften *(Schulfach)* **I 5A, PP** (las) ciencias de la naturaleza
der **Nebel** **II 1, 8** la niebla
es ist **nebelig** **II 1, 8** hay niebla
neben **I 4B, PP** al lado de
neben ihm / ihr **I 7A** a su lado
der **Neffe** **I 3A, PP** el sobrino
nehmen **I 2B** tomar
etw. zu sich **nehmen** **I 2B** tomar algo
nein **I 1** no
jdn. etw. **nennen** **II 6** llamar algo a alguien
neoklassisch <**II CS**> neoclásico, -a
nervös **II 1** nervioso, -a
nervös werden <**I CS**> ponerse *(irr.)* nervioso, -a
nett **I 4B** amable; **I 5A** simpático, -a
ein **Netz** <**II PM 1**> una red
neu <**I 4B, PP**>; **II 3** nuevo, -a
neueste, -r, -s **II 3** último, -a
eine **Neuheit** <**II CS**> una novedad
neun **I 3B, PP** nueve
neunhundert **II 5, PP** novecientos, -as
neunte, -r, -s **II 2** noveno, -a
neunzig **I 3B, PP** noventa
nicht *(Verneinung)* **I 1** no
nicht so sehr <**II 6, 2**> no … tanto
nicht wahr? **I 2A** ¿verdad?
die **Nichte** **I 3A, PP** la sobrina
nichts **II 5** nada
niedrig **I 4B** bajo, -a
niemals <**II 1, 8**>; **II 5** nunca
niemand <**II 2, 14**>; **II 5** nadie
noch **I 2B** todavía
noch eine, -r, -s **I 7B** otro, -a
noch einmal **I 7B** otra vez
Noch etwas? **I 7A, PP** ¿Algo más?
der **Norden** <**I 1, 3**>; **II 8, PP** el norte
normal **I 4B** normal
eine **Note** <**I PM 3**> una nota
etw. **notieren** <**II 1, PP**> apuntar algo
eine **Notiz** <**II CS**> una nota
Notizen machen <**I 3B, PP**> tomar nota
(der) **November** **I 7B, PP** (el) noviembre
null **I 3B, PP** cero
eine **Nummer** **I 3B, PP** un número
etw. **nummerieren** <**II CS**> numerar algo
nun **I 4A** pues
nur **I 3B** sólo
nützen (zu) **II 3** servir (-i-/-i-) (para)
nützlich sein für **II 3** servir (-i-/-i-) para

O

ob **II 5** si
das **Obst** **I 7A** la fruta

ein **Obstsalat** <II 3, PP> una macedonia
oder I 3B o
oder *(zwischen zwei Zahlen)* II 5 ó
öffentlich <II 2, 14> público, -a
offiziell <I PM 3> oficial
etw. **öffnen** I 3A abrir algo
oft <I 7A, PP> muchas veces
ohne <I 3B, 8>; II 1 sin
ohne **Zweifel** II 6 sin duda
ein **Ohr** <I 7B, 7> una oreja
Ok. / In **Ordnung.** I 3A Vale.; I 7A Está bien.
(der) **Oktober** I 7B, PP (el) octubre
das **Öl** <I CS> el aceite
eine **Olive** <II 3, PP> una aceituna
das **Olivenöl** <II 4, 16> el aceite de oliva
die **Oma** I 3A, PP la abuela
der **Onkel** I 2A el tío
Onkel und Tante I 2A los tíos
der **Opa** I 3A, PP el abuelo
eine **Orange** I 7A, PP una naranja
orange I 6, 10 naranja
ein **Orchester** <II 1, 8> una orquesta
ordentlich <II 2, 13> ordenado, -a; *(wie es sich gehört)* II 6 como Dios manda
etw. **ordnen** <I 2B, 1> ordenar algo
die **Ordnung** <II PM 1> el orden
In **Ordnung.** I 7A Está bien.
eine **Ordnungszahl** <II 2, 9> un número ordinal
eine **Organisation** <I PM 2> una organización
etw. **organisieren** <I CS> organizar (z-c) algo
original <II 1, 8> original
originell <I 6, 11> original
ein **Ort** I 4B un lugar; I 8B, PP un sitio; <II 9, PP> un espacio
der **Osten** <I 1, 3>; II 8, PP el este

P

ein **Paar** <I 2B, 4> una pareja
eine **Paella** *(span. Reisgericht)* I 1 una paella
panierte Tintenfischringe I 4A los calamares
eine **Panikattacke** <II CS> un ataque de pánico
eine **Pantomime** <I 6, PP> una pantomima
der **Papa** *(auch als Anrede)* I 7B el papá
ein **Papagei** <I 5A, 6> un papagayo
ein **Papier** I 3A un papel
eine **Paprika**(schote) I 7A un pimiento
ein **Paragraph** <I PM 2> un párrafo
ein **Park** I 4B, PP un parque
ein National**park** <I PM 2> un parque nacional
eine **Partie** <II 2, 14> una partida
ein **Partizip** <I 7B, 10> un participio
eine **Party** I 7B una fiesta
ein **Pass** *(beim Spiel)* <I 7B, 10> una pasada
einen **Pass** spielen <I 7B, 10> hacer *(irr.)* un pase
Pass auf! I 8B ¡Ten cuidado!
passend <I 7A, 9> adecuado, -a
passieren II 2 pasar
eine **Pastete** *(galizische Spezialität)* II 1 una empanada
eine **Pause** I 5A un recreo; <II 4, 17> una pausa
das **Pech** <I PM 1> la mala suerte
perfekt I 5A perfecto, -a; <II CS> perfectamente
eine **Person** I 8A una persona
eine (erfundene) **Person** <II 9, 8> un personaje
persönlich <II CS> personal
eine **Persönlichkeit** <II 1, 8> un personaje
die **Petersilie** <II 3, PP> el perejil
eine **Pfanne** <I CS> una sartén
ein **Pferd** <I 5A, 6>; <I 9>; II 1 un caballo
ein **Pfiff** II 5 un pitido
eine **Pistazie** <II 3, PP> un pistacho
eine **Piste** <II 9, PP> una pista
eine **Pistole** <II CS> una pistola
eine **Pizza** <II CS> una pizza
ein **Plakat** <I 3B, 6> un póster
ein **Plan** <I 8B, PP>; II 4 un plano *(Karte)* <I 5B, 14> un plan *(Vorhaben)*
ein **Planet** <II 1, 8> un planeta
eine **Plantage** <II PM 1> una plantación
ein **Platz** I 3B, PP una plaza; I 4B un lugar; I 8B, PP un sitio
plötzlich II 9 de repente
politisch <II 7, 6> político, -a
ein **Polizist**, eine **Polizistin** I 5B un / una policía
die **Pommes** frites <II 3, PP> las patatas fritas
ein **Poncho** <I 8A, 6> un poncho
populär <II 5, 14> popular
eine **Portion** (von) <I 4A, 9> una ración (de)
eine **Position** <I 9, 5> una posición
die **Post** <I 4B, PP> Correos *(m. pl.)*
ein **Poster** I 7B un póster
eine **Postkarte** II 1 una postal
postmodern <II CS> posmoderno, -a
ein **Praktikum** <II 8, 6> unas prácticas
praktisch <II 4, TA> práctico, -a
das **Präsens** <I 8B, 4> el presente
eine **Präsentation** <I PM 3> una presentación
jdm. etw. **präsentieren** <II PM 1> presentar algo a alguien
ein **Präsident**, eine **Präsidentin** II 7 un presidente, una presidenta
ein **Preis** II 5, PP un precio; <II 1, 8> una tarifa
ein **Prinz**, eine **Prinzessin** I 6 un príncipe, una princesa
eine **Probe** I 5B un ensayo
probieren I 7B probar (-ue-) algo
etw. (an)**probieren** I 6 probarse (-ue-) algo
ein **Problem** I 5A un problema *(m.)*
ein **Produkt** <I 7A, PP> un producto
eine **Produktionsfirma** <I 5B, 15> una productora
ein **Produzent** <II PM 1> un productor
ein **Programm** <II 1, 8> un programa; <II 9, PP> la programación
ein **Projekt** <II 4, TA>; II 9 un proyecto
eine **Promenade** II 4, PP un paseo
ein **Prospekt** II 4 un folleto
eine **Provinz** <I PM 2> una provincia
Provinz- <II CS> provincial
eine **Prüfung** <II 3, 11> un exámen
das **Publikum** <I 9> el público
ein **Pullover** I 6, 10 un jersey *(pl.* jerséis)
ein **Punkt** <I 7B, TA> un punto
pünktlich um … Uhr I 4A a la(s) … en punto
eine **Puppe** I 8B una muñeca
etw. **putzen** I 8A, 6 limpiar algo
ein **Pyjama** I 6, PP un pijama
eine **Pyramide** <I PM 3> una pirámide
die **Pyrenäen** <I PM 2>; II 1 los Pirineos

Q

ein **Quadratkilometer** <I PM, 3> un kilómetro cuadrado

R

ein **Radiergummi** I 3A, 10 una goma
(das) **Radio** II 9, PP la radio
ein **Radiohörer**, eine **Radiohörerin** <II 9, PP> un / una oyente
raten <I 3B, 11> adivinar (algo)
ein **Rätsel** <I 7B, TA> una adivinanza
ein **Raum** <II 9, PP> un espacio
reagieren auf <II 2, 2> reaccionar a
etw. **realisieren** <I 7B, 7> realizar (z-c) algo
realistisch <II CS> realista
die **Rechnung** <I 4A, 9> la cuenta
(das) **Recht** II 8 (el) Derecho
Recht haben I 8A tener *(irr.)* razón
rechts I 4B a la derecha
die direkte **Rede** <II 5, 4> el estilo directo
die indirekte **Rede** <II 5, 4> el estilo indirecto
reden I 2A, PP hablar
ein (kleines) **Referat** <I PM 3> una presentación
ein **Regal** I 8B, PP una estantería
eine **Regel** <II 3, 11> una regla; <II CS> una norma
der **Regen** II 2 la lluvia
ein **Regenwald** II 8, PP una selva
eine **Region** <I PM 3>; <II 1, 8> una región

eine autonome **Region** *(entspricht etwa: Bundesland)* <I PM 2>; II 1, 11 una comunidad autónoma
regnen II 1 llover (-ue-)
reich II 7 rico, -a
jdm. etw. (hinüber)**reichen** <II 10> pasar algo a alguien
der **Reichtum** <II 1, 8> la riqueza
eine **Reihe** <II 3, 14> una serie
die **Reihenfolge** <II PM 1> el orden
der **Reis** <II 3, PP> el arroz
eine **Reise** II 1, PP un viaje
ein **Reiseführer**, eine **Reiseführerin** II 4 un / una guía
ein **Reiseführer** *(Buch)* <II 4, TA> una guía
ein **Reiseweg** <II 6, 7> una ruta
reisen II 1, PP viajar
reiten <I PM 3>; II 1 montar a caballo
reitend <II CS> montado, -a
ein **Relativpronomen** <I 4B, 3> un pronombre relativo
Religion *(Schulfach)* I 5A, PP (la) religión
rennen II 5 correr
eine **Reportage** <II 9, PP> un reportaje
eine **Republik** <II PM 1> una república
etw. / jdn. **respektieren** <II CS> respetar algo / a alguien
ein **Resultat** <I 4B, 5> un resultado
ein **Rezept** <II 4, 16> una receta
ein **Rhythmus** <II 1, 8> un ritmo
richtig <I 2A, 4> correcto, -a; <I 2A, 2>; II 9 verdadero, -a
eine **Richtung** <I 9, 5> una dirección; <II CS> una tendencia
in **Richtung** von II 4 hacia
riesig <I PM 1>; II 3 enorme
ein **Rock** I 6, 10 una falda
eine **Rolle** I 5B un papel
ein **Roman** <II 1, 8> una novela
rosa I 6 rosa
eine **Rose** II 4 una rosa
rot I 6 rojo, -a
eine **Route** <II 1, 8> una ruta
die **Rückfahrt** II 5, PP la vuelta
ein **Rucksack** <II 9, PP> una mochila
jdn. **rufen** I 3B llamar a alguien
ruhig I 5B tranquilo, -a
etw. / jdn. **ruinieren** <II CS> arruinar algo / a alguien
russisch <II 3, PP> ruso, -a

S

eine **Sache** I 4B una cosa
eine kleine **Sache** <I CS> una cosita
ein **Saft** <4A, 9> un zumo
jdm. etw. **sagen** I 5B decir(le) algo a alguien
sagen Sie ihm <I CS> dígale
ein **Salat** <I 4A, 9> una ensalada; <II 3, PP> una ensaladilla
das **Salz** <I CS> la sal
eine **Salzmine** <II PM 1> una mina de sal
etw. **sammeln** <I 3B, TA> coleccionar algo; <II 4, 1> reunir algo
eine **Sammlung** <II 4> una colección
Samstag I 5A sábado *(m.)*
ein **Sandwich** I 7B un sándwich *(pl.* -es)
ein **Sänger**, eine **Sängerin** <I 5B, TA> un / una cantante
ein **Satz** <I 1, 2> una frase
eine **Säule** <II CS> una columna
Schade! I 7B ¡Qué lástima!
ein **Schaffner** II 5 un revisor
ein **Schal** I 6, 10 una bufanda
ein **Schälchen** II 3 un cuenco
etw. **schälen** <I CS> pelar algo
scharf I 7A picante
etw. / jdn. **schätzen** <II CS> respetar algo / a alguien
etw. (an)**schauen** I 3A mirar algo
schaut (mal) I 5B mirad
ein **Schauspieler**, eine **Schauspielerin** <I 5B, TA>; <I 9> un actor, una actriz
eine **Scheibe** (Brot) <II 4, 16> una rebanada (de pan)
scheinen *(vorkommen)* I 8A parecer(le) (-zco) algo a alguien; *(Sonne)* <II CS> brillar *(sol)*
die Sonne **scheint** II 1 hace sol
ein **Schema** <II 8, PP> un esquema
jdm. etw. **schenken** I 7A regalar algo a alguien
jdm. etw. **schicken** I 8A, PP mandar(le) algo a alguien; II 8 enviar(le) algo a alguien
ein Tor **schießen** <I 7B, 10> meter un gol
ein **Schiff** II 7 un barco
eine **Schildkröte** <I 5A, 6> una tortuga
mit jdm. **schimpfen** II 5 echar una bronca a alguien
der **Schinken** <I 4A, 9> el jamón
ein **Schlafanzug** I 6, PP un pijama
schlafen I 6, PP dormir (-ue-/-u-)
ein **Schlafzimmer** I 4A, 5 un dormitorio
etw. **schlagen** <I CS> batir algo
schlank I 5B, PP delgado, -a
schlecht I 8A malo, -a
schlechtes Wetter (sein) II 1 (hacer; *irr.*) mal tiempo
I 3B mal *(adv.)*
etw. **schließen** II 2 cerrar (-ie-) algo
schließlich II 2 al final
schlimmer II 6 peor
ein **Schlüsselwort** <II 5, 5> una palabra clave
etw. **schmücken** <I 9, TA> decorar algo
etw. **schneiden** <I CS> cortar algo
schneien II 1, 8 nevar (-ie-)
schnell I 3A rápido *(adv.)*; II 4 deprisa *(adv.)*
die **Schokolade** I 7A el chocolate
schon I 3A ya
schön I 4B bonito, -a
die **Schönheit** <II 9, PP> la belleza
schräg (kursiv) gedruckt <II 3, 13> en cursiva
ein **Schrank** I 6 un armario
schrecklich II 4 fatal *(adv.)*
I 7B terrible
etw. **schreiben** I 3A escribir algo
ein **Schreibtisch** I 8B, PP un escritorio
ein **Schreibwarengeschäft** I 4B, PP una papelería
schriftlich <II 2, 14> escrito, -a
eine **Schriftstellerin** <II CS> una autora
ein **Schuh** I 6, 10 un zapato
eine **Schule** <I PM 3> una escuela
eine weiterführende **Schule** <II CS> una escuela secundaria
ein **Schulhof** I 5B un patio
ein **Schuljahr** <I 9, TA> un curso; <II 10, 6> un año escolar
ein **Schulleiter** <I 5A, 5> un director
ein **Schulranzen** I 3A, 10 una cartera
eine **schulische** Einrichtung <I 4B,PP> un centro de enseñanza
das **Schulsystem** <I 5A, PP> la educación
eine **Schultasche** I 3A, 10 una cartera
ein **Schüler**, eine **Schülerin** I 5B un alumno, una alumna
ein **Schüleraustausch** I 8A, PP un intercambio
eine kleine **Schüssel** II 3 un cuenco
etw. **schütten** <I CS> verter algo
etw./ jdn. **schützen** <II 1, 8> proteger algo / a alguien
schwarz I 6, 10 negro
ein **schwarzer** Kaffee <I 4A, 9> un café solo
ein **Schwarzes** Brett I 5B un tablón de anuncios
das **Schwein** <II 3, PP> el cerdo
eine **Schwester** I 1 una hermana
schwierig I 7A difícil
ein **Schwimmbad** <I PM 3> una piscina
schwimmen I 2A, PP nadar
(das) **Schwimmen** <II 1, 8> la natación
sechs I 3B, PP seis
sechshundert II 5, PP seiscientos, -as
sechste, -r, -s II 2 sexto, -a
sechzig I 3B, PP sesenta
ein **See** II 8, PP un lago
ein **Seehecht** *(Speisefisch)* <II 3, PP> una merluza
etw. / jdn. **sehen** I 4A ver algo / a alguien
man **sieht** <II 2, 14> se ven
(lass) mal **sehen** I 2A a ver
eine **Sehenswürdigkeit** <II 1, 8>; II 1, 11 un monumento
sehr I 2B muy *(adv.)*; I 2B mucho *(adv.)*; <II CS> cantidubi *(col.)*; la mar de *(col.)*
sehr viele I 4B un montón (de)
die **Seide** <II CS> la seda
sein I 1, PP ser; I 4A estar *(irr.)*; *(als Hilfsverb)* I 7B haber *(irr.)*; II 5 llevar *(+ Zeitraum)*
sein, seine *(sg.)* I 3A su
seine *(pl.)* I 3B sus
seiner selbst <II CS> de sí mismo

eine **Seite** *(Ortsangabe)* **I 4B, PP** un lado; *(Buch)* **<I 3B, 5>** una página
ein **Sekretär**, eine **Sekretärin** **<II PM 1>** un secretario, una secretaria
der (spanische) **Sekt** **<I PM 1>** el cava
ein **Sektor** **<II PM 1>** un sector
eine **Sekunde** **<I CS>** un segundo
seltsam **I 7B** raro, -a
senden **I 8A** mandar
ein **Sender** **II 9, PP** una cadena
eine **Sendung** **II 9, PP** un programa
(der) **September** **I 7B, PP** (el) septiembre
eine **Serie** **<II 3, 14>** una serie
ein **Sessel** **<II CS>** un sillón
etw. **setzen** **I 8B, PP** poner *(irr.)* algo
sich hin**setzen** **<I 9>** sentarse (-ie-)
sicher (sein) **<I 7B, 7>** (estar) seguro, -a
sicherlich **<II 1, 8>** seguro *(adv.)*
Sie *(Höflichkeitsform, sg. / pl.)* **I 7A** usted, -es
sie *(f. sg.)* **I 2B** ella
sie *(pl.)* **I 2B** ellos, ellas
sie *(Akkusativpron. f. sg.)* **II 3** la
sie *(Akkusativpron. pl.)* **II 3** los, las
sieben **I 3B, PP** siete
siebenhundert **II 5, PP** setecientos, -as
siebte, -r, -s **II 2** séptimo, -a
siebzig **I 3B, PP** setenta
jdn. **siezen** **<II 2, 10>** hablar a alguien de usted
singen **<I 3B, TA>** cantar
eine **Situation** **<II PM 1>** una situación
sitzen **II 5** estar *(irr.)* sentado, -a
sitzend **<II CS>** montado, -a
der **Ski** **<I PM 2>** el esquí
so **I 5A** así; **I 8A** tan
die **Socken** **I 6, 10** los calcetines
sofort *(adv.)* **II 4** enseguida *(adv.)*
jetzt **sofort** **I 5B** ahora mismo
sogar **<II 2, 14>** incluso
der **Sohn** **I 3A, PP** el hijo
solche, -r, -s **II 1** así
der **Sommer** **I 2A** el verano
sondern **<II CS>** sino
die **Sonne** **I 2A, PP** el sol
die **Sonne** scheint **II 1** hace sol
eine **Sonnenbrille** **I 2A, PP** unas gafas de sol
sich **sonnen** **I 2A, PP** tomar el sol
Sonntag **I 5A** domingo *(m.)*
sich **Sorgen** machen **II 5** preocuparse
eine **Sorte** **<I 2B, 7>** un tipo
eine **Soße** **<II 3, PP>** una salsa
die **soziale** Situation **<I PM 3>** la situación social
die **Spaghetti** **<II 3, PP>** los espaguetis
ein **Spanier**, eine **Spanierin** **I 2B** un español, una española
Spanien **I 5A** España *(f.)*
Spanisch, die **spanische** Sprache **I 2A, PP** (el) español; **II 4, PP** (el) castellano
auf **Spanisch** **<I 2A, 3>** en español
Spanisch *(Schulfach)* **I 5A, PP** (la) lengua y literatura
spanisch **I 8A, PP** español, -a
der **Spargel** **<II 3, PP>** los espárragos
spät *(adv.)* **II 1** tarde *(adv.)*
später **<II 1, 8>** luego
spazieren gehen **<II 2, 14>** pasear
ein **Spaziergang** **<II 1, 8>** un paseo
die **Speisekarte** **<I 4A, 9>**; **II 3, PP** la carta
spektakulär **II 6** espectacular
ein **Spezialist** **<I PM 3>** un experto; **<II 9, PP>** un / una especialista
*ein **Spezialitätenrestaurant** für Meeresfrüchte* **II 3** una marisquería
speziell **I 7B** especial
ein **Spiel** **I 1** un juego; **I 4A, PP** un partido
spielen **I 5B** jugar (-ue-; g-gu); *(Lied, Musikinstrument)* **<I 3B, TA>**; **II 6** tocar (c-qu) algo
einen Pass **spielen** **<I 7B, 10>** hacer *(irr.)* un pase
spielen *(Theater)* **<II 6, 2>** actuar
ein **Spieler** **I 5A** un jugador
eine **Spielerbank** *(Fußball)* **II 4** un banquillo
eine **Spielkarte** **<II 2, 14>** una carta
ein **Spielstein** **<I 9, 6>** una ficha
der **Sport** **I 1** el deporte
Sport treiben **I 2A, PP** practicar (c-qu) deporte
eine **Sportstätte** **<I 4B,PP>** una instalación deportiva
eine **Sprache** **I 5A, PP** una lengua; **II 7** un idioma
sprechen **I 2A, PP** hablar
ein **Sprecher**, eine **Sprecherin** **<II 2, 14>** un / una hablante
ein **Sprichwort** **<I 7B, PP>** un refrán
spülen **I 8A, 6** lavar los platos
ein **Stadion** **<I 7B, 10>** un estadio
städtisch **<II 1, 8>** urbano, -a
eine **Stadt** **I 4B** una ciudad
ein **Stadtplan** **<II 4 PP>** un plano
ein **Stadtviertel** **I 4B, PP** un barrio
stammen aus **I 1, PP** ser *(irr.)* de
ein (Markt)**Stand** **I 7A** un puesto
stark **II 7** fuerte
stattfinden **<I 5A, 5>** tener *(irr.)* lugar
eine **Statue** **<II 1, 8>** una estatua
staubsaugen **I 8A, 6** pasar la aspiradora
etw. **stellen** **I 8B, PP** poner *(irr.)* algo
eine **Stellung** **<I 9, 5>** una posición
sterben **II 8** morir (-ue-/-u-); *(aufhören zu existieren)* **<II CS>** acabarse
eine **Stereoanlage** **I 8B, PP** un equipo de música
ein **Stern** **<I CS>** una estrella
ein **Stiefel** **<I 6, 9>** una bota
ein **Stil** **<II CS>** un estilo
die **Stille** **<II CS>** el silencio
Das **stimmt** nicht. **I 2B** No es verdad.
die **Stimmung** **II 6** el ambiente
ein **Stockwerk** **I 8A** un piso
stören **II 3** molestar
ein **Strafstoß** *(beim Ballspiel)* **<I 7B, 10>** un penalti
der **Strand** **I 1** la playa
eine **Straße** **I 3B, PP** una calle; **II 5, PP** una carretera
eine **Straßenbahn** **<I 4B, TA>** un tranvía
eine **Strategie** **<II 1, PP>** una estrategia
mit jdm. (über etw.) **streiten** **I 7B** discutir (algo) con alguien
streng **I 5A** duro, -a
ein **Stückchen** **<I CS>** un trocito
ein **Student**, eine **Studentin** **<II 2, 14>** un / una estudiante
studieren **I 2A, PP** estudiar
ein **Studio** **II 9** un estudio
ein **Stuhl** **I 8B, PP** una silla
eine **Stunde** **I 4A** una hora
ein **Stundenplan** **I 5A, PP** un horario
eine **Suche** **II 8** una búsqueda
suchen **I 2A** buscar (c-qu)
der **Süden** **<I 1, 3>**; **II 8, PP** el sur
ein **Superlativ** **<II 6, 10>** un superlativo
ein **Supermarkt** **I 4A** un supermercado
eine **Suppe** **<II 3, PP>** una sopa
im Internet **surfen** **<I 3B, TA>** navegar (g-gu) por Internet
das **Surfen** **I 2A, PP** el surf
ein **Sweatshirt** **I 6, 10** un jersey *(pl. jerséis)*
ein **Symbol** **<II 1, 2>** un símbolo
sympathisch **I 5A** simpático, -a
eine **Szene** **<I 7B, 5>** una escena

T

eine **Tabelle** **<I 4A, 3>** una tabla
eine **Tafel** **I 3A, 10** una pizarra
ein **Tag** **I 3B** un día
Guten **Tag**. **I 3B** Buenos días.
eines **Tages** **II 7** un día
ein **Tagebuch** **I 7B** un diario
die **Tante** **I 2A** la tía
Tante und Onkel **I 2A** los tíos
ein **Tanz** **<II PM 3>** un baile
tanzen **I 7B** bailar
die **Tapas** **<4A, 9>** las tapas
ein **Tarif** **<II 1, 8>** una tarifa
eine **Tätigkeit** **I 5A** una actividad
etw. **tauschen** **<II 1, TA>** intercambiar algo
Technik *(Schulfach)* **I 5A, PP** (la) tecnología
der **Tee** **<I 4A, 9>** el té
ein **Teig** **<II CS>** una masa
ein **Teil** von **I 8B** una parte de
etw. (mit jdm.) **teilen** **I 8A** compartir algo (con alguien)
teilnehmen an etw. **<II PM 1>** participar en algo
ein **Teilnehmer**, eine **Teilnehmerin** **<I 5A, 5>** un / una participante
ein **Telefon** **I 3B, PP** un teléfono
eine **Telefonnummer** **I 3B, PP** un teléfono

ein **Telefongespräch** <**II 2, 7**> una conversación telefónica
mit jdm. **telefonieren** <**I 2A, 1**> hablar por teléfono con alguien
telefonisch <**II 2, 7**> telefónico, -a
eine **Telenovela** <**II 3, 11**> una telenovela
ein **Teller** **I 8A, 6** un plato
eine **Tendenz** <**II CS**> una tendencia
(das) **Tennis** **I 2A, PP** el tenis
ein **Terminkalender** <**I 5B, 14**> una agenda
eine **Terrasse** <**II CS**> una terraza
teuer **II 3** caro, -a
ein **Text** <**I 2A, 1**> un texto
ein **Theater** <**II 4, 4**> un teatro
ein **Theaterstück** **I 5A** una obra de teatro
ein **Thema** <**I 3B, 1**> un tema
der **Thunfisch** <**I 4A, 9**> el atún
ein **Tier** **I 2B, PP** un animal
panierte **Tintenfischringe** **I 4A** los calamares
ein **Tisch** **I 8A, 6** una mesa
den **Tisch** decken **I 8A, 6** poner *(irr.)* la mesa
ein **Titel** <**I 8A, 1**> un título
die **Tochter** **I 3A, PP** la hija
toll **I 1** ¡Genial!; **I 4A, PP** fenomenal; **I 4A** genial; **I 5A** guay *(col.)*; **II 6** espectacular
eine **Tomate** <**I PM 3**> un tomate
ein **Tor** <**I 7B, 10**> un gol
ein **Tor** schießen <**I 7B, 10**> meter un gol
eine **Torte** **I 7A** una tarta
eine **Tortilla** *(Omelett aus Kartoffeln und Eiern)* **I 4A** una tortilla
ein **Torwart** **I 5A** un portero
der **Tourismus** <**II PM 1**> el turismo
ein **Tourismusbüro** **II 4** una oficina de turismo
ein **Tourist**, eine **Touristin** <**II 1, 8**>; **II 4** un / una turista
eine **Touristeninformation** **II 4** una oficina de turismo
touristisch <**II 1, 8**> turístico, -a
tragen **I 2A, PP** llevar
der **Transport** <**II 4, 17**> el transporte
eine **Traube** **II 8** una uva
von etw. / jdm. **träumen** **I 5B** soñar (-ue-) con algo / alguien
davon **träumen**, etw. zu tun **I 5B** soñar (-ue-) hacer algo
traurig (sein) **I 6** (estar) triste
sich **treffen** (mit) **II 2** encontrarse (-ue-) con
eine **Treppe** **II 2** una escalera
ein **Treppenhaus** **II 2** una escalera
etw. **trinken** **I 2B** tomar algo; <**I 9**>; **II 3** beber algo
ein **Trinkspruch** (auf) **II 3** un brindis (por)
tropisch <**I PM 3**> tropical
ein **T-Shirt** **I 6, 10** una camiseta
etw. **tun** **I 3B** hacer *(irr.)* algo
etw. **tun** können *(gelernt haben)* **I 6** saber *(irr.)* hacer algo
etw. **tun** werden **I 5B** ir *(irr.)* a hacer algo
ein **Tunwort** <**I 2A, 4**> un verbo
eine **Tür** **I 3B** una puerta
eine **Tüte** **I 8B** una bolsa
der **Typ** *(Art)* **I 5B** un tipo; *(Kerl)* <**I CS**> el tío, la tía *(col.)*
typisch <**I 1, TA**> típico, -a

U

die **U-Bahn** **I 3A** el metro
eine **U-Bahnlinie** **II 4, 12** una línea
etw. **üben** **I 2A, PP** practicar (c-qu) algo
über **I 7B** sobre
jdm. etw. **überlassen** **I 8B** dejar algo a alguien
etw. **überprüfen** <**I 4B, 5**> controlar algo
etw. **überqueren** **I 4B, PP** cruzar (z-c) algo
jdn. **überraschen** <**II 2, 14**> sorprender a alguien
überrascht (sein) **I 6** (estar) sorprendido, -a
eine **Überraschung** **I 7A** una sorpresa
eine **Überschrift** <**I 8A, 1**> un título
etw. **übersetzen** <**II PM 3, 3**> traducir (-zco) algo
eine **Übersetzung** <**I 9, 2**> una traducción
eine **Übersicht** <**II 8, PP**> un esquema
übliche, -r, -s **I 4A** de siempre
die **Übrigen** **I 4B** los / las demás
übrigens **I 5A** por cierto
eine **Übung** <**II 1, 2**> un ejercicio
ein **Übungsleiter** <**II 1, 8**> un monitor
um … zu **I 7A** para *(+ inf.)*
Um wieviel Uhr? **I 4A** ¿A qué hora?
jdn. **umarmen** <**II CS**> abrazar (z-c) a alguien
eine **Umarmung** **II 1** un abrazo
etw. **umdrehen** <**I CS**> dar *(irr.)* la vuelta a algo
etw. **umformen** <**I 7A, 4**> transformar algo
umsteigen **II 4, 12** cambiar de línea; **II 4, 12** cambiarse de tren
Umwelt- <**II 1, 8**> ecológico, -a
sich **umziehen** <**I 9**> cambiarse
unaufgeräumt (sein) **I 8A** (estar) desordenado, -a
und **I 1** y
und *(vor i- oder hi-)* **I 8A** e
ein **Unfall** **II 1** un accidente
die **Ungeduld** **II 8** la impaciencia
ungefähr **II 5** unos, -as
ungesetzlich <**II CS**> ilegal
unglaublich <**II CS**> increíble
eine **Uniform** **I 5B** un uniforme
eine **Universität** **I 5B** una universidad
unordentlich (sein) *(Raum)* **I 8A** (estar) desordenado, -a
unregelmäßig <**II 2, 7**> irregular
uns *(Dativpron.)* **I 8A** nos; **II 3** *(Akkusativpron.)* nos
unser, unsere *(sg.)* **I 3B** nuestro, -a
unsere *(pl.)* **I 3B** nuestros, -as
unter **I 8B, PP** debajo de; **II 7** entre; <**II CS**> bajo
die **Unterhaltung** *(Zeitvertreib)* <**II 9, PP**> el entretenimiento
der **Unterricht** **I 5A** una clase
ein **Unterrichtsfach** **I 5A** una asignatura
eine **Unterrichtsstunde** **I 5A** una clase
ein **Unterschied** **I 5B** una diferencia
unterschiedlich **I 7A** diferente; <**II PM 3**> variado, -a
etw. **unterstreichen** <**I 8B, 8**> marcar (c-qu) algo
die **Unzufriedenheit** <**II 3, TA**> el descontento
die **Urgroßmutter**, der **Urgroßvater** <**II 8, 5**> la bisabuela, el bisabuelo
die **USA** <**I PM 3**>; **II 8** los Estados Unidos

V

ein **Vampir** <**I CS**> un vampiro
die **Vanille** <**II 3, PP**> la vainilla
der **Vater** **I 3A, PP** el padre
sich mit jdm. **verabreden** **I 4A** quedar con alguien
sich **verabschieden** **II 3** despedirse (-i-/-i-)
eine **Verabschiedung** <**I 3B, 4**> una despedida
etw. **verändern** **I 8A** cambiar algo
ein **Veranstaltungsraum** <**I 9, PP**> un salón de actos
verärgert (sein) **I 6** (estar) enfadado, -a
ein **Verb** <**I 2A, 4**> un verbo
etw. **verbessern** <**II 1, 8**> perfeccionar algo; <**II PM 2**> mejorar algo <**II 2, 1**> corregir (-i-/-i-; g-j) algo
eine **Verbindung** <**II CS**> una conexión
verbringen **I 2A** pasar
etw. **verdienen** **II 7** ganar algo
die **Vereinigten** Staaten <**I PM 3**>; **II 8** los Estados Unidos
Verflixt! **II 5** ¡Maldita sea!
Verflucht! **II 5** ¡Maldita sea!
zur **Verfügung** stehen <**II 1, 8**> estar al servicio de
vergangene, -s, -r **II 7** pasado, -a
etw. / jdn. **vergessen** **II 6** olvidar algo / a alguien
vergleichbar <**II CS**> comparable
etw. / jdn. mit etw. / jdm. **vergleichen** <**I 7A, PP**> comparar algo / alguien con algo / alguien
etw. **verkaufen** **I 4B** vender algo
ein **Verkäufer**, eine **Verkäuferin** **I 7A, PP** un vendedor, una vendedora
das **Verkehrsmittel** <**II 4, 17**> el transporte
die **Verkehrsmittel** <**I 4B, TA**> los medios de transporte
verlassen **I 4A** salir (salgo)

verliebt (sein) **II 2, PP** (estar) enamorado, -a
etw. / jdn. **verlieren** **<I 7B, 10>; II 6** perder (-ie-) algo / a alguien
ein **Verlobter**, eine **Verlobte** **II 4, PP** un novio, una novia
jdn. / etw. **vermissen** **II 2, PP** echar de menos algo / a alguien
die **Verneinung** **<II 5, 6>** la negación
(den Bus) **verpassen** **II 5** perder (-ie-) (el autobús)
verschiedene **II 8** varios, -as
eine **Version** **<II PM 3>** una versión
jdm. etw. **versprechen** **<II 10>** prometer algo a alguien
etw. / jdn. **verstehen** **I 3A** comprender algo / a alguien; **I 5A** entender (-ie-) algo / a alguien
etw. **versuchen** **<II 2, 14>** intentar algo
etw. **vervollständigen** **<I 2A, 4>** completar algo
ein **Verwandter**, eine **Verwandte** **II 8** un / una pariente
etw. **verwenden** **<I 6, 8>** usar algo
etw. **verwirklichen** **<I 7B, 7>** realizar (z-c) algo
jdm. (etw.) **verzeihen** **<I 9>** perdonar(le) (algo) a alguien
ein **Video**(film) **I 1** un vídeo
ein **Videospiel** **<I 3B, TA>** un videojuego
die **Viehzucht** **II 8, PP** la ganadería
viel **I 2B** mucho *(adv.)*
I 5A mucho, -a
sehr **viele** **I 4B** un montón *(de)*
vielleicht **I 3B** a lo mejor
vier **I 3B, PP** cuatro
vierhundert **II 5, PP** cuatrocientos, -as
vierte, -r, -s **II 2** cuarto, -a
vierzehn **I 3B, PP** catorce
vierzig **I 3B, PP** cuarenta
ein **Vokabelnetz** **<I 9, 1>** una red de vocabulario
das **Vokabular** **<II 2, 14>** el vocabulario
die **Volksmusik** **<II PM 3>** la música folklórica
voll (sein) **I 6** (estar) lleno, -a
vollendet (sein) **II 4, PP** (estar) terminado, -a
Volleyball *(Sportart)* **<II CS>** (el) voleibol
vollständig **<I 7A, PP>** completo, -a
von **I 1, PP** de; **<I 7B, 7>; II 1** desde
vor *(örtlich)* **I 5B** delante de
vor *(zeitlich)* **II 7** hace *(+ Zeitangabe)*
vor allem **I 2B, PP** sobre todo
(an etw.) **vorbeigehen** **I 4B** pasar (por algo)
vorbeikommen *(Verkehrsmittel)* **II 5** pasar *(Verkehrsmittel)*
etw. **vorbereiten** **I 8A, PP** preparar algo
ein **Vorbild** **<II 2, TA>** un modelo
etw. **vorführen** **<II 6, 2>** actuar
vorgestellt **<I 5B, TA>** presentado, -a
ein **Vorhaben** **<I 5B, 14>** un plan
etw. **vorhaben** **I 5A** pensar (-ie-) hacer algo
ein **Vorhang** **II 2** una cortina
vorher **<I CS>; II 4** antes
vorherig **<I 9A, 6>** anterior
vorkommen **I 8A** parecer(le) (-zco) algo a alguien
ein **Vorschlag** **<II 1, 8>** una propuesta
jdm. etw. **vorschlagen** **I 8B** proponer(le) *(irr.)* algo a alguien
die **Vorsicht** **I 8B** el cuidado
Vorsicht! **I 8B** ¡Ten cuidado!
die **Vorspeise** **II 3, PP** el primer plato
etw. **vorspielen** **<II 2, 4>** representar algo
etw. / jdn. jdm. **vorstellen** **<I 5B, TA>; II 4** presentar algo / alguien a alguien
sich etw. **vorstellen** **I 8A** imaginarse algo
Stell dir (nur) **vor.** **I 8A** Imagínate.
eine **Vorstellung** **<I PM 3>** una presentación; **<II 1, 8>** un espectáculo
ein **Vulkan** **<I PM 2>** un volcán

W

wachsen **II 8** crecer (-zco)
ein **Wagen** **II 5** un vagón
ein **Waggon** **II 5** un vagón
etw. / jdn. (aus-)**wählen** **<I 3B, 1>; II 3** elegir (-i-/-i-; g-j) algo / a alguien
etw. **wählen** **<II 5, TA>** votar algo
das **Wahlpflichtfach** **I 5A, PP** (la) optativa
wahr **<I 2A, 2>; II 9** verdadero, -a
nicht **wahr**? **I 2A** ¿verdad?
Das ist nicht **wahr**. **I 2B** No es verdad.
während *(+ Verb)* **II 6** mientras *(+ verbo)*; *(+ Subst.)* **II 6** durante *(+ subst.)*
wahrhaftig **<II CS>** verdadero, -a
die **Wahrheit** **I 2A** la verdad
wahrscheinlich **<II 1, 8>** probablemente
ein (Regen)**Wald** **II 8, PP** una selva
wandern **II 1, PP** caminar
wann? **I 5A** ¿cuándo?
warm **<I CS>** caliente
die **Wärme** **II 1** el calor
auf etw. / jdn. **warten** **I 2B** esperar algo / a alguien
warum? **I 2B** ¿por qué?
was …? **I 1** ¿qué …?
Was ist das? **I 1** ¿Qué es?
Was ist los? **Was** passiert? **I 2A** ¿Qué pasa?
Was für …! **I 4B** ¡Qué …!
Was möchtest du? / **Was** darf es sein? **I 7A, PP** ¿Qué te pongo?
Was sonst noch? **<I 4A, 5>** ¿Qué más?
was *(Relativpron.)* **<I 6, 10>** lo que
etw. **waschen** **I 8A, PP** lavar algo
sich **waschen** **I 6, PP** lavarse
sich (etw.) **waschen** **II 3** limpiarse algo
das **Wasser** **I 7A, 7** el agua *(f.)*
ein **Wasserfall** **II 8, PP** una catarata
eine **Website** **<II 4, TA>** una página Web
ein **Wechsel** **<II 8, 5>** un cambio
ein **Wecker** **I 6** un despertador
weder … noch **II 5** ni … ni
ein **Weg** **I 4B** un camino; **<II 1, 8>** una ruta
weggehen **I 4A** salir (salgo); **I 6** irse *(irr.)*
jdm. etw. **wegnehmen** **I 8B, PP** quitar algo a alguien
etw. **wegtun** **I 8B, PP** quitar algo
den Abfall **wegwerfen** **I 8A, 6** tirar la basura
weiblich **<I 5A, 5>** femenino, -a
Weihnachten **<I PM 1>** la Navidad
II 5 (las) Navidades
Fröhliche **Weihnachten!** **<I PM 1>** ¡Feliz Navidad!
eine **Weihnachtskrippe** **<I PM 1>** un belén
der **Weihnachtsbaum** **<I PM 1>** el árbol de Navidad
ein **Weihnachtslied** **<I PM 1>** un villancico
die **Weihnachtszeit** **II 5** (las) Navidades
weil **I 2B** porque
eine **Weile** **I 2A** un rato
der **Wein** **II 3** el vino
weinen **I 7B** llorar (-ue-)
eine **Weintraube** **<I PM 1>** una uva
weiß **I 6** blanco, -a
weit weg (von) **I 4B, PP** lejos (de)
etw. **weiterführen** **<I 6, 11>** continuar algo
eine **weiterführende** Schule **<II CS>** una escuela secundaria
weiterhin etw. tun **II 3** seguir (-i-/-i-; gu-g) *(+ gerundio)*
etw. **weiterschreiben** **<I 6, 11>** continuar algo
welche, -r, -s **II 4, PP** cuál
ein **Wellensittich** **<I 5A, 6>** un periquito
die **Welt** **<I 9>; II 6** el mundo
wenig **I 2B** poco *(adv.)*; **I 5A** poco, -a
weniger **<II 2, 7>; II 4** menos
wenigstens **II 6** al menos; **<II CS>** por lo menos
wenn **<I 8A, 11>** si; **<I CS>** si
(dann) **wenn** **I 7B** cuando
Wer? **I 2A** ¿quién? *(pl. ¿quienes?)*
Wer ist jetzt dran? **I 7A, PP** ¿Quién va ahora?
wer *(Relativpron.)* **<I PM 1>** quien
die **Werbung** **II 4** la publicidad
werden **II 8** ponerse *(irr.) (+ adj.)*
eine Münze **werfen** **<II 1, 2>** tirar una moneda
werfen **I 7A** echar
ein (Kunst)**Werk** **II 4, PP** una obra
eine **Werkstatt** **I 4A, PP** un taller
wert sein **<I 7B, TA>** valer
wertvoll **<II 1, 8>** valioso, -a
der **Westen** **<I 1, 3>; II 8, PP** el oeste
ein **Wettbewerb** **<I 5A, 5>** una competición
das **Wetter** **II 1** el tiempo

schlechtes **Wetter** (sein) **II 1** (hacer, *irr.*) mal tiempo
wichtig **I 4B** importante
jdm. **wichtig** sein **I 8A** importar(le) a alguien
die **Wichtigkeit** **II 2** la importancia
wie? **I 1, PP** ¿cómo?
Wie geht's? **I 3B** ¿Qué tal?
Wie heißt du? **I 1, PP** ¿Cómo te llamas?
Wie sagt man …? **<I 8A, Estr.>** ¿Cómo se dice …?
wie (kann das sein, dass …)? **<I CS>** ¿cómo que …?
Wie …! **I 4B** ¡Qué …!
Wie blöd! *(ugs.)* **II 5** ¡Qué rollo! *(ugs.)*
wie **I 5B** como
wie es sich gehört **II 6** como Dios manda
wie viel?, **wie** viele? **I 7A, PP** cuánto, -os, cuánta, -as
wie viele Kugeln? **<I 2B, 7>** ¿Cuántas bolas?
Wie viel macht das zusammen? **<I 4A, 9>** ¿Cuánto es todo?
wieder **II 8** de nuevo
etw. **wiederholen** **<I 8A, 9>; II 3** repetir (-i-/-i-) algo
willkommen **II 6** bienvenido, -a
der **Wind** **II 1, 8** el viento
windig sein **II 1, 8** hacer *(irr.)* viento
im rechten **Winkel** **<I 9, 5>** en ángulo recto
der **Winter** **<II CS>; II 9, 9** el invierno
wir **I 2B** nosotros, -as
wirklich **I 3A** de verdad; **<II CS>** de veras; verdadero, -a
wirtschaftlich **<II PM 1>** económico, -a
ein **Wirtschaftszweig** **<II PM 1>** un sector económico
etw. **wissen** **I 3B** saber *(irr.)* algo
witzig **I 5B** gracioso, -a
wo? **I 3A** ¿dónde?
wo **II 6** donde
eine **Woche** **I 5A, PP** una semana
Wochen- **<II 9, PP>** semanal
ein **Wochenende** **<I 5A, 4>; II 9** un fin de semana
wöchentlich **<II 9, PP>** semanal
wofür? **II 3** ¿para qué?
woher? **I 1, PP** ¿de dónde?
wohin? **I 4A, PP** ¿adónde?
wohnen **I 3A** vivir
eine **Wohnung** **I 8A** un piso
ein (kleines) **Wohnzimmer** **I 4A** una sala de estar
etw. (tun) **wollen** **I 5A** querer *(irr.)* (hacer) algo
ein **Workshop** **I 4A, PP** un taller
ein **Wort** **<I 2A, 3>; II 4, PP** una palabra
ein **Wörterbuch** **I 8B** un diccionario
der **Wortschatz** **<II 1, 2>** el vocabulario
wunderschön **I 7B** precioso, -a
etw. **wünschen** **<I 7B, 7>; II 3, PP** desear algo
sich etw. **wünschen** **<I 7B, 7>** pedir (-i-/-i-) un deseo
ein **Würfel** **<I 9, 6>** un dado; **<II CS>** un trocito
würfeln **<I 9, 6>** tirar los dados
wütend werden **<II 2, 10>** enfadarse con algo / alguien

Z

eine **Zahl** **I 3B, PP** un número; **<II 8, 14>** una cifra
(etw.) **(be)zahlen** **I 7A** pagar (g-gu) (algo)
ein **Zahn** **I 6, PP** un diente
sich die **Zähne** putzen **I 6, PP** lavarse los dientes
eine **Zahnbürste** **II 6** un cepillo de dientes
zart **<II CS>** fino, -a
zehn **I 3B, PP** diez
…**zehn** (bei den Zahlen 16–19) **I 3B, PP** dieci…
zehnte, -r, -s **II 2** décimo, -a
ein **Zeichen** **<I 3B, 3>** un signo; **<II 3, 1>** una señal
etw. / jdn. **zeichnen** **<I 3B, TA>** dibujar algo / a alguien
ein **Zeichner**, eine **Zeichnerin** **<II 9, 8>** un / una dibujante
eine **Zeichnung** **<I 2B, 1>** un dibujo
jdm. etw. **zeigen** **I 8A** enseñar(le) algo a alguien
sie **zeigen** (einen Film) **I 4A, PP** ponen (una película)
eine **Zeile** **<I 5B, 2>** una línea
die **Zeit** **I 5A** el tiempo
in letzter **Zeit** **II 8** últimamente
eine **Zeitschrift** **<I 5A, 5>; II 9, PP** una revista
eine **Zeitung** **II 9, PP** un periódico
ein **Zeitungsartikel** **II 9, PP** un artículo
der **Zeitvertreib** **<II 9, PP>** el entretenimiento
ein **Zelt** **II 1, PP** una tienda de campaña
das **Zentrum** **I 4A** el centro
ziehen **<I 7B, 7>** tirar
das **Ziel** **<II CS>** el fin
ziemlich **I 4B** bastante
eine **Ziffer** **<II 8, 14>** una cifra
ein **Zimmer** **I 1** una habitación; **I 6** un cuarto
eine **Zitrone** **I 7A, PP** un limón
(hin) **zu** **I 4A** a; auf … **zu** **II 4** hacia
zu Ende gehen **I 3B** terminar algo
zu Hause **I 4A** en casa
zu jdm. nach Hause gehen **I 4A** ir *(irr.)* a casa de alguien
zu sich nehmen **I 2B** tomar
zu weit gehen **I 7B** pasarse
zu zweit **<I 2B, 4>** en parejas
zum Beispiel **<I 5B, TA>** por ejemplo
zum Glück **II 3** por suerte
zur Verfügung stehen **<II 1, 8>** estar al servicio de
zur Zeit **II 8** actualmente
das Essen **zubereiten** **I 8A, 6** preparar la comida
der **Zucker** **I 7A, 7** el azúcar
zuerst **I 3B** primero (adv.)
zufrieden (sein) **I 6** (estar) contento, -a
ein **Zug** **<I 4B, TA>; II 1, PP** un tren
jdm. **zuhören** **<I 1, 3>** escuchar algo / a alguien
die **Zukunft** **<I 8B, 9>; II 7** el futuro
jdn. **zurechtweisen** **II 5** echar una bronca a alguien
jdm. etw. **zurückgeben** **<II 10>** devolver (-ue-) algo a alguien
zurückkehren **I 5B** volver (-ue-)
zurückkommen **I 5B** volver (-ue-)
zusammen **I 4B** junto, -a
alles **zusammen** **I 7A** en total
etw. **zusammenfassen** **<I 8B, 1>** resumir algo
eine **Zusammenfassung** **<II 1, Estr.>** un resumen
zwanzig **I 3B, PP** veinte
…**undzwanzig** **I 3B, PP** veinti…
zwei **I 3A, PP** dos
zweifellos **II 6** sin duda
zweihundert **II 5, PP** doscientos, -as
zweihundertzehn **II 5, PP** doscientos, -as diez
zu **zweit** **<I 2B, 4>** en parejas
die **zweite** Klasse der Sekundarstufe (entspricht der 8. Klasse in Deutschland) **II 2** 2º (segundo)
zweite, -r, -s **<I 3B, 5>; II 2** segundo, -a
eine **Zwiebel** **<I CS>** una cebolla
zwischen **<I 5A, 6>; II 7** entre
in der **Zwischenzeit** **II 7** entretanto
zwölf **I 3B, PP** doce

Para hacer los ejercicios del libro

In den Arbeitsanweisungen kommen manchmal Wörter vor, die ihr noch nicht gelernt habt, die ihr aber schon aus *Línea amarilla* 1 kennt, oder die ihr mit Hilfe der bekannten Lerntechniken erschließen könnt. Falls ihr euch nicht sicher seid, könnt ihr hier oder im *Diccionario* auf den Seiten 159–189 nachschlagen.

Adivinad sus actividades.	**Erratet** seine / ihre Aktivitäten.
Añadid más información al **esquema**.	**Fügt** weitere Informationen im **Schema hinzu**.
Apuntad la **información** en vuestro **cuaderno**.	**Notiert** die **Informationen** in eurem Heft.
Apuntad las **palabras clave**.	**Notiert** die **Schlüsselwörter**
Buscad los **argumentos** / la información en el **texto**.	**Sucht** die **Argumente** / die Informationen im **Text**.
Buscad información sobre vuestro **tema**.	**Sucht** Informationen über euer **Thema**.
Cada grupo / alumno / alumna …	**Jede** Gruppe / **jeder** Schüler / **jede** Schülerin …
… **con ayuda** del **mapa**.	… **mit Hilfe** der **Landkarte**.
Comparad vuestros **resultados**.	**Vergleicht** eure **Ergebnisse**.
Completad las **frases** / la **tabla**.	**Vervollständigt** die **Sätze** / die **Tabelle**.
Completad el **texto** con la **forma adecuada** del verbo.	**Vervollständigt** den **Text** mit der **passenden** Verb**form**.
Conjugad los verbos.	**Konjugiert** die Verben.
Contestad con **«verdadero»** o **«falso»**.	**Antwortet** mit **„richtig"** oder **„falsch"**.
Continuad el diálogo / la **historia**.	**Schreibt / sprecht** den Dialog / die **Geschichte weiter**.
Controlad los **resultados** / las **respuestas**.	**Überprüft** die **Ergebnisse** / die **Antworten**.
Copiad la **tabla**.	**Zeichnet** die Tabelle **ab**.
Dad un **título** a **cada párrafo**.	**Gebt jedem Abschnitt** eine **Überschrift**.
Describid las fotos / los **dibujos** / a las personas.	**Beschreibt** die Fotos / die **Zeichnungen** / die Personen.
Dibujad un …	**Zeichnet** ein …
Discutid en clase / en grupos **/ en parejas**.	**Diskutiert** in der Klasse / in Gruppen / **zu zweit.**
Elegid uno de los tres **ejercicios**.	**Wählt** eine der drei **Übungen**.
Escribid por lo menos cinco frases.	**Schreibt mindestens** fünf Sätze.
Escribid el texto **con ayuda** de las **indicaciones**.	**Schreibt** den Text **mit Hilfe** der **Angaben**.
Explicad por qué … / el **significado** de …	**Erklärt**, warum … / die **Bedeutung** von …
Formad frases / **preguntas**.	**Bildet** Sätze / **Fragen**.
Formulad una **regla**.	**Formuliert** eine **Regel**.
Haced una **lista** / un **collage**.	**Macht** eine **Liste** / eine **Collage**.
Haced preguntas a un compañero / una compañera.	**Stellt** einem Mitschüler / einer Mitschülerin **Fragen**.
Imaginaos que estáis en España.	**Stellt euch vor**, dass ihr in Spanien seid.
Intentad comprender el texto.	**Tauscht** die Rollen.
Intercambiad los papeles.	**Versucht** den Text zu verstehen.
Inventad el final.	**Erfindet** das Ende.
Justificad vuestra **opinión**.	**Begründet** eure **Meinung**.
Leed la **estrategia** de la **página** …	**Lest** die **Lernstrategie** auf der **Seite** …
Marcad las formas **irregulares** con un color.	**Markiert** die **unregelmäßigen** Formen farbig.
Mirad las **líneas** … a … del texto.	**Schaut euch** die **Zeilen** … bis … des Textes an.
Ordenad los dibujos / las frases **según** el texto.	**Ordnet** die Zeichnungen / die Sätze dem Text **entsprechend**.
Presentad vuestros resultados en clase.	**Präsentiert** eure Ergebnisse vor der Klasse.
Repartid los temas / el trabajo.	**Verteilt** die Themen / die Arbeit.
Representad el diálogo / la **escena** / a *(+ Person)*.	**Spielt** den Dialog/die **Szene.** / **Stellt** *(+ Person)* **dar**.
Resumid el texto / **cada párrafo** / el **contenido**.	**Fasst** den Text / **jeden Abschnitt** / den **Inhalt zusammen**.
Reunid la información en una **red**.	**Sammelt** die Informationen in einem **Netz**.
Sustituid los **objetos** por los **pronombres**.	**Ersetzt** die **Objekte** durch die **Pronomen**.
Tomad nota.	**Macht euch Notizen**.
Trabajad en parejas/en grupos.	**Arbeitet** zu zweit / in Gruppen.
Transformad las **expresiones** / las frases como en el ejemplo.	**Formt** die **Ausdrücke** / die Sätze wie im Beispiel **um**.
Usad las palabras de la **casilla**.	**Benutzt** die Wörter aus dem **Kästchen**.
Usad los **resultados** del ejercicio …	**Benutzt** die **Ergebnisse** der Übung …

Otras expresiones útiles en clase

Lo que os dice vuestro profesor / vuestra profesora

… si tenéis que hacer un ejercicio
Abrid los libros en la página …
Empezamos con la unidad … / el texto… / el ejercicio …
¿Quién quiere empezar a leer?
¿Quién empieza con el ejercicio?
¿Quién quiere continuar?
¿A quién le toca?
…, lee el texto de la página …, por favor.
…, haz el ejercicio número … / la frase número …
¿Tenéis alguna pregunta?
Cerrad los libros y escuchad el cedé.
¿Entendéis todo? / ¿Qué palabras (no) entendéis?
Contestad las preguntas de la página … por escrito / de forma oral.
¿Quién quiere salir a la pizarra / escribir en la transparencia?

… si algo (no) está bien
Tú lo puedes hacer mejor. Inténtalo otra vez.
Eso es. Muy bien. Excelente.
Habla más alto. No se te entiende.
Has cometido un error gramatical / de vocabulario / de pronunciación.
Esto no es correcto. / Esto no está bien.
Repite la palabra / la frase.

… para poner los deberes
Los deberes para la próxima clase son los ejercicios …
En casa hacéis el ejercicio … / leéis el texto … / repasáis / preparáis el vocabulario de …

Was euch euer Lehrer / eure Lehrerin sagt

… wenn ihr eine Übung machen sollt
Schlagt die Bücher auf Seite … auf.
Wir beginnen mit der Lektion … / dem Text … / der Übung …
Wer möchte anfangen zu lesen?
Wer will mit der Übung beginnen?
Wer möchte weiter machen?
Wer ist dran?
…, bitte lies den Text auf Seite …
…, mach die Übung Nummer … / den Satz Nummer …
Habt ihr eine Frage?
Schließt die Bücher und hört die CD an.
Versteht ihr alles? / Welche Wörter versteht ihr (nicht)?
Beantwortet die Fragen auf der Seite … schriftlich / mündlich.
Wer will an die Tafel kommen / auf Folie schreiben?

… wenn etwas (nicht) gut ist
Du kannst es besser. Versuch's noch einmal.
Genau. Sehr gut. Ausgezeichnet.
Sprich lauter. Man versteht dich nicht.
Du hast einen Grammatik- / Wortschatz- / Aussprachefehler gemacht.
Das ist nicht richtig.
Wiederhole das Wort / den Satz.

… um die Hausaufgaben zu geben
Die Hausaufgaben für nächstes Mal sind die Übungen …
Zu Hause macht ihr die Übung … / lest ihr den Text … / wiederholt ihr / bereitet ihr das Vokabular von … vor.

Lo que vosotros podéis decir al profesor

… si no sabéis qué hay que hacer
¿En qué página / párrafo estamos?
¿Qué ejercicio estamos haciendo?
¿Qué deberes tenemos?

… si no sabéis algo
Tengo una pregunta.
¿Cómo se dice … en español?
Se puede decir también …
¿Cómo se pronuncia esta palabra?
¿Cómo se escribe …?
¿Se escribe con *b* o con *v*? / ¿Se escribe con o sin acento? / ¿Lleva acento?
¿Es correcto? / ¿Está bien?
¿Puede escribir la palabra en la pizarra?
No entiendo la expresión en la línea …
¿Puede traducir, por favor?
¿Puede repetirlo / explicarlo otra vez, por favor?
¿Puede poner otro ejemplo?
¿Puede hablar más despacio?
¿Podemos escuchar el cedé otra vez?

Was ihr zum Lehrer sagen könnt

… wenn ihr nicht wisst, was ihr tun müsst
Auf welcher Seite / in welchem Abschnitt sind wir?
Welche Übung machen wir gerade?
Welche Hausaufgaben haben wir auf?

… wenn ihr etwas nicht wisst
Ich habe eine Frage.
Wie sagt man … auf Spanisch?
Kann man auch … sagen?
Wie wird dieses Wort ausgesprochen?
Wie schreibt man …?
Schreibt man das mit *b* oder mit *v*?/ Schreibt man das mit oder ohne Akzent? / Hat das einen Akzent?
Ist das richtig?
Können Sie das Wort an die Tafel schreiben?
Ich verstehe den Ausdruck in Zeile … nicht.
Können Sie das bitte übersetzen?
Können Sie das bitte wiederholen / noch einmal erklären?
Können Sie noch ein Beispiel geben?
Können Sie langsamer sprechen?
Können wir die CD noch einmal hören?

Bildquellennachweis:
Alamy Images RM, Abingdon, Oxon: 39/2 (Cubo / Alfio Garozzo), 44/2 (Interfoto), 48/1 (Alastair Balderstone), 51/2 (Kevin Foy), 78 (Mark Boulton), 79 (Cephas Picture Lib.), 139/2 (Mountain Light / rowell), 194/2 (Peter Horree); Horacio Altuna (Ediciones Primera Plana, S.A.), Barcelona: 134/3; Avenue Images, Hamburg: 9/2, 31/1 (BananaStock); Ayuntamiento de Valladolid: 17/4; Joachim Balser, Berlin: 21/2–8, 10–12, 15; Bananastock RF, Watlington, Oxon: 9/5; Bilderberg, Hamburg: 9/1 (Dorothea Schmid); Conselleria de Turisme, Valencia: 85/2; Corbis, Düsseldorf: 44/3 (Philippe Eranian), 44/4 (Adam Woolfitt), 56 (Seamas Culligan), 60/5, 100/1, 113/1 (RF), 73/1 (Carmen Redondo), 91/2 (Vittoriano Rastelli), 91/1 (Bettmann), 93/1 (TempSport / Ruszniewski), 100/2 (Wolfgang Kähler), 101/2 (Michael Lewis), 115/2 (Sygma / Perfil Editorial); creativ collection, Freiburg: 83/2; Diputación Provincial de Valladolid: 17/5; Dreamstime, Brentwood, TN: 10/1 (Costa); Ernst Klett Sprachen, Stuttgart: 20; f1 online, Frankfurt: 73/2 (Siepmann); Fotolia LLC, New York: 9/4 (Darren Baker), 48/2 (Daria Miroshnikova), 73/4 (A. Gnatush-Kostenko); Elena Freire Gómez, Ferrol: 14/2, 133, 134/1+2; Fam. Freire, Santiago: 87/2+4; Getty Images, München: 93/2 (Juan Barreto), 101/2 (Photodisc); Imageshop, Düsseldorf : 114/3; iStockphoto, Calgary, Alberta: 10/2 (Nicky Blade), 11/1 (DeejPilot), 10/3 (Lisa Kyle), 14/1 (David Pedre), 39/1 (Julie Macpherson), 45/3 (Francisco Orellana), 55/2 (Vick Rouzée), 88/2 (Gunther Beck), 104 (Wackerhausen), 105 (Sean Locke), 132/1 (Brent Reeves), 132/2 (Vasko Mickovic), 136 (Lisa Young), 137 (Dar Yang), 141 (blindelinse), 194/1 (Markanja); Marc Javierre Kohan, Barcelona: 7, 18, 23, 24, 29, 33/5, 33/12, 54, 65, 76/1+ 3-4, 81, 88/1, 89, 94, 96, 103, 107, 108, 115/2, 128, 129; Klett-Archiv, Stuttgart: 10/4 (Miguel Freire), 9/6, 69/2-4, 76/2, 113/2, 114/1 (Thomas Gremmelspacher), 33/2+8 (Blanca Linzoain), 26, 32/1, 43, 58/2, 67, 69/5-6, 72, 86, 90, 102, 106, 117, 123, (Katrin Schäflein), 17/1, 31/2, 33/1+11, 59, 69/1 (Monika Türk), 99/6; laif, Köln: 36 (Cover), 45/4 (Rea), 85/1 (Sergio Belinchen), 85/3 (Huber), 121 (Harscher), 124/2 (Cover / Francis Tsang), 125/2 (Hemis), 125/3 (Heeb); Joaquín S. Lavado (Quino) / Caminito s.a.s. *(Bien gracias, ¿y usted?)*: 42; Look, München: 124/3 (Ingrid Firmhofer); Mauritius, Mittenwald: 139/1 (H. Schmied); MEV, Augsburg: 11/2, 17/2, 60/3, 83/1; María Alejandra Muñoz-Sälzle, Cali: 44/5+6; Museu de la Xocolata, Barcelona: 49/3; Fam. Navarro, Salamanca: 87/1, 3, 5, 6; Nik (Cristian Dzwonik), Buenos Aires: 119/2; Cristina Palaoro, Stuttgart: 115/3; Patronato de Turismo de Gran Canaria: 84/5; Daniel Pessa / Nik (Cristian Dzwonik), Buenos Aires: 119/1; (c) Succession Picasso / VG Bild-Kunst, Bonn 2007, AKG, Berlin: 49/2; Picture-Alliance, Frankfurt: 70, 73/3, 84/3+4, 125/1 (efe), 111 (Javier Garcia Martino), 126 (efe / Alberto Martin); Secretaría de Deporte y Turismo de Argentina, Berlin: 99/1-5; Stadt Mannheim: 17/3 (Martina Fuchs); StockFood, München: 35 (Nicolas Leser), 33/6 (Studio R. Schmitz); stocktogo.com, New York, NY: 9/3 (Dany Warren), 9/7 (Galyna Andrushko), 45/1 (Amra Pasic), 46 (Jamey Ekins), 51/1 (rubiphoto), 49/4 (Alex Brosa), 60/1 (Nick Koumaris), 60/2 (Charlotte Erpenbeck), 60/4 (Michal Kolosowski); Transports Metropolitans de Barcelona: 57; Spanisches Fremdenverkehrsamt, München: 33/3, 4, 7, 9+10, 48/3, 194/4, 195/3; Turgalicia: 84/2; Turisme de Barcelona: 50 (G. Foto), 47, 195/1-3 (Espai d'Imatge), 195/4 (J. Trullàs), 52; Turismo Rías Baixas: 84/1; ullstein bild, Berlin: 11/3, 124/1 (imagebroker), 32/2 (Gisbert Paech), 32/3 (Wodicka), 45/2 (Still Pictures), 49/1 (Caro / Bastian), 55/1 (Promnitz), 115/1 (Still Pictures); Manuel Vasco, Sanlúcar de Barrameda: 85/4; Vega del Prado / Juan Notario, Valladolid: 44/1; VG Bild-Kunst, Bonn 2007, Bridgeman Art Library, Berlin: 135.

Latinoamérica

El Camp Nou

El Museo Picasso

Santa María del Mar

La Plaza de Cataluña

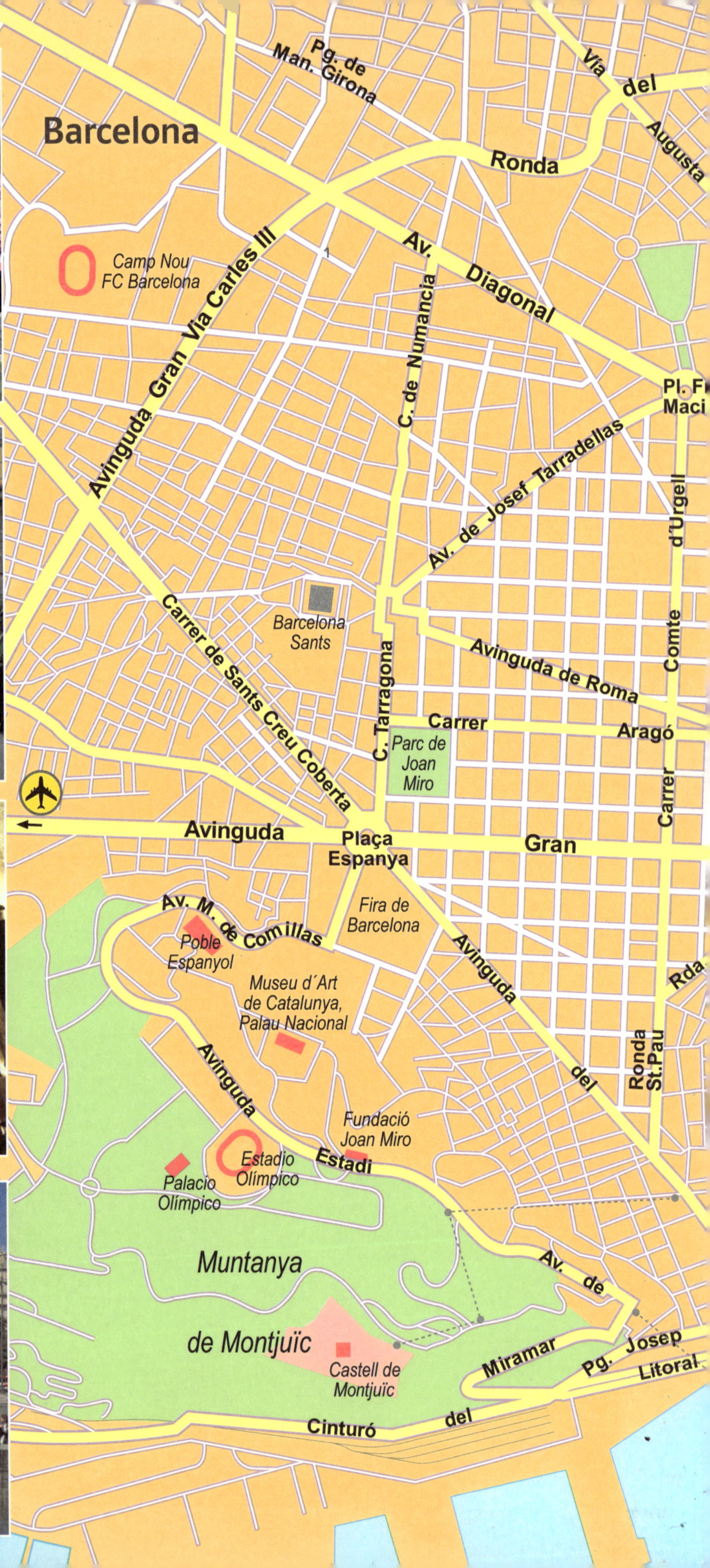